犹太学博士文库

傅有德 主编

本书由山东大学犹太教与跨宗教研究中心资助

中世纪教宗的
犹太庇护政策研究

A Study of the
Pope's Jewish Protection Policies in the Middle Ages

马　楠　著

上海三联书店

总　序

　　犹太学(Jewish Studies)，是一个综合性概念，涵盖了犹太宗教、历史、哲学、习俗、社会、政治、经济、生活方式等各方面的学问。有如西方的汉学(Sinology)，犹太学也不是指一个单一的学科，而是指以各个学科为视角对犹太民族及其历史、文化所做的研究。因此，犹太宗教、犹太哲学、犹太文学、犹太历史、犹太与其他文化比较，诸如此类，皆隶属于犹太学这一范畴。在这个意义上，有多少学科，就有多少犹太学分支。

　　犹太学在西方世界一直颇为兴盛。这突出表现在，犹太学教学与研究机构大量存在，并广泛分布于欧美各国。例如，在英国、法国、美国、加拿大、澳大利亚，多数综合性大学(university)和著名的学院(college)都设有犹太学系、犹太研究中心，或犹太研究科目(program)。二战期间和之后的半个世纪，德国原有的犹太学机构被关闭，但是，20世纪末以来的十几年中，有些已得以恢复，还有新建起来的。这些教学与研究机构并非只是针对犹太学生的，而是开放性的，面向所有学生和学者。在普通大学之外，还有犹太拉比学院或经学院，这些学校多半是犹太教的某个宗派创办的，其目的是培养专职的犹太教拉比或教授希伯来语，加强对散居犹太人的宗教与民族意识教育。犹太学之所以在欧美诸国广为流行且久盛不衰，一方面是散居各地的犹太人自身的需要，另一方面则是西方文化建设与发展的需要。西方之所以需要研究犹太学，一是因为希伯来圣经是西方文化的主要源头之一，二是因为源于圣经的犹太—基督宗教传统现在仍然是西方文化的重要组成部分。西方人要了解和研究自己的文化及其源流，不能将犹太宗教及其典籍置之度外。

　　中以建交于1992年1月。之前，中国的犹太研究少之又少。之后，伴随一批年轻学者海外学成归国，犹太研究机构也相继建立起来，犹太学遂得以迅速发展,且日渐繁荣,成为颇受瞩目的"希望"学科。上海、南京、山东、河南、陕西的高校还设立了犹太学博士课程,迄今已培养出数十名博士。他们身上负载了中国犹太学的未来。凡博士论文的写作,无不经过数年学习而奠定基础,然后围绕一个主题广泛收集资料,掌握国内外研究的历史与现状,在此基础上再做深入细致的梳理与剖析。故此,一般说来,博士论文较之别的论著在资料和理论观点上有其优长之处。对于不少学人,博士论文往往是其一生中最用心血,也最有心得、最有新意的作品。因此,其学术价值是不言而喻的。本文库作为中国犹太学的新成果,对中国犹太学的积极推动作用也是可以期望的。

今天的中国正在复兴之路上迅猛前进。然而,中国的复兴,不能离开中国文化的复兴,而中国文化的复兴绝不是简单地恢复五四运动之前的传统文化,而应该既植根于传统,又在广泛吸收各种优秀文化因素的基础上对传统进行再造与重建。而在再造与重建中国传统文化的过程中,犹太因素是绝不应该忽视的。当然,犹太学之外的其他外来文化,也都是中国文化建设所需要的。但是,因为犹太文化是外来文化中的后来者,是我们了解最少的,所以也就成为最亟需的。应该指出,犹太人之所以能够在散居近2000年后仍然作为一个族群而存在着,现代犹太人之所以能够在思想文化、科学技术、经济金融、工商企业、文学艺术等各个领域做出卓越不凡的成就,根源多半在其独特的宗教信仰、思维方式、行为方式以及对待异质文化的态度之中。相信本套文库对于中国读者多方位了解犹太人与犹太文化大有裨益,因此,它对于当今中国文化的复兴与重建也是颇有意义的。

上海三联书店总编黄韬先生慨然接受这一丛书,对文库的出版有扶持之功。在此,谨与文库的各位作者一起表示衷心感谢。

是为序。

傅有德

2014年2月8日于山大静轩

目　　录

Content

绪　　论

第一节　问题的提出和本论题的研究价值

犹太教与基督教关系研究一直是国内外宗教对话领域中的热点问题。两教在经历了初期的"分道扬镳",中世纪的黑暗时刻,二战的大屠杀,以色列建国乃至梵蒂冈第二次大公会议后,学者们试图通过回看历史、重塑来加深犹太教与基督教间的联系与情谊。中世纪作为两教关系史的至暗时期,代表着基督教对犹太教的迫害与屠杀,很多人都认为中世纪基督教的种种犹太政策与态度为二战时期德国对犹太人的"种族灭绝"埋下了伏笔。因此这方面的文献层出不穷。国内相关研究也是如此,基本都聚焦于冲突和对抗。然而,任何事情都有两面性。随着研究的不断深入,国外一些学者开始意识到了中世纪的夜色下还残存着点点星光,基督徒与犹太人之间也并非只有对抗,也存在着一定的友善与合作。这些星光不仅存在于民间,甚至就是由基督教世界的最高领袖教宗们点亮的。为了了解两教间中世纪关系的全貌,我们决定从这些"星光"入手,探求基督教世界的最高领袖们究竟是如何看待犹太教与对待犹太人的。"中世纪教宗的犹太政策研究"在国内是一个全新的领域,目前尚无人进行系统性的研究。该问题对犹太教与基督教各自的历史以及两教间关系的发展等问题都十分重要。本研究将从历史个案研究上升到整体,多角度分析中世纪教宗的犹太政策,以期为国内犹太教与基督教关系研究,以及更广泛的宗教间对话研究提供一个新视野。

一、 研究主题

中世纪的西欧是一个以基督教为主的世界,宗教冲突成为了最严重的冲突形式,尤其是在基督徒和非基督徒之间。在所有非基督徒中,犹太人是最特殊、最脆弱的群体,也是遭受打击最严重的群体。基督教社会对犹太人提出了许多指控,如血祭诽谤或仪式谋杀、使用巫术、宿主亵渎、携带和传播疾病瘟疫,向空气、食物、酒和水里投毒等。当然,几乎所有的指控都是由中世纪社会的蒙昧迷信和反犹太主义思想造成的,是对犹太人无端的污名化和迫害,但却给犹太群体带来了致命的伤害。此外,频繁的十字军东征也使犹太人直接或间接地成为受害者。

在这一时期,犹太人散居在欧洲各地,他们的生存和发展受到基督教的限制和约束,面对大多数基督徒狂热的反犹太主义行为,他们努力维持自己的生存。犹太人在中世纪的处境是悲惨的,可以说是生活在无尽的黑暗中,这种情况即便不完全源自基督教的迫害,至少也是压倒性的。作为基督教世界中有权处理宗教事务的最高统治者,教宗对犹太人的态度和政策直接影响到犹太人在基督教社会的生存和发展。因此,有必要了解教宗对犹太人的政策及其影响,以便更好地了解犹太人在基督教世界中的实际生存情况。一般来讲,中世纪时期教会整体上对犹太人和犹太教的政策是十分消极、苛刻和严厉的,所以一般认为教宗作为教会的最高统帅也是如此。诚然,教宗的态度往往因时间、地点、事件或外部压力而有所不同,但在处理有关犹太人的问题时,他们在很长一段时间内都有一种相对单一但又相对正面或积极的态度,采取了一系列的庇护政策。

一直以来,学者们就犹太教与基督教间的敌对关系以及中世纪时期基督教对犹太教的迫害进行了大量的研究,已相对丰富与成熟。学者们关注并讨论了基督教对待犹太教的许多消极方面,迫害和敌意主导了关于这两个宗教之间关系的大部分研究,①然而,当我们把注意力转向教宗时,我们似乎发现

---

① 参见 John G. Gager, *The Origins of Anti-Semitism: Attitudes toward Judaism in Pagan and Christian Antiquity*, Oxford: Oxford University Press, 1983; William I. Brustein, *Roots of Hate: Anti-Semitism in Europe Before the Holocaust*, Cambridge: Cambridge University Press, 2003; Irven M. Resnick, *Marks of Distinction: Christian Perceptions of Jews in the High Middle Ages*, Washington, D.C.: The Catholic University of America Press, 2012。

他们对犹太人的态度中有些不太消极,或者说更积极的方面,这似乎为走过中世纪黑暗隧道的犹太人带来了一些光明。教宗在一定程度上在试图庇护犹太人。这种庇护为中世纪两教间关系披上了一层友善的外衣,有时可以被看作是一些犹太人的救命稻草。而教宗犹太政策中的"庇护一面"就是本研究的主要关注点。然而,尽管教宗们发布了一系列庇护犹太人的训谕和法令,指责和批评了一些强迫犹太人受洗、损害犹太人应有权利的行为,为被诬陷的犹太人辩护,但总体上讲,他们的庇护政策并没有达到预期效果,甚至可以说是失败的。本研究将立足于普遍被认为是对犹太人迫害较严重的中世纪时期,以中世纪鼎盛时期最具代表性的教宗英诺森三世为主要切入点和典型案例,基于他作为教宗本身以及他的犹太政策的特殊性,首先探究他的犹太政策,随后根据多方面的原始资料分析、总结出中世纪整个时段内教宗们的普遍犹太政策及其落实情况,最后总结分析原因。

二、 概念界定

中世纪:中世纪是欧洲历史三大传统划分("古典时代"、"中世纪"和"近现代")的一个中间时期,始于西罗马帝国(公元 476 年)的灭亡,终于东罗马帝国(公元 1453 年)的灭亡,最终融入文艺复兴运动和探索时代中。中世纪历史自身被分为前、中、后期三段。但因本研究的主角为教宗,为了保证研究的整体性和连贯性,我们将本研究的时间跨度定义在自圣则拉西一世(Gelasius I,492 年 3 月 1 日—496 年 11 月 21 日在位)起至尼各老五世(Nicholas V,1447 年 3 月 6 日—1455 年 3 月 24 日在位)教宗生涯的结束,即 492 年至 1455 年。

基督教:本研究所指称"基督教"皆为现在的天主教。1054 年,东西教会正式分裂,以罗马为中心的西部教会自称"公教"即天主教,以君士坦丁堡为中心的东部教会称"正教"即东正教,在这之前有且仅有独一的"基督教",其他不与正统相符的思想皆为异端。16 世纪的欧洲宗教改革运动带来了新教。文章研究时期跨越东西教会分裂的前后,且为宗教改革之前,新教未曾出现。为统一术语、避免混乱和方便阅读,本研究皆使用"基督教"指代中世纪教宗所统治的信仰团体。

教宗:徐光启和利玛窦等人最初将教会的最高统治者译为"教皇",因为当时基督教在欧洲有着至高的权力,在一定程度上可称"政教合一",世俗统治者需要教皇的加冕才可称帝,教皇国无形的政治权力也十分之大。然而随着宗教改革的进行,天主教势力逐渐瓦解,人们发觉称天主教最高领袖为"皇"不再符合事实,因此逐渐改为"教宗",这也是目前天主教会的官方中译。由此本研究也统一使用"教宗"一词。另外,尽管在前一个概念界定中我们说本研究皆使用"基督教"一词,但教宗确实是天主教会所独有,每一任教宗都有自己的天主教官方中译,天主教官方译法与新教、东正教或普通直译有所不同。为了保证客观性,维持传统和统一,本研究中的所有与天主教有关译文,例如教宗名称,神职人员名称,宗教经典名称等皆尽可能地采用当今天主教官方译文。教宗名称中译统一参照邹保禄神父所著的《历代教宗简史》①,其他译名参考"香港天主教教区档案"网站给出的"中-英/英-中"教会词汇对照表②,关于《圣经》的中译皆引自思高圣经译本。

庇护政策:在现代意义上"庇护"与"保护"二者都是指尽力照顾,使不受损害的意思。但在感情色彩上有所不同,"保护"多用于褒义,如"保护妇女儿童的权益";而"庇护"多指袒护,有一定的贬义在里面,如"庇护坏人"。然而在中世纪时期,"庇护"可指"因政治或宗教信仰不同而被迫害的人可受到其它主权势力的庇护",虽然教宗并非其他主权势力,因为犹太人受到的迫害主要来自基督徒,但是为了强调他们所遭受的迫害主要源自宗教信仰不同,且教宗似乎袒护了不该袒护的人,本文将教宗对犹太人的政策中的维护犹太人的一面称为"庇护政策",将教宗颁布的优待犹太人的训谕法令称为《犹太人庇护训谕》。

反犹主义与反犹太主义:尽管"反犹太主义(anti-Judaism)"和"反犹主义/反犹主义(antisemitism)"③有时被认为是等同的,但反犹太主义指的是对犹太人和犹太教在宗教和神学上的中伤,这种中伤是早期教父文学的重要组成部分,但不一定会转化为个人仇恨。而反犹主义是继早期反犹太主义后的一种后启蒙运动现象,指的是与欧洲现代性的出现有关的对犹太人的诋毁,与基因和血统相联系。反犹主义是对犹太人和犹太教的一种根深蒂固的蔑视,其中的很多内容的确有着一定的基督教神学根基。可以说中世纪的某些教宗们,或者在某种程度上,所有的教宗都有着反犹太主义思想,其根源就是神学

---

① 邹保禄著:《历代教宗简史》,台湾:碧岳学社文化事业有限公司,2015年。

② 参见 https://archives.catholic.org.hk/Glossary/GL-Index.htm.

③ 广义上讲,antisemitism 应被直译成"反闪米特主义",在字面意义上,反闪米特主义是对于所有闪族人民的反感情绪,既包含犹太人也包含阿拉伯人,然而这个名词在欧洲则特指对于犹太人的仇恨情绪,所以人们一般将其翻译成狭义的"反犹主义"。

上和历史上的分歧。但如果要说某位教宗是反犹主义者则需慎重。本研究会根据不同情况使用这两个术语，因此它们在文中的意思不可等同。

三、 研究框架

本研究包含八个部分。

绪论主要介绍本研究整体概况，研究主题，一些重要概念的界定，研究框架，研究方法，研究背景以及国内外研究现状。

第一章主要考察教宗犹太庇护政策的基础文本《犹太人庇护训谕》的基本内容、缘起、发展、应用以及局限性。在讨论训谕的基本内容时，我们还会对一些具体的历史案例进行分析，以展示其实际应用，同时强调该训谕的目的和背后的价值观，以便后续探求其根源。

第二章专注于处于教会权势巅峰时代的教宗——英诺森三世的犹太政策。首先通过文本比较的方式，分析英诺森三世的《犹太人庇护训谕》的特殊之处。其次分情况归纳英诺森对各类关于犹太人及犹太教事件的政策和态度，以他的犹太政策为切入点，细致分析其主要关注点，政策落实情况以及成功或失败的原因。

第三章将根据我们掌握的原始拉丁及英文文献全面地归纳中世纪教宗的犹太政策，并以实例证明，试图找出教宗犹太政策的总体方向（限制还是庇护？）。我们将会提供全面的中世纪教宗的犹太政策的综合概述，包括其政策的基本内容、主要关注点、演变和趋势等。同时使用实例来展示不同教宗的不同政策取向。

第四章将教宗的犹太政策与教宗的异端和其他异教政策（主要是教宗的伊斯兰教的政策），以及世俗政权的犹太政策进行对比。我们将详细探讨教宗犹太政策与教宗的伊斯兰教政策以及世俗政权的犹太政策之间的关系和差异；分析各方的感情色彩与政策倾向；通过比较侧面证明教宗犹太政策的大方向；这些差异如何影响了犹太人在中世纪的地位和待遇。

第五章主要分析教宗犹太庇护政策的多种根源。探究教宗犹太庇护政策的根本原因，包括神学、法律、社会和经济方面的根源，分析这些根源如何相互交织，影响了政策的制定和实施。

第六章总结分析教宗犹太庇护政策的整体落实情况及缘由。总结分析教宗犹太庇护政策的实际执行情况，包括政策的成功和失败。探讨相关案例及政策落实成败的原因,包括教宗自身的态度和外部压力等。

我们将在结尾部分强调本研究的主要发现和重要性。试图提出可能的未来研究方向,以继续深入探讨这一复杂而重要的主题。

四、 研究方法

(一) 数据收集

首先需收集中世纪教宗关于犹太人和犹太教的原始文献,建立一个详细的文献清单,包括文献的作者、日期、来源和内容概要等。原始文献是本研究得以完成的基础支柱。其次收集相关的学术研究、历史评论和教会文件,以支持我们对原始文献的解释和分析。这些二手文献有助于我们清楚中世纪教宗犹太政策的历史背景和现有研究成果。

(二) 数据分析方法

1. 文本梳理

我们将首先使用文本梳理方法对原始文献进行详细分析,以识别关键概念、主题、词汇和论点。我们将主要根据《圣座与犹太人》系列丛书的原始拉丁文本制定一个标准的文本编码方案,按照不同教宗、不同时间以及不同事件进行分类与编码,以确保数据的一致性和可比性,同时保证研究的高效性。该方法贯穿于我们整个研究,集中体现在第三章。

2. 文本对比

我们将通过文本对比的方法,比较不同教宗发布的《犹太人庇护训谕》的相似性和差异性。着重分析文本中关于犹太人权利、限制和庇护的部分,以识别变化和持续性。这一方法主要运用在第二章,即分析教宗英诺森三世的《庇护训谕》时。

3. 时间对比

将教宗的犹太政策按时间线排列,以识别政策的演变和趋势。在第三章和第六章中,我们将通过比较政策或者训谕在发布前和发布后的反犹暴力事件的频次,来说明庇护政策的效力如何。我们还会分析不同时期的政策,看是否有明显的态度或方式转变及其背后的原因。

(三) 数据呈现方法

我们会使用图表、列表和引用原始文献的方式呈现我们的分析结果。该方法主要运用在第二章中。通过图表的方式呈现不同训谕文本的增加、删减

等变化情况。同样通过列表的方式,对比相同内容但不同译文的区别,以揭示
英诺森三世的犹太政策的倾向,其背后的神学思想以及变化原因。

通过以上的方法,我们将能够深入分析中世纪教宗的犹太庇护政策内容,
理解其演变和影响。文本梳理和对比研究将使我们能够清晰地呈现不同教宗
政策的变化情况,并在整个研究中提供一致性和可靠性,有助于后续进行深入的
历史分析。使用表格将会使我们的研究成果一目了然,提高效率,可读性强。

第二节　背景陈述

一、 教宗的职权范围

本研究的主要对象为教廷的最高统帅,即教宗,相较于其他宗教和世俗统
治者,教宗的职权运行模式与权利范围都有很大的不同。教宗的完整头衔是:
罗马教区主教、基督之代表、宗徒长伯多禄之继承人、普世教会最高教长、意大
利首席主教、罗马教省都主教、梵蒂冈城国元首及天主众仆之仆。他是世界天
主教会的首领,自八世纪以来还担任教皇国和后来的梵蒂冈城国的国家元首
或宗主。从天主教的观点来看,罗马主教的首要地位主要源于他作为是圣伯
多禄宗徒继承人的角色,耶稣将天堂的钥匙和"捆绑与释放"的权力授予了圣
伯多禄,并命名他为教会赖以建立的"磐石"。

教宗被天主教会认为是耶稣在当今世界的代表,其主要任务是领导耶稣
建立的教会,并将信仰传布到世界各个角落。教宗的教务职权被称为"圣座",
是以教宗为中心构成的教务领导团体。圣座除了负责管理罗马的天主教会,
还具有代表与领导整个天主教会的功能,现今亦为国际法承认的主权实体,可
与世界各国缔结外交关系。除了宗教职务之外,教宗也是梵蒂冈城国的国家
元首,该国由圣座管治。梵蒂冈整个被意大利首都罗马包围,1870 年之前,教
宗统治的区域一度拓展到整个意大利中部,其领土,即教宗国,被称为"圣伯多
禄的遗产"。

1870 年,第一次梵蒂冈大公会议将"教宗无误论"正式颁布为天主教教
义,此教义有很严格的规范,规定教宗在什么情况下的言论才可算绝对无错
误。总括来说,所谓教宗无谬误,并不是指他所说的每一句话都是绝对正确,
而是他代表教会所宣告关于信仰和道德的训令列入无误的范围。虽然该教义

于 1870 年正式颁布,但自教廷创立之初就一直被捍卫,中世纪时期也是如此。基于此,教宗所颁布的文件对于整个天主教世界具有法律般的权威性。这些文件形式多样,一般可分为训谕(Papal Bulls)、通谕(Papal Encyclical)、简函(Papal Briefs)、劝谕(Apostolic exhortation)和信件等,训谕权威性最高,其他文件多涉及对教义或现有法律的阐释或演绎以及对现实问题的解读。

二、 中世纪犹太人的总体境遇

一般来说,早期基督教社会对犹太人和犹太教的态度和政策并没有表现出很大的敌意。大多数学者都会同意,在中世纪早期的大部分时间里,拉丁基督教社会中的犹太人与他们的基督教邻居相对和平地生活在一起。[①] 然而,中世纪早期犹太人和基督徒之间的人道关系使教会高层担心"可鄙"的犹太人可能会腐蚀基督徒,因此更加努力地使这两个群体疏远。[②] 因此犹太人经常被贬低,通常没有土地,在政治上没有权利,经常受到侮辱,并被剥夺了在基督教欧洲存在的任何固有权利,他们生活在教宗和基督教王公的容忍之下。[③] 自 1095 年开始的十字军东征则将犹太人和基督徒之间的关系推入深渊。为了更好地研究基督教会和教宗的中世纪犹太政策,我们有必要首先了解中世纪犹太人的普遍境遇,在此基础上分析教宗的犹太政策才更有说服力。因此我们选取了 6 个重要的方面进行了简单论述,即基督教社会中对犹太人日常生活的限制,对犹太人职业的限制,对犹太人宗教实践的限制,对犹太人的多重指控,十字军东征和宗教裁判所。它们是我们了解和分析教宗犹太政策的具体内容、根源以及效力的重要历史背景。一般来讲,前三种限制可被看成犹太人在中世纪社会中需面对的永久性问题,因为它们贯穿于犹太人的生活、工作和宗教的方方面面。而后三种则更多是历史性问题,特别是十字军东征和宗教裁判所,它们更多地与发生在特定时期的具体问题有关,然而这些具体问题几乎贯穿整个中世纪时期。尽管许多学者已经对这些方面进行了详细的研究,但作为本研究的背景资料,我们有必要做一个简单的概括性说明,这

① Anna Sapir Abulafia, ed., *Religious Violence Between Christians And Jews Medieval Roots, Modern Perspectives*, New York: Palgrave Publishers Ltd, 2002, p. xxi.

② Robert Michel, *Holy Hatred: Christianity Antisemitism And The Holocaust*, New York: Palgrave Macmillan, 2006, p.46.

③ Ibid, p.48.

并不是对现有研究的补充,而是对中世纪时期犹太人生活的真实情况做一个大致的描述,作为背景信息有助于我们更好地开展研究。

1. 基督教社会对犹太人的日常生活有许多强制性规定,其中最重要的两点是:第一,犹太人在复活节期间禁止出现在公共场合,尤其是耶稣受难日,据说这主要是为了防止他们嘲笑基督徒,但这也可能是庇护犹太人的一种方式,因为基督徒很可能会对在复活节期间出门在外的犹太人采取暴力行径。其次,犹太人(和生活在基督教统治下的穆斯林)被迫穿上具有识别性的衣服,佩戴特殊犹太标志,该标志上画着大卫之星,又称六芒星,代表着犹太教和犹太文化。标志一般用布块制成,通常缝在外衣的胸前。这种着装上的区别用来避免"被禁止的行为",特别是性行为。1215 年召开的第四届拉特兰大会明确规定了这种限制,①这些教规直到 1846 年才被正式全面废除。②

2. 对犹太人职业的限制。中世纪时期的基督教社会对犹太人的职业有着诸多限制,他们被排除在政府部门之外,活跃在金融和医药领域。第四届拉特兰大会延续了 589 年托莱多会议(Council of Toledo)颁布的法令,即取消犹太人担任任何可能需要惩罚基督徒的职位的资格,③也就是禁止犹太人担任公职,④以消除犹太人与基督教徒在政治上的接触。

其次,中世纪时期犹太人所从事的最主要工作之一便是放贷业。早在教父时期就明令禁止基督徒收取超过贷款本金的利息,这使基督教徒与犹太人和罗马人有所区别。第四届拉特兰大会也禁止犹太人向基督徒收取过多的利息,并由世俗统治者来执行该项禁令。阻止犹太人放高利贷的一个很重要的原因是基督教徒认为这种行为会耗尽教会的资源。然而,这种限制与西欧的城市化和商业化进程之间产生了尖锐的冲突。此外,高利贷也会损害世俗统治者的利益,因为他们需要通过制定地区利率和授权特定群体进行贷款和典当来获得收入。

在中世纪鼎盛时期,欧洲的犹太人被特殊的商业立法标示出来,并严重限制了他们谋生的可能性。他们被限制从事金融活动,必须缴纳税款,不能雇用

① 参见附录二 No. 68。
② Robert Michel, *Holy Hatred: Christianity Antisemitism and the Holocaust*, p. 50.
③ Amnon Linder, *The Jews in the Legal Sources of the Early Middle Ages*, Detroit: Wayne State University Press, 1997, pp. 484 - 5.
④ 参见附录二 No. 69。

非犹太工人，也不能加入基督教手工业和商人协会。① 在这一时期，犹太人一方面被排除在许多职业之外，另一方面又被鼓励从事金融行业。矛盾的是，借贷是一种常见和必要的经济工具，但却象征着犹太人的邪恶，成为犹太人企图伤害基督徒的同义词。此外，他们在生活的各个方面都要交税，他们在来往、买卖、祈祷、结婚、生育和死亡中都要交税。

第三，在中世纪鼎盛时期或晚期（1250 年以后）的地中海欧洲国家，医学，仅次于放贷，成为犹太人最主要的职业。② 大量的拉比，包括迈蒙尼德，都做过医生。③ 然而，这种职业却与魔法和巫术联系到一起。在中世纪，关于犹太人在从事医学方面的教会禁令涉及授予犹太人医学博士学位，以及犹太医生对基督徒的治疗。④ 贝济耶和阿尔比（Béziers and Albi，1255 年）、维也纳（Vienna，1267 年）以及埃克塞特（Exeter，1287 年）的宗教会议上都威胁要将雇用犹太医生的基督徒逐出教会。⑤ 但由于犹太人非常擅长此道，他们有时会获得教会当局颁发的特别许可证以从事医生工作，但如果他们未能治愈病人，他们可能会受到地方当局的惩罚。⑥

3. 对犹太宗教实践的限制。首先，由于经文是犹太教最重要的支柱之一，是界定其宗教、传统、文化和自我认同的关键文本，因此在基督教世界中，犹太经典文本是优先打击和审查的目标。对宗教经文的批判在中世纪非常严重，其中最主要的是对犹太教口传律法《塔木德》的审查与批判，基督徒认为其中的章节是对基督教的亵渎，是犹太人皈依基督的绊脚石。⑦ 他们认为犹太法

---

① Lester Little, "The Jews in Christian Europe," in *Essential Papers on Judaism and Christianity in Conflict*, ed., by Jeremy Cohen, New York: New York University Press, 1991, pp. 280 – 81.

② Joseph Shatzmiller, *Jews, Medicine, and Medieval Society*, Berkeley, Los Angeles, London: University of California Press, 1994, p.1.

③ Cecil Roth, "The Qualification of Jewish Physicians in the Middle Ages", in *Speculum: A Journal of Medieval Studies*, 28/4(1953):836.

④ Shlomo Simonsohn, *The Apostolic See and the Jews, Vol.7, History*, Toronto: Pontifical Institute of Mediaeval Studies, 1991, p.171.

⑤ Ibid, p.177.

⑥ 例如，1161 年在波西米亚(Bohemia)，86 名犹太人作为据称是犹太医生毒害民众的阴谋的帮凶而被烧死，参见 Jeffrey Richards, *Sex, Dissidence and Damnation: Minority Groups in the Middle Ages*, New York: Barnes & Noble Books, 1996, p.102.

⑦ 关于基督徒对《塔木德》的看法参见 Kenneth R. Stow, "The burning of the Talmud in 1553, in the light of sixteenth century Catholic attitudes toward the Talmud", in Bibliothèque d' （转下页）

典告诉犹太人对基督徒的伪善、伪证、欺骗、仇恨、偷窃和谋杀不仅是允许的，而且是命令性的，犹太人应该把基督徒视为野兽。① 所以，许多基督徒，特别是基督教神学家认为，《塔木德》是犹太人拒绝耶稣的最终原因。反犹太论争旨在将犹太人描绘成顽固地坚持对《旧约》的字面解释，使其无法接受耶稣为弥赛亚。修士们在研究了《塔木德》和其他犹太人的著作后，将犹太教作为基督教异端进行攻击。② 如耶稣会士方济各（Francisco de Torres）认为，销毁拉比著作将从犹太人身上消除"使我们的十字架变得虚无缥缈的东西"，以及"教导他们精神错乱的东西"。③

　　第二，不同信仰间的论争是谴责犹太文献的工具。④ 1240 年的巴黎争论可以说是对《塔木德》的一次追踪审查，它是教宗额我略九世（Gregory IX，1227 年 3 月 21 日—1241 年 8 月 22 日在位）和法王路易九世（Louis IX，1226 年 11 月 8 日—1270 年 8 月 25 日在位）煽动的对《塔木德》的调查的结果。在论争中，基督徒宣读了对《塔木德》的一系列指控。犹太教一方的辩护拉比承认了其中许多指控的真实性，结果是犹太人的经文被定罪、谴责和销毁。1236 年，尼各老·多宁（Nicholas Donin，约 13 世纪）向教宗额我略九世提交了一份驳斥《塔木德》的条目清单，其中最严重的是说《塔木德》包含了对耶稣的亵渎性言论，对外邦人充满了敌意。⑤ 教宗下令没收和扣押各种《塔木德》的副本。

（接上页）*Humanisme et Renaissance*, vol. 34, No. 3（1972）：435－59. Fernando Bravo Lopez, "Continuity and Change in Anti-Jewish Prejudice: The Transmission of the Anti-talmudic Texts of Sixtus of Siena", in *Patterns of Prejudice*, Vol. 45, No. 3（2011）：225－40。

　　① Fernando Bravo Lopez, "Continuity And Change In Anti-Jewish Prejudice: The Transmission Of The Anti-talmudic Texts Of Sixtus Of Siena", in *Patterns Of Prejudice*, Vol. 45, No. 3（2011）：237.

　　② Jeffrey Richards, *Sex, Dissidence and Damnation: Minority Groups in the Middle Ages*, p. 96.

　　③ Kenneth R. Stow, "The burning of the Talmud in 1553, in the light of sixteenth century Catholic attitudes toward the Talmud", p. 445.

　　④ 对于基督教和犹太教之间的争论的完整记录参见 H. Maccoby, ed. and trans, *Judaism on Trial: Jewish-Christian Disputations in the Middle Ages*, Rutherford, London: Fairleigh Dickinson University Press, 1982；参［英］海姆·马克比编著：《犹太教审判：中世纪犹太-基督两教大论争》，黄福武译，傅有德校，济南：山东大学出版社，1996 年。

　　⑤ Solomon Grayzel, *The Church and the Jews in the XIIIth Century, Vol. I A Study of Their Relations During the Years 1198－1254 Based on the Papal Letters and the Conciliar Decrees of the Periods*, Philadelphia: The Dropsie College for Hebrew and Cognate Learning, *1933*, p. 340.

路易九世服从了命令,1240 年,在一场公开论争之后,24 车《塔木德》文本在巴黎被烧毁。① 这并不是一个孤立的事件。类似的毁坏行为持续了几个世纪。例如,道明会修士若翰·普费科恩(Johannes Pfefferkorn, 1469—1522)是一位受洗的犹太人。他在 16 世纪初领导了对犹太人的攻击,1559 年,他曾煽动整个意大利的人们夺取并烧毁那里几乎所有的《塔木德》手稿。这种严格审查的后果是,鉴于"亵渎性"的《塔木德》在犹太教中的核心作用,显然没有一个犹太人能避免对基督教的亵渎。

4. 对犹太人的指控。克劳斯·费舍尔在《德国反犹史》中较全面地概括了犹太人为欧洲所认同的十种负面形象:"1. 犹太人的冥顽不化;2. 流浪的犹太人;3. 和魔鬼结盟的犹太人;4. 犹太人的恶臭味道;5. 犹太人的淫荡性;6. 种族诽谤以及杀害孩童来祭神;7. 宿主亵渎;8. 犹太人的世界阴谋;9. 往井里投毒;10. 无生产力的犹太人寄生虫。"②中世纪一直盛行着很多不利于犹太人的谣言,例如,有一个关于 1020 年发生在罗马的地震和大风暴的奇怪故事:一个犹太人告诉教宗,当大地震动的时候,一群犹太人在犹太会堂里嘲笑十字架,自娱自乐。教宗本笃八世(Benedict VIII,1012 年 5 月 18 日—1024 年 4 月 9 日在位)下令将这些罪犯斩首,之后便风平浪静。③ 这一系列的谣言,例如仪式谋杀、血祭诽谤、宿主亵渎、传播瘟疫等,都给犹太人带来了惨重的灾难。

首先,血祭诽谤或仪式谋杀诽谤(Blood Libel、Ritual Murder Libel or Blood Accusation)④是对犹太人最常见的诽谤之一,基督徒会指控犹太人绑架了虔诚的基督徒儿童,以嘲弄基督受难的事实。⑤ 历史上最早的血祭诽谤指

---

① Jacob Marcus, *The Jew In The Medieval World: A Source Book, 315-1791*, New York: Atheneum, 1974, p.149.

② [德]克劳斯·费舍尔著:《德国反犹史》,钱坤译,南京:江苏人民出版社,2007 年 6 月第 1 版,第 24 页;Joshua Trachtenberg, *The Devil and the Jews: The Medieval Conception of the Jew and its Relation to Modern Anti-Semitism*, Illinois: Varda Books, 2001。

③ Michael Frassetto, ed., *Christian Attitudes toward the Jews in the Middle Ages: a Casebook*, New York: Routledge Medieval Casebooks, 2006, p.36.

④ 关于血祭诽谤参见 Alan Dundes, *The Blood Libel Legend A Casebook in Anti-Semitic Folklore*, Wisconsin: The University of Wisconsin Press, 1991; Hannah R. Johnson, "Stories People Tell: The Blood Libel and the History of Antisemitism", in *Law & Literature*, Vol. 28, issue 1(2016):11-26。

⑤ Brenda Deen Schildgen, *Pagans, Tartars, Moslems, and Jews in Chaucer's Canterbury Tales*, Florida: University Press of Florida, 2001, p.99.

控之一发生在 1144 年英国的诺维奇(Norwich),犹太人被指控谋杀了一名叫威廉(William)的基督徒男孩。而 1255 年发生在林肯郡(Lincoln)的小圣徒真福(Little Saint Hugh)案件也是一个非常著名的案件。① 在这些所谓的谋杀案之后,一些基督徒可能会声称,孩子的尸体,或为纪念他或她的死亡而建造的坟墓或神龛,会出现神迹,这些神迹不仅表明犹太人有罪,更表明基督徒的殉教行为。从未经历过诺维奇案件的本笃会修士多玛斯(Thomas of Monmouth),甚至写了一本名为《诺维奇的圣威廉的生活和奇迹》(*The Life and Passion of William of Norwich*)的书,其中他声称有人看到威廉被陌生人折磨并钉在十字架上,当他被发现时,他的身体显示出殉道的神奇迹象。② 尽管 13 世纪的皇帝腓特烈二世(Frederick II,1194 年 12 月 26 日—1250 年 12 月 13 日)和教宗英诺森四世(Innocent IV,1243 年 6 月 25 日—1254 年 12 月 7 日在位)通过世俗社会和教会的官方调查,否认了犹太人谋杀的可能性,但血祭诽谤一直持续到 20 世纪左右才逐渐消失。③

其次,宿主亵渎(Host Desecration)是另一种在中世纪时期最盛行的对犹太人的指控,④基督徒认为嗜血的犹太人在圣餐饼中"折磨"基督的化身,看它是否会流血。宿主亵渎的指责是在教宗英诺森三世(Innocent III,1198 年 1 月 8 日—1216 年 7 月 16 日在位)之后出现的,因为他确认圣餐变体论(transubstantiation),这导致了对圣体的公开和普遍崇拜。⑤ 阿维尼翁(Avignon)的统治者甚至在 1243 年下令,9 岁以上的犹太人应该躲起来,不能

---

① 对于这一事件的分析参见 Robert Moore, *Jews and Christians in the Life and Thought of Hugh of St Victor*, Atlanta: Scholars Press, 1998。

② Jacob R. Marcus, *The Jew in the Medieval World: A Source Book, 315-1791*, p.121; Thomas of Monmouth, *The Life and Passion of William of Norwich*, ed. and trans., by Miri Rubin, London: Penguin Books, 2014.

③ 关于皇帝腓特烈二世参见 David Abulafia, "Ethnic Variety and Its Implications: Frederick II's Relations with Jews and Muslims", in *Studies in the History of Art*, Vol. 44, Symposium Papers XXIV: Intellectual Life at the Court of Frederick II Hohenstaufen (1994):219;关于英诺森四世参见 Solomon Grayzel, *The Church and the Jews in the XIIIth Century*, Vol.I, pp.274-75。

④ 关于宿主亵渎参见 Miri Rubin, "Desecration of the Host: The Birth of an Accusation", in *Studies in Church History*, Vol.29(1992):169-185; Robert C. Stacey, *From Ritual Crucifixion to Host Desecration: Jews and the Body of Christ*, *Jewish History*, Vol. 12, No. 1 (Spring, 1998):11-28。

⑤ 介绍和细节以及宿主亵渎的案例参见犹太百科的相关词条:https://www.jewishencyclopedia.com/articles/7906-host-desecration-of。

直视圣体,否则就要被罚款。① 到 1299 年,法国南部的一项有关犹太人"背信弃义"的皇家法令将宿主亵渎列为犹太人的罪行之一。②

第三,虽然在教父时期基督徒和犹太人之间的暴力只是零星的,但在中世纪,基督徒对犹太人实施了长期而持续的暴力。在 1347 年至 1351 年间肆虐欧洲的黑死病中,犹太人在基督徒手中遭受了痛苦和毁灭。黑死病是一种流行病,至少杀死了欧洲三分之一的人口,对人口稠密的城市打击特别大。关于犹太人阴谋策划了黑死病毒的谣言,即犹太人在水井中投毒并造成瘟疫的谣言开始流传。教宗格来孟六世(Clement VI, 1342 年 5 月 7 日—1352 年 12 月 6 日在位)采取措施制止这种谣言,敦促城市当局庇护犹太人。他发布了一项教宗训谕:"无论在什么情况下,无论由什么机构,都不要妄想抓捕、打击、伤害或杀害犹太人,也不能要求他们从事强迫劳动"。③ 这条教宗训谕承认犹太人应该受到相应的保护,但同时也要保持离散、驯服和谦卑,因为这样的生活才能显示出他们在上帝眼中的堕落。它还表明,犹太人的处境比以前更糟糕了,教会的犹太人庇护政策缺乏其有效性。

第四,犹太人一直被认为是敌基督的帮凶。这种形象广泛出现在基督教布道、编年史、戏剧与图像中。最重要的是,人们常常期待敌基督的出现。几乎每隔十年就会有传言说他都会降临于欧洲某地,常常与末世预言或者黑死病这类大灾难相关,④这也就说明了为什么每当大灾难降临时,犹太人就屡遭迫害,他们总是被看作是敌基督的帮凶。因此,基督教的一个长期传统是将犹太人与敌基督联系起来:"在中世纪的民间传说和艺术作品中,犹太人有时被描写成大母猪,或者有着黑黝黝的面孔、鹰钩鼻、卷曲的头发,浑身散发着恶臭的味道。在不同的木版画中,我们可以看到犹太人长着魔鬼的尾巴和山羊胡子,骑着一头雄山羊。"⑤根据《玛窦福音》和《马尔谷福音》中耶稣警告他的追

---

① Miri Rubin, *Gentile Tales: The Narrative Assault on Late Medieval Jews*, Philadelphia: University of Pennsylvania Press, 2004, p.30.

② Miri Rubin, "Desecration of the Host: The Birth of an Accusation", pp.365 - 6.

③ See Shlomo Simonsohn, *The Apostolic See and the Jew*, Vol. I, No. 374, pp. 398 - 99; John Aberth, *The Black Death: The Great Mortality of 1348 - 1350*, New York: Palgrave Macmillan, 2005, pp.158 - 59.

④ [英]罗伯特·诺布尔·斯旺森著:《欧洲的宗教与虔诚,1215—1515》,龙秀清,张日元译,上海:上海三联书店,2012 年 5 月,第 220 页。

⑤ [德]克劳斯·费舍尔著:《德国反犹史》,钱坤译,第 26 页。

随者假弥赛亚的到来和混乱时期的段落,[①]教父们认为敌基督将首先来到犹太人那里,因为他们是拒绝相信真正的弥赛亚耶稣基督的人。中世纪的艺术和戏剧充满了将敌基督者与犹太人联系起来的例子。[②]

5. 十字军东征。[③] 尽管在四世纪初君士坦丁改信基督教后,世俗法和教会法都对犹太人施加了诸多限制,但犹太人在欧洲社会仍继续享有着相对的和平与繁荣。[④] 然而在 11 世纪末,犹太人与基督教关系历史上的一个重要转折点出现了,作为中世纪反犹太主义大规模暴力的开端,十字军在莱茵地区对犹太人的暴力行为是犹太人和基督教关系即将恶化的信号,也是犹太人在欧洲社会的地位急剧下降的征兆。[⑤]

十字军东征(11—16 世纪)在某种程度上是中世纪基督徒对犹太人和穆斯林实施暴力的代名词。教宗乌尔邦二世(Urban II,1088 年 3 月 12 日—1099 年 7 月 29 日在位)于 1095 年通过宣讲开始了第一次十字军东征。他说,这是一次前往东方的武装朝圣之旅,目的是从撒拉逊人手中解放耶路撒冷。随后的第二和第三次十字军东征旨在重建第一次十字军东征在圣地的胜利,其余的十字军东征则旨在征服异教徒的土地,例如从 12 世纪中期开始十字军便向波罗的海地区进军。关于十字军东征的布道侧重于激起基督徒对不信教者或基督教异端的情绪。虽然乌尔邦没有直接宣扬对犹太人的迫害,但听众的情绪却被压倒性的力量所席卷,他的演讲似乎在群众中释放了希望和仇恨,而这些希望和仇恨的表达方式与教宗政策的目标完全不同。[⑥] 最重要的是,许多十字军战士可能被教宗的传统立场所迷惑,即犹太人应该遭受贬低,但不

---

①　《玛窦福音》24:3—31;《马尔谷福音》13:3—37。还可参见《若望福音》2:18,2:22,4:3。

②　Robert Michel, *Holy Hatred: Christianity Antisemitism and the Holocaust*, pp. 52 - 53

③　关于十字军参见 Shlomo Eidelberg, ed., & trans., *The Jews and the Crusaders: The Hebrew Chronicles of the First and Second Crusades*, Wisconsin: The University of Wisconsin Press, 1977; Rebecca Rist, *The Papacy and Crusading in Europe, 1198 - 1245*, London: Bloomsbury Academic, 2009; Jonathan Riley-Smith, "The First Crusade and the Persecution of the Jews", in *Studies in Church History*, Vol. 21(1984):51 - 72。

④　Michael Frassetto, ed, *Christian Attitudes Toward The Jews In The Middle Ages: A Casebook*, New York: Routledge, 2007, p. xiii.

⑤　Michael Frassetto, ed, *Christian Attitudes Toward The Jews In The Middle Ages: A Casebook*, p. xiv.

⑥　Norman Cohn, *The Pursuit of the Millennium: Revolutionary Millenarians and Mystical Anarchists of the Middle Ages, Revised and Expanded Edition*, New York: Oxford University Press, 1970, p. 61.

应该被杀害。① 但如果教会的立场是贬低而不是杀害犹太人,又怎么解释十字军东征中的反犹暴行呢? 虽然十字军东征的布道,呼吁基督徒收复圣地,并对穆斯林中的异教徒进行反击,但它们很容易被引申到为耶稣的死亡报仇,向那些"背信弃义"的人复仇。十字军可能会问,既然异教的犹太人就在他们旁边,为什么还要跋山涉水地去圣地攻击穆斯林呢? 此外,十字军会认为,他们一路上需要大量的物资,而犹太人唯一正确的做法就是为十字军提供物资和金钱,因此到 12 世纪末,犹太人已经成为十字军贷款的重要提供者。

6. 宗教裁判所(The Holy Office of the Inquisition)。② 宗教裁判所是教会的一系列机构,旨在打击异端和审判那些被怀疑是异端的人。因为它,数以千计的《塔木德》和其他犹太书籍被烧毁,犹太人被强行改变信仰,并被迫参与犹太教和基督教之间的公开论争。宗教裁判所认为它的任务是让人们认识到真理的光芒,由于《塔木德》是煽动犹太人顽固不化的重要因素,它有责任销毁《塔木德》,以实现它与犹太人打交道的主要目的,即追求他们的改变。③ 起初,宗教裁判所打击的对象主要是基督教异端,并不直接针对犹太人和犹太教,但在基督教王国大规模残害犹太人并迫使大量犹太人改教后,宗教裁判所开始特别关注被称为"改教者(conversos)"的犹太人。这些犹太人虽然由于不同的原因皈依了基督教,但教会并不相信他们及其后代的信仰的真实性,宗教裁判所希望确保他们是真正的皈依者。因此这些改教者面临两大危险:首先,宗教裁判所对任何可能被认为是假皈依者的人进行无情的审查,其次,公众舆论对有犹太血统的基督徒越来越排斥,导致他们被排除在大学和高级职位之外。有时"改教者(conversos)"一词会与"马兰诺(Marranos)"(14—15 世纪生活在西班牙、葡萄牙,在强制改宗下表面皈依基督教但仍暗中信仰犹太教的犹太人,字面意思是"猪"或损害基督教信仰的人)互换。马兰诺是一个贬义词,指那些已经皈依基督教但仍遵循某些犹太仪式和习俗的犹太人,如在安息

---

① Robert Michel, *Holy Hatred: Christianity Antisemitism and the Holocaust*, p.58.

② 关于宗教裁判所参见 Norman Roth, Conversos, *Inquisition, and the Expulsion of the Jews from Spain*, Wisconsin: The University of Wisconsin Press, 2002; E. N. Adler, "Lea on the Inquisition of Spain and Herein of Spanish and Portuguese Jews and Marranos", in *The Jewish Quarterly Review*, Vol.20, No.3 (Apr., 1908):509-571.

③ Kenneth R. Stow, "The burning of the Talmud in 1553", p.438.

日点蜡烛,遵守犹太教饮食律法。这种现象的另一个名称是"秘密犹太人(Crypto-Judaism)",指他们隐蔽地奉行犹太教。他们被认为制定了详细的计划来维护安息日和犹太节日。这些人是裁判所的重点审查对象,若改教后的犹太人被发现仍坚持某种犹太式活动,他们便犯了叛教罪,这是比不信教更严重的罪行。然而,宗教裁判所面临的问题是如何确定"隐蔽者"和未皈依的犹太人之间的界限。虽然在很大程度上,宗教裁判所对皈依基督的犹太人进行调查,但它也审查未皈依的犹太人,因为他们对皈依者构成威胁,并可能使他们回到犹太教,这便导致了大量的虚假指控和迫害。

我们可以看到,生活在基督教社会中的中世纪犹太人所面临的问题并不是单线的,它们复杂地交织在一起,由历史与现实共同绘制而成。在中世纪的欧洲,在教会的统治下,犹太人的生存、生活、工作和宗教实践等的各个方面都受着诸多限制或控制,虽然他们还活着,但很多时候他们只是在死神的门前苦苦挣扎。

第三节　国内外研究现状

关于教宗与犹太人之关系,管见所及,国外学者多在探讨犹太教与基督教关系发展时加以论述,相较来说,国外专门且系统论述二者关系的书籍文献并不是很多,而国内基本没有此方面的研究。

一、　国外研究现状

国外学术界对于基督教与犹太教间关系的研究成果颇丰。一些学者认为基督教会是反对和敌视犹太人的,这一观点在《新约圣经》中体现得较为明显,尤其是《若望福音》中,同理,教宗作为天主教世界的最高领袖,也是"反犹主义"的代表人物。[①] 然而随着历史及相关研究的深入发展,学者们的态度渐渐客观明晰,开始从基督教、犹太教、各时期社会和经济发展情况以及教会和教宗所面临的客观世界等方面更加全面地探究基督教与犹太教的关系及教会和教宗对犹太人的态度倾向。至目前,国外学术界对基督教与犹太教关系的研

---

① Robert S. Wistrich, *Antisemitism: The Longest Hatred*, New York: Pantheon Books, 1991; Robert Michel, *Holy Hatred: Christianity Antisemitism and the Holocaust*, New York: Palgrave Macmillan, 2006.

究已较为成熟,已有些专门论述教宗与犹太人间关系,分析教宗犹太政策的理论及原因的文献,但并不是很多,大量相关研究都夹杂在基督教宗教历史、犹太教历史、基督教与犹太教关系、教宗史等方面的研究中,因此研究"教宗的犹太政策"需大量分析整理基督教历史、犹太教历史、基督教与犹太教关系、教宗史、教宗犹太政策资料集、教宗犹太人政策的理论及原因分析这 6 方面文献,又因本研究将以英诺森三世为特殊案例和切入点,与其相关的文献也必不可少。

1. 关于英诺森三世,最完整的中世纪实录为鲍威尔翻译的《英诺森三世传-匿名作者》^①,今人撰写的标准传记是迪尔曼的《英诺森三世》^②,塞耶斯的《英诺森三世:欧洲领导者 1198—1216》^③相对简洁,附录的参考文献有很大的可参考性。

莫尔编写的论文集《英诺森三世和他的世界》^④中收录了罗伯特的《教宗英诺森三世与犹太人》^⑤,他提出了两个重要的问题,第一,英诺森三世的相关资料来源在多大程度上,以何种方式表明了在政策和思想上明显的反犹太倾向? 第二,在中世纪西方基督教世界犹太人处境恶化的复杂过程中,新的反犹势力在教会政策和思想中扮演了怎样的角色? 这两个问题可作为研究英诺森三世与犹太人间关系的思想脉络。

鲍威尔主编的论文集《英诺森三世:基督代理人或世界霸主?》^⑥,文章从不同的角度对英诺森三世进行了描绘,有人认为他是"基督的代理人",是"祭司",有人认为他是"世界的霸主"是"大法官",还有人认为他仅仅是一个"人"而已。

伯德,彼得和鲍威尔共同编撰的《十字军与基督教王国:对英诺森三世至

---

① James M. Powell, *The Deeds of Pope Innocent III, by an Anonymous Author*, Washington, D.C.: The Catholic University of America Press, 2004.

② Helene Tillmann, *Pope Innocent III*, Amsterdam; New York; Oxford: North-Holland Publishing Company, 1980.

③ Jane Sayers, *Innocent III: Leader of Europe 1198 - 1216*, London and New York: Longman, 1994.

④ John C. Moore, ed., *Pope Innocent III and His World*, New York: Routledge, 2016.

⑤ Robet Chazan, "Pope Innocent III and the Jews", in *Pope Innocent III and His World*, edited by John C. Moore, New York: Routledge, 2016, pp.186 - 203.

⑥ James M. Powell, ed., *Innocent III: Vicar of Christ or Lord of the World?*, Washington D.C.: The Catholic University of America Press, 1994.

阿卡陷落之间的文献的翻译注释，1187—1291 年》①回顾并翻译注释了这一时期中有关十字军的历史文献，解读了英诺森三世所在时期及基督教世界的整个十字军发展史。

琳达的《1215 年第四届拉特兰大会：教会改革、排他性和犹太人》②认为英诺森三世之所以在第四次拉特兰大会上对犹太人采取更严厉的限制政策，一方面是他将教会改革视为最直接和最重要的要求，力求创造一个让所有人都融入的基督教社会，这必然会造成对异教徒和犹太人的排斥与迫害。另一方面，他深受末日神学影响，认为末日即将来临，并将犹太人的改教视为天启的迫切且必要条件。

科恩的《教宗英诺森三世、基督徒乳母和犹太人：一个误解及其影响》③基于一封英诺森三世谴责犹太人信件的英译文本，强调了二手翻译文献中会出现的问题，因该英译本添加了拉丁语原没有的"他们"和"再"使得信件原意改变，当后人再基于此英译本进行研究时便出现了更大的偏差与附会。④ 因本研究也需要基于一些英译本进行研究，作者提出的问题也是我们应注意的。

2. 关于教宗犹太政策的训谕、通谕、简函、劝谕和信件等及所颁布的会议条例等的原始文献及文本分析是本研究得以展开的史实依据。格温的《罗马帝国后期的基督教：原始资料》⑤通过对原始文献的列举与分析，全方位地阐述了该时期基督教社会的情况。其中涉及《狄奥多西法典》中有关犹太人的宽容条例，为分析教宗采取犹太庇护政策的世俗法律来源提供了文献依据。

---

① Jessalynn Bird, Edward Peters, James M. Powell, eds., *Crusade and Christendom: Annotated Documents in Translation from Innocent III to the Fall of Acre, 1187 – 1291*, Philadelphia: University of Pennsylvania Press, 2013.

② Linda Ray Beckum, "The Fourth Lateran Council of 1215 Church Reform, Exclusivity, and the Jews", Doctoral Dissertation, The Graduate School University of Kentucky, 2005.

③ Jeremy Cohen, "Pope Innocent III, Christian Wet Nurses, and Jews: A Misunderstanding and its Impact", in *Jewish Quarterly Review*, Vol.107, Number 1(Winter 2017):113 – 128.

④ 信的原意是，犹太人要求基督徒乳母在领圣餐后，连续三天，每天先将多余的奶水丢弃在厕所后再喂奶。而英译本则变成了，犹太人要求基督徒乳母连着三天将多余的奶水丢弃在厕所，第四天再喂奶。后人根据英译本推出的一个观点是："犹太人宁愿让自己的孩子挨饿，也不准许领了圣餐的基督徒乳母喂奶"。

⑤ David M. Gwynn, *Christianity in the later Roman Empire: a sourcebook*, London·New York: Bloomsbury Academic, 2015.

泰纳主编的《教令集》①是对 325—1965 年基督教会历届大公会议的集合。其内容可分为三方面：解释教义、惩处异端、规范神职人员，我们可以通过第二点比较教宗和教会对待犹太人与其他异端和异教是否相同。它也涉及了1215 年英诺森三世召开第四次拉特兰大会，其中的几条法令是教会限制犹太人的社会生活、经济及宗教的里程碑。《教令集》让我们以教会法为切入点，探查教宗和教会对犹太人的态度，以及在不同时期所颁布的措施，是重要的官方史料依据。

林德的《早期中世纪法律中的犹太人》②是一部原始资料集，介绍了中世纪涉及犹太人的各种法律文献，其中第三部分整理了这一时期内（492—1085年）的 9 位教宗（圣则拉西一世、圣额我略一世、斯德望三世、亚弟益一世、圣尼各老一世、良七世、亚历山大二世、额我略七世、格来孟三世）基本上所有有关犹太人的训谕或书信，其内容首先以拉丁原文呈现，接着附上英文翻译。该书可作为研究中世纪早期教宗犹太政策的一手资料，通过比较可发现早期几位教宗犹太政策的大致方向，为中世纪鼎盛时期的教宗政策发展研究做铺垫。

马库斯的《中世纪世界中的犹太人：原始资料集，315 年—1791 年》③是从事件发展的时间先后顺序出发，集录了中世纪国家、教宗和教会与犹太人之间的接触及对他们的政策态度，基于该书我们可以将世俗国家和教宗的犹太人政策进行比较。其中第二部分为"教会与犹太人"，作者收录了自基督教早期到宗教改革之间，教会对犹太人的各种政策资料，其内容主要分为四个方面：教会公会议有关犹太人的政策法规、具有影响力的针对犹太人的暴力事件、教宗们的犹太政策态度举例（包含英诺森三世所采取的部分犹太政策）、神职人员如何对待犹太人。该书有助于从宏观上把握教宗犹太政策的发展方向，但作者仅收录了具有代表性的资料并进行概述，其内容并不是很全面。

---

① Norman P·Tanner(ed), *Decrees of the Ecumenical Councils*, available at https://www.papalencyclicals. net/councils, last accessed date May 12th, 2023; Norman P, Tanner S J., *Decrees of the Ecumenical Councils: Vol. 1. Nicaea I to Lateran V*, Georgetown: Georgetown University Press, 1990.

② Amnon Linder, *The Jews in the Legal Sources of the Early Middle Ages*, Detroit: Wayne State University Press, 1997.

③ Jacob R. Marcus, *The Jew in the Medieval World-A Source Book: 315–1791*, New York: Atheneum, 1974.

所罗门·格雷泽的《13 世纪的教会与犹太人》①是一套原始资料集，共有两部。该系列以 1198—1254/1254—1314 年间的教宗训谕、书信以及教会法令为基础，探究了该时期的犹太人与基督教、教会及教宗的关系。格雷泽认为在中世纪的鼎盛时期，教宗们追求一种统一的、一致的、不变的议程，他们对犹太人的计划是早已精心计划好的，而不是随着时间发展和社会变化对犹太人表现出不同的态度。该书第一部可作为研究英诺森三世的一手资料，其中包含了英诺森三世在位时期几乎所有有关犹太人的训谕和信件，其内容首先以拉丁原文呈现，之后附有英文翻译，为整体把握英诺森三世的犹太政策提供了史料支撑。然而作者虽然注意到了教宗犹太政策中的一致性，却没有发现其中也有很多与时俱进的方面。

施洛莫·西满森的《圣座与犹太人》②系列丛书于 1988—1991 年出版，包括六卷文本、一本评论性的《历史》和一卷附录、索引和书目。这套丛书可算是迄今为止处理教宗与犹太人关系的最权威、最全面的原始资料集。由于教宗与犹太人的关系错综复杂，在施洛莫之前，没有任何学者能够将有关这一问题的几乎所有现存和已知的文本汇集起来，相关文献资料数量庞大且混乱。在第 1—6 卷中，作者给出了几乎全部现存的教宗关于犹太人和犹太教的通讯的拉丁文原文，并在 3250 份教宗通讯和教宗与犹太人之间的信件前面加上了简要的英文介绍，另附有参考资料和日期、简短的摘要、曾经的出版说明和辅助书目。第 7 卷《历史》是针对这 3250 份材料的全面分析，第 8 卷是增编、更正、书目和索引。这套丛书讲述了从圣则拉西一世（Gelasius I，492 年 3 月 1 日—496 年 11 月 21 日在位）到儒略三世（Julius III，1550 年 2 月 8 日—1555 年 3 月 23 日在位）的中世纪教宗的犹太关系史，它通过教宗通讯文件追溯了基督教与犹太教关系的发展情况。这 8 卷丛书是我们成功开展研究的重要原始资料支柱和首要参考。

---

① Solomon Grayzel, *The Church and the Jews in the XIII Century*, Vol. I: 1198 - 1259, Philadelphia: The Dropsie College for Hebrew and Cognate Learning, 1933./Vol. II: 1254 - 1314, New York: Wayne State University Press, 1989.

② Shlomo Simonsohn, *The Apostolic See and the Jews*. Toronto: Pontifical Institute of Mediaeval Studies, 1988 - 91. Vol. 1, Documents: 492 - 1404; Vol. 2, Documents: 1394 - 1464; vol. 3, Documents: 1464 - 1521; vol. 4, Documents: 1522 - 1538; vol. 5, Documents: 1539 - 1545; vol. 6, Documents: 1546 - 1555; vol. 7, History; vol. 8, Addenda, Corrigenda, Bibliography and Indexes.

3. 国外学者也专门论述、分析了教宗与犹太人间的关系进展情况。丽贝卡·里斯特的《教宗与犹太人，1095—1291 年》①全面地描绘了该时期犹太人与教宗间的关系，其中包括犹太人对教宗的看法，教宗对犹太人的宽待，十字军东征的影响，教宗对犹太人在基督教世界中的地位的影响等。她强调英诺森三世首先关注了传统一直存在的有关犹太人的问题，即保证犹太人的生存，反对强迫受洗，禁止犹太人拥有基督徒仆人，确保犹太会堂不受骚扰，对高利贷的限制。其次，他又将教宗的保护限制在不阴谋反对基督教信仰的犹太人内，也就是说从英诺森三世起，对犹太社区的保护不再是无条件的。然而，无论如何英诺森仍然反复坚持着教会的传统教义，即犹太人与其他非基督教群体不同，在神圣计划中占有特殊地位，因此应该受到庇护。在考虑教宗与犹太人间关系时，丽贝卡警告道，不要用我们自己的宽容标准来评判这些教宗。因为我们的宽容标准产生且适用于一个完全不同的社会秩序中。中世纪的教宗们认为，确保教会的集体利益是他们的责任，他们更强调对真理本身忠诚，而不是现代的人权理论，他们所相信的真理是通过耶稣基督揭示出来的。因而只要我们不将现代西方的宽容当作评判所有宽容形式的黄金标准，我们就可以说中世纪基督教社会的某些方面是宽容的。作者意识到了教宗与犹太人间的微妙关系，但是并未深入讨论这种关系的因缘，仅是罗列了与两者有关的重要事件并进行说明，对教宗犹太政策的具体开展情况及其效果的相关分析较少，另外在时间跨度上作者也主要集中于11—13 世纪。

以色列历史学家肯尼思·斯托在《中世纪的教宗、教会与犹太人》②中收录了国外学术界关于教宗和教会与犹太人的关系方面的一些文章。其中，阿特朗特在《教会与犹太人：圣保禄至碧岳九世》③中立足于基督教世界与犹太人关系的进展情况，按照历史发展的顺序论述了中世纪初期教宗对犹太人采取的相对宽待的政策，而十字军东征则是犹太教与基督教关系破裂的开端。

---

① Rebecca Rist, *Popes and Jews, 1095 - 1291*, Oxford: Oxford University Press, 2016.

② Kenneth Stow, *Pope, Church and Jews in the Middle Ages: Confrontation and Response*, Burlington, VT: Ashgate Publishing Company, 2007.

③ Atlante del Christianesimo, "The Church and the Jews: St Paul to Pius IX", in *Pope, Church and Jews in the Middle Ages: Confrontation and Response*, Kenneth Stow, Burlington, VT: Ashgate Publishing Company, 2007, I, pp. 1 - 70.

随后作者又简述了 12—16 世纪教会对犹太人政策的变化及落实情况。肯尼思·斯托在《1007 年的匿名信及教宗的主权：中世纪犹太人对教宗权和教宗政策的理解》①中研究了一篇讲述据说是在 1007 年发生的一场迫害犹太人并强迫他们改教事件的信件，随后展开分析了中世纪某些教宗的犹太政策及其演变、实施和受阻等，最后探求背后原因，较系统地对中世纪教会的犹太政策演变及实施状况进行了分析和概述。该文主要是以犹太人的角度出发，论述了犹太人如何看待及应对世俗政权和教宗的犹太人政策。

科恩主编的《有关犹太教与基督教间冲突的重要论文：从古代晚期到宗教改革》②收录了有关两教冲突的重要文章。其中所罗门的《教宗训谕〈犹太人庇护训谕〉》③回顾了《犹太人庇护训谕》的出现、发展与效力的衰减，在分析该训谕为何没有起到应有的作用时，他首先承认，很多教宗们除了维护训谕的内容，没有做很多事来提升犹太人的地位，或者改变他们的境遇。但教宗一遍遍地提醒人们要正直、体面，提醒人们犹太人是神圣计划的重要一部分，与此同时基督教没有完全屈从于希腊文化，仍保留着犹太文化的遗产，是犹太人得以存活的重要原因，因而在这个层面上，教宗确实通过《犹太人庇护训谕》保证了犹太人的生存，但他没有具体分析该训谕效力越来越低的原因，仅是一带而过，也没有将该训谕与其他教宗犹太政策相关联。

4. 有关教宗的著作也提到了教宗与犹太人间的关系。保罗·波帕尔的《教皇》④从教会发展的角度，以教宗为轴线来阐述中世纪历史的发展，尤其是教会的发展历史。作者认为教会和教宗地位的发展变化及教会内部、教会与世俗的冲突都影响了教宗对犹太人的态度及政策。但该书篇幅较少，内容较不深入。

---

① Kenneth Stow, "The '1007 Anonymous' and Papal Sovereignty: Jewish Perceptions of the Papacy and Papal Policies in the High Middle Ages", in *Pope, Church and Jews in the Middle Ages: Confrontation and Response*, Kenneth Stow, Burlington, VT: Ashgate Publishing Company, 2007, IV, pp. 1 - 81.

② Jeremy Cohen, ed., *Essential papers on Judaism and Christianity in conflict: from late antiquity to the Reformation*, New York: New York University Press, 1991.

③ Solomon Grayzel, "The Papal Bull Sicut Judeis", in *Essential Papers on Judaism and Christianity in Conflict: from Late Antiquity to the Reformation*, Jeremy Cohen, ed., New York: New York University Press, 1991, pp. 231 - 59.

④ ［法］保罗·波帕尔著：《教皇》，肖梅译，北京：商务印书馆，2000 年。

在《教宗史：自彼得至今》①一书中，约翰·欧迈利以历史学家的身份，而不是神学家的身份，讲述了自圣伯多禄起至若望·保禄二世期间的教宗史，书中的第十二章对英诺森三世的生平进行单独描写，称其为"基督的代理人"。他认为在过去的研究中人们总是将天主教历史与教宗史相混淆。

埃蒙·达菲的《圣徒与罪人》②按照时间顺序叙述了 1—21 世纪之间的教廷发展史，并以教宗为主要研究对象。它以丰富的内容，中肯而客观的态度阐述了自伯多禄直至若望·保禄二世时期的历史，但它的重点不是阐述单个教宗的事迹，而是分阶段论述不同时期教会面临的重大问题及教宗们的回应，从而勾划了天主教会如何适应不同时代要求的历史以及在不同的阶段如何处理与犹太人间的关系。

5. 许多有关犹太教与基督教间关系的文献都涉及了教宗的犹太政策。《犹太教与基督教关系概论》③的作者爱德华·凯斯勒认为在过去的 2000 年中，基督徒与犹太人之间的不信任以及基督徒对犹太人的歧视和迫害，在很大程度上决定了基督教与犹太教的关系。在探讨教宗与犹太人关系时，作者认为虽然教宗们相继频繁地一遍遍发布那些庇护犹太人的信件和训谕，但他们的申明并没能阻止反犹太人暴力活动的爆发，他们在控制此类暴力方面的成效非常有限。

爱德华·凯斯勒与尼尔·温伯恩编写的《犹太教与基督教关系辞典》④以字典的形式，按照 A-Z（从 Azron 到 Zionism）的排序将 2000 年来基督教与犹太教关系中相关内容一一列出并解释，其中还包含了各种缩写和地图，非常全面，是研究两教关系的重要工具书，其中关于各教宗的词条全面深入地介绍了教宗与犹太人间的故事及联系。本书认为英诺森三世总体上维护了传统教宗的宽容政策，然而在 1205 年的训谕中，他强调了基督徒较犹太人的优越性，宣

---

① John W. O'Malley, *A History of the Popes: from Peter to the Present*, Maryland: A Sheed & Ward Book, 2010.

② ［英］埃蒙·达菲著：《圣徒与罪人：一部教宗史》，龙秀清译，北京：商务印书馆，2018 年 7 月；Eamon Duffy, *Saints and Sinners: A History of the Popes*, Third Edition, New Haven: Yale University Press, 2006。

③ Edward Kessler, *An Introduction to Jewish-Christian Relations*, Cambridge: Cambridge University Press, 2010.

④ Edward Kessler and Neil Wenborn, *Dictionary of Jewish-Christian Relations*, Cambridge: Cambridge University Press, 2005.

称犹太人必须永远处于被奴役的状态。虽然这种说法是初次出现,但其基本概念却不是。圣奥斯定的见证理论包含了犹太人需屈从的观点。该说法并没有在严格的法律意义上要求犹太人处于农奴境遇。

乔纳森·卢金的《共存与分离:中世纪犹太教与基督教关系再探究》①重点研究了犹太人在欧洲的生活经历,时间跨度从古典时代后期到文艺复兴和宗教改革,揭示出了尽管确有不定期的迫害事件发生,但在中世纪这个多元主义社会中,犹太人一直是社会的一部分,有着归属感和自我认同感。他为我们提出了重新审视犹太人与教宗在中世纪基督教社会中关系的新角度。

《神圣的仇恨:基督教、反犹主义与大屠杀》②的作者罗伯特·米歇尔认为在过去2000年中,基督教思想中对犹太人的偏见以及对基督徒行为的影响似乎是反犹主义思潮及其巅峰事件纳粹大屠杀的主要根源。本书涉猎范围广泛,几乎囊括了所有与基督教反犹主义思潮相关的事件,为研究不同时期的教宗(例如,英诺森三世)的反犹或不反犹态度提供了参考,但本书的总基调是负面的,在借用具体案例时需仔细甄别。

6. 有关基督教历史及犹太教历史的书籍对本研究也非常重要。例如,毕尔麦尔的《古代教会史》③、《中世纪教会史》④及《近代教会史》⑤客观、全面论述了基督宗教(天主教、新教、东正教)在欧洲乃至世界的传播情况。《新天主教百科全书》(第二版)⑥内容极其丰富,是天主教有关事件的重要参考著作,也是基督宗教世界中极具权威性的综合百科全书之一,为我们了解教宗对犹太教有关事件的官方态度提供了权威性的参考。埃利·巴尔纳维的《世界犹太人历史:从创世纪到二十一世纪》⑦和塞西尔·罗斯的《简明犹太民族史》⑧则

① Jonathan Elukin, *Living Together and Living Apart-Rethinking Jewish-Christian Relations in the Middle Ages*, Princeton: Princeton UniversityPress, 2007.
② Robert Michel, *Holy Hatred: Christianity, Antisemitism and the Holocaust*, New York: Palgrave Macmillan, 2006.
③ [德]毕尔麦尔著:《古代教会史》,雷立柏译,北京:宗教文化出版社,2009年。
④ [德]毕尔麦尔著:《中世纪教会史》,雷立柏译,北京:宗教文化出版社,2010年。
⑤ [德]毕尔麦尔著:《近代教会史》,雷立柏译,北京:宗教文化出版社,2011年。
⑥ Thomas Carson, Joann Cerrito, *The New Catholic Encyclopedia*, 2nd Edition, Washington D.C.: Catholic University of America, 2003.
⑦ [以]埃利·巴尔纳维著:《世界犹太人历史:从创世纪到二十一世纪》,刘精忠译,黄民兴校注,北京:中国人民出版社,2007年。
⑧ [英]塞西尔·罗斯著:《简明犹太民族史》,黄福武、王丽丽等译,济南:山东大学出版社,2004年。

是以犹太人的历史发展为线索阐述犹太史，从中我们可以看到犹太人的整体历史发展脉络，发现与犹太人产生最多交集的便是教会，而教宗作为教会的最高领袖起着统领全局的重要作用。哈科恩的《泪之谷》①原是由希伯来文写成，后由哈里斯翻译成英文，这是一部少有的由犹太人自己撰写的犹太中世纪编年史，该书尽可能多地记录了犹太人受迫害的历史。作者收集了尽可能多的资料，并对每一个事件都作了详细的介绍。是我们了解中世纪犹太人真实境况的重要原始资料。弗瑞德与迈克尔主编的《犹太百科全书》②内容十分全面，全书共 22 卷，按照 A-Z 的顺序对不同地区、不同时间段内的犹太历史资料进行了收录，几乎所有有关犹太教的内容都有详实的记录，为我们研究犹太人提供了丰富的基础资料。其中有关教宗的词条可以让我们探究犹太人对教宗，对某些重要事件的普遍态度如何。

二、 国内研究现状

相较于国外，国内学术界针对犹太人的研究也颇多，早期多集中在犹太教自身发展、反犹主义及纳粹屠犹等方面，近些年开始关注犹太教与基督教关系方面，而关于教会与犹太人的关系方面的研究较少，对于单独论述教宗与犹太人关系，以及对教宗的犹太政策的分析更是几乎没有涉及过。

总的来说，国内有关教宗英诺森三世的研究相对较少且学术分量不重，几乎没有提及他与犹太人间的关系。与政教斗争相关的文章有姜启舟和赵辉兵的《试论中古西欧"双剑论"的流播与诠释》③，王军的《英诺森三世与中世纪"世界教会王国"的形成》④，陈宇的《中世纪教宗英诺森三世的权术管窥》⑤，赵

---

①　Joseph Hacohen and The Anonymous Corrector, *The Vale of Tears*, Translated and commentary by Harry S. May, Hague: Martinus Nijhoff, 1971.

②　Fred Skolnik, Michael Berenbaum (ed), *Encyclopedia Judaica*, Second Edition, New York: Macmilan Rreference USA, 2007.

③　赵辉兵:《试论中古西欧"双剑论"的流播与诠释》,《政治思想史》,2016 年第 1 期,第 74—86 页。

④　王军:《英诺森三世与中世纪"世界教会王国"的形成》,《北方论丛》,1999 年第 2 期(总第 154 期),第 108—111 页。

⑤　陈宇:《中世纪教宗英诺森三世的权术管窥》,《社科纵横》,2010 年 2 月,总第 25 卷,第 213—214 页。

博阳的《英诺森三世教会与国家二元思想研究—以〈大宪章〉宣告无效事件切入》①和张勤的《12、13 世纪的教宗国及其管理》②。与英诺森三世所发动的十字军以及镇压异端的相关文章有王首贞的《神圣光环：1209—1229 年阿尔比十字军考察》③，苗玉龙的《论教宗权在十字军东征中的兴衰》④，罗春梅的《论英诺森三世对第四次十字军东征转向的态度》，马修松的《第四次十字军东征中英诺森三世的影响》⑤，谢胜男的《浅谈西欧中世纪宗教裁判所的建立》⑥和刘剑的《英诺森三世与十字军运动》⑦。以上研究虽未涉及英诺森与犹太人间关系，但可作为研究其教宗角色和政治生涯的背景参考资料。

国内关于教会与犹太人间关系的研究，主要集中于反犹主义，这一方面的代表是徐新教授，他在《反犹主义解析》⑧一书中详细阐述了反犹主义产生的历史渊源、发展阶段、明显特征及近现代反犹主义的出现。作者认为中世纪犹太人的"流浪者"与"客民"身份、《日耳曼约法》、血祭诽谤和宿主亵渎等谣言都对中世纪基督徒的反犹情绪产生了很大影响，而中世纪的反犹太主义又是近现代的狂热反犹主义的根基，但并未叙述这一系列反犹思想与教宗间的联系。该书可为分析教宗犹太政策失败的原因提供参考。

北京大学的彭小瑜教授在《教会法研究：历史与理论》⑨一书中从教会法方面入手，分析了基督教教会法的形成与发展。关于英诺森三世，作者分析了他在《教会法大全》里涉及教会与国家关系的几篇教令。关于教会法对犹太人的规定，作者主要将其归于教会对异端和异教的整体政策之中。作者主要是

---

①　赵博阳：《英诺森三世教会与国家二元思想研究—以〈大宪章〉宣告无效事件切入》，《外国法制史研究》，2015 年 00 期，第 189—196 页。

②　张勤：《12、13 世纪的教宗国及其管理》，天津师范大学，硕士生学位论文，2013 年 4 月 25 日。

③　王首贞：《神圣光环：1209—1229 年阿尔比十字军考察》，《历史教学》，2011 年第 14 期，第 46—51 页。

④　苗玉龙：《论教宗权在十字军东征中的兴衰》，《濮阳职业技术学院学报》，2013 年 8 月，第 34—36 页。

⑤　马修松：《第四次十字军东征中英诺森三世的影响》，华北水利水电大学学报（社会科学版），2014 年 8 月，第 139—141 页。

⑥　谢胜男：《浅谈西欧中世纪宗教裁判所的建立》，《人民论坛》，2011 年 34 期，第 144—145 页。

⑦　刘剑：《英诺森三世与十字军运动》，河北师范大学，硕士学位论文，2012 年 11 月 28 日。

⑧　徐新著：《反犹主义解析》，上海：上海三联书店，1996 年。

⑨　彭小瑜著：《教会法研究》，北京：商务印书馆，2003 年。

从理论上的教会法角度来论述犹太人在教会中的地位及对其教会应采取的政策，并没有分析在实际操作上这些法令的施行和效果。该书可与《教令集》一起作为我们的教会法资料。

在教宗史方面，邹保禄神父所著的《历代教宗简史》①从天主教会自身发展的角度，对自圣伯多禄起至现任教宗方济各之间的历任教宗的生平、事迹、主要思想、所发布的重要文件等内容进行了简介。并附有历代教宗中外译名及任期索引。是我们依照天主教传统中译教宗名称的权威参考。

刘明翰的《罗马教宗列传》②选取了32位有代表性的教宗，对其生平和事迹做了介绍和评价。作者对这些教宗的评传以历史时间为序，坚持还原历史真相，指出天主教会和教宗都是历史的产物，都有时代和社会烙印。作者认为英诺森三世是教会史上最有权术、成就最大的教宗之一，也是13世纪初欧洲政治史上的最中心人物。该书中强调了一个观点，即任何教宗都是人，不是神，教宗们的言行都离不开当时的政治、经济和文化背景，对任何一位教宗的作用都不能片面拔高或者笼统否定。有的教宗毕生维护封建压榨，主宰异端法庭；有的教宗支持过人文主义，对文艺复兴做出过贡献；也有的教宗热衷于从事资本主义商业活动，追逐金钱，每个教宗性格不同，特点不一，因而他们对待犹太人与犹太教的政策及其影响也不可一概而论，但对教宗与犹太人间关系的阐述仅是一笔带过，并未进行深入的研究探讨。

国内的一些论文涉及了教会对犹太人的政策态度，但较少将教皇与教会做出区分，专门从教宗的角度进行论述。复旦大学的赵立行教授在《试析中世纪西欧对犹太人的多重态度》③中认为中世纪西欧社会总体上对犹太人持有正面和负面两种态度，这两种态度随着时间、事件以及地点的改变而变化，教会上层、普通教士以及平民在不同时期面对不同事件态度也大不相同。正面表现在世俗与教会在信仰方面会给予犹太人一些宽容，保护他们应有权利不受迫害，并因国家及教会的需要在经济、医学技术等方面与犹太人合作。而负面因素主要由宗教间的冲突、自然灾害的频发以及经济上的竞争导致，使得犹太人被孤立、迫害和驱逐。然而由于教会在对待犹太人的信仰、生存权利及高

①　邹保禄著：《历代教宗简史》，台湾：碧岳学社文化事业有限公司，2015年。
②　刘明翰著：《罗马教宗列传》，北京：东方出版社，1995年。
③　赵立行：《试析中世纪西欧对犹太人的多重态度》，《求是学刊》，2006年第1期，第139—144页。

利贷活动方面存在着矛盾性,导致教会的理论和实践难保持一致,也就使得教宗的庇护政策无法实施。作者从教会和世俗政权的角度出发,从宏观角度影射了影响教宗态度变化的原因及教宗犹太政策发展与落实情况。

左瑞玲的硕士论文《中世纪西欧基督教会对犹太人的政策研究》①分析了中世纪时期的教会犹太政策及其推行和失败的原因。她认为中世纪的犹太人在教会保护和教徒敌视的夹缝中度过了这个宗教色彩浓厚的时代,相较于西欧各国不断驱逐犹太人的现象,基督教会对犹太人的这种保护使得犹太人终不至于遭受像纳粹屠杀之类的灭顶之灾,也使得犹太人的历史得以传承,种族得以延续。因时间跨度较大,该文在有限篇幅内试图做到面面俱到却无法进行深入的讨论,在谈到教会的犹太政策时,更多的是从外界环境与神学思想入手,对教宗本人与犹太人间关系的关注并不多,且多为叙述性内容,缺少史料的支撑。但该文从教会这一宏观的角度论述了其对犹太人的政策态度,内容与本研究有重合之处,可为本研究提供有价值的参考。

以上研究均为本选题可顺利进行提供了非常有价值的资料与参考。国外相对丰富和深入的教宗与犹太人关系研究是研究教宗犹太政策的理论基础,与教宗训谕、通谕、简函和信件等相关的原始资料及英译本是梳理并分析教宗犹太政策实质内容的史料支撑,国内外关于教宗史、基督教历史、犹太教历史以及对两教关系史的详解与分析是探讨教宗犹太政策的历史依据。

---

① 左瑞玲:《中世纪西欧基督教会对犹太人的政策研究》,陕西师范大学硕士学位论文,2015 年。

第一章^①　教宗犹太庇护政策基础文本:《犹太人庇护训谕》

　　仅就中世纪教宗与犹太人关系来看,不管教宗如何努力避免犹太人对正统基督教的污染,如何想方设法寻求犹太人的皈信,他们始终都在遵循形式上的宽容原则,采取了一系列宗教上的庇护政策,或是出于真心,或是出于各种压力,或是出于政治正确。尽管这些政策一直向教会倾斜,但他们从来也没有公开支持过对犹太人的暴力行径,或诸如血祭诽谤或强迫改教等残酷手段。他们曾多次呼吁,要求信众保持理智和适度(甚至连授意制定了中世纪最为反动的犹太法的英诺森三世在这方面也没有出格)。^② 而中世纪教宗们最基本的犹太庇护政策文本便是可追溯至圣额我略一世,由加利斯多二世于1120年左右首次正式发布,有20多位教宗重申过的《犹太人庇护训谕》(*Sicut Judaeis*)。^③

第一节　圣额我略一世与"*Sicut Judaeis*"

　　圣额我略一世(Gregory I,约590年9月3日—604年3月12日在位),也就是著名的"大"额我略(Gregory "the Great"),是犹太教与基督教关系思想

---

　　① 本章主要内容已发表。参见拙文《神圣的庇护:罗马教皇与〈犹太人庇护法〉》,《基督宗教研究》,2021年10月,总第29辑,第195—213页。

　　② 参见[英]塞西尔·罗斯著:《简明犹太民族史》,黄福武、王丽丽等译,济南:山东大学出版社,2004年,第227页。

　　③ 因该训谕不同版本的拉丁文手写差异,该题目也可写成 *Sicut Judeis*、*Sicut Iudaeis* 和 *Sicut Iudeis*。

史和社会史中最重要的人物之一,无疑也是古代晚期和中世纪早期最伟大的教宗,甚至是有史以来最伟大的教宗。① 尽管其著作中也包含了许多反犹太主义传统的特征,但他曾多次干涉基督徒对犹太人的暴力活动,阻止针对犹太人、犹太会堂以及犹太墓地的暴力行径,纠正社会不公,利用一定的财政政策吸引犹太人改教,致力于营造一个促进犹太人自觉皈依的基督教大环境。②

　　圣额我略一世是第一位有正面庇护犹太人的现存记录的教宗。他的保护涉及直接受教宗统治的领土上的所有犹太人,以及那些生活在其他基督教国家的犹太人。在他现存的 26 封有关犹太人的通讯中,6 封包含了教宗为保护他们而采取的措施。这些信件有的涉及个人,有的与整个犹太群体相关,主要是谴责地方神职人员的武断行径,例如特拉奇纳(Terracina)的主教伯多禄(Peter)将犹太人从他们的犹太会堂中驱逐出去;③巴勒莫(Palermo)主教维克多(Victor)也因类似的行径受到了训斥;④教宗谴责那不勒斯的帕斯卡修斯主教(Pascasius of Naples)干涉了犹太人的节日庆祝活动;⑤591 年,额我略告诫阿尔勒(Arles)的主教维尔吉利乌斯(Virgilius)和马赛(Marseilles)的主教西奥多鲁斯(Theodorus)不要强迫法国南部的犹太人接受洗礼。⑥

　　额我略对犹太人秉持的宽容态度以及主持制定的一系列宽待犹太民族的政策为整个中世纪教会的官方犹太立场和政策定下了基调,成为其后世教宗逐代效法的榜样,意义深远。具体来说,他对犹太教与基督教关系最重要的贡献莫过于他于 598 年写给西西里巴勒莫的主教维克多的信,信的开头是"*Sicut Judaeis*",直译为"关于犹太人",教宗在信中谴责主教对犹太人的不公正行为:"就像我们不能给予会堂里的犹太人法律规定之外的自由一样,他们也不应因法律已经赋予他们的权利而受侵害。"⑦这一话语在之后的教宗有关

---

　　① [英]埃蒙·达菲著:《圣徒与罪人》,龙秀清译北京:商务印书馆,2018 年,第 100 页。

　　② 关于圣额我略一世犹太政策的具体内容可参见拙文《神圣的庇护:格里高利一世的犹太政策研究》,《中国基督教研究》,2021 年 6 月,第 16 期,第 220—235 页。

　　③ 参见 Amnon Linder, *The Jews in the Legal Sources of the Early Middle Ages*, Detroit: Wayne State University Press, 1997, pp.417 - 418, "Gregory to Peter, Bishop of Terracina"。

　　④ Ibid, p.434, "Gregory to Victor, Bishop of Palermo".

　　⑤ Ibid, p.443, "Gregory to Pascasius, Bishop of Naples".

　　⑥ Ibid, p.419, "Gregory to Vergilius and to Theodore, Bishop of Massilia in Gaul".

　　⑦ "*Sicut Judaeis non debet esse licentia quicquam in synagogis suis ultra quam permissum est lege praesumere, ita in his quae eis concessa sunt nullum debent praeiudicium sustinere.*"拉丁全文及英译参见 Amnon Linder, *The Jews in the Legal Sources of the Early Middle Ages*, pp.433 - 34。

犹太教的训谕中频繁出现,为中世纪所有教宗庇护犹太人权利的训谕提供了范式。

当然,不同时期的教宗会根据自身所处的时代和境遇制定符合自己的犹太政策,但他们对犹太人的庇护都有着一定的共同基础并传承了下来。由此可见,圣额我略一世作为标杆式的人物,其所奉行的犹太宽容态度及庇护政策可谓是中世纪教廷犹太政策的先声,对犹太教与基督教关系产生了极其深远的影响,之后的历任教宗们大都以他的思想态度和政策为模板,试图庇护犹太人的合法权益。

第二节 《犹太人庇护训谕》的兴起与式微

教宗加利斯多二世(Callixtus II,1119 年 2 月 9 日—1124 年 12 月 13/14 日在位)于 1120 年左右首次正式发布关于庇护犹太人权利的训谕。依照圣座文件的命名惯例,取其拉丁原文的首二个单词将该文件命名为 "*Sicut Judaeis*",中文直译为 "关于犹太人",因其意在庇护犹太人免受基督教暴力的侵害,英译为 *Bull of Protection for the Jews*,中文可直译为《犹太人保护训谕》,正如我们在 "概念界定" 部分所说,考虑到其在宗教领域内的庇护性质以及与世俗统治者的 "保护法" 相区分,我们认为将其翻译为《犹太人庇护训谕》更为贴切。它随即成为了传统教会法基本文本的一部分,代表了教会对犹太社会的官方政策。[①] 一般认为《犹太人庇护训谕》的第一次颁布是由第一次十字军东征对犹太人的袭击所引发,它致使 5000 多名欧洲犹太人被屠杀。[②] 该训谕以命令的口吻阐述了禁止基督徒对犹太人所作的某些具体行径,如有违抗,将面临被逐出教会的绝罚。此训谕现存最古老的版本来自教宗亚历山大三世(Alexander III,1159 年 9 月 7 日—1181 年 8 月 30 日在位)。其文首先以圣额我略一世的那句 "就像我们不能给予会堂里的犹太人法律规定之外的自由一样,他们也不应因法律已经赋予他们的权利而受侵害" 为开端,其次简

---

① 参见 Edward Kessler and Neil Wenborn, ed, *Dictionary of Jewish-Christian Relations*, Cambridge: Cambridge University Press, 2005, p.404。

② Solomon Grayzel, "The Papal Bull *Sicut Judeis*", in *Essential Papers on Judaism and Christianity in Conflict: from Late Antiquity to the Reformation*, Jeremy Cohen, ed., New York: New York University Press, 1991, p.233.

单阐述犹太人在基督教世界中的地位,接着回顾哪些前任教宗颁布了该训谕,教宗加利斯多的训谕之所以为人所知,就是因为他的名字被包含在亚历山大的前人回顾名单中。最后,也是最重要的一部分,即有关犹太人应有权利的不受侵害,其内容可总结为以下 8 项:1. 不得强迫犹太人受洗;2. 不得伤害犹太人的身体;3. 不得杀害犹太人;4. 不得抢劫犹太人的财产;5. 不得改变犹太人在其居住地内的良好风俗习惯;6. 不得在犹太人庆祝自己节日时打扰他们(以丢木棍和石头的方式);7. 不得强迫犹太人进行服务;8. 不得亵渎或者破坏犹太人的墓地,不得以此敲诈犹太人钱财。如有违抗,将被逐出教会,除非违抗人做出相应的补赎。① 该训谕由后来的数任教宗多次重申,12世纪有 6 位教宗重申了这一训谕,13 世纪有 10 位教宗,14 世纪有 4 位教宗(包括一位对立教宗),15 世纪有 3 位教宗,② 其主要内容基本都遵循了同样的模式:*Sicut Judaeis*-介绍-回顾-命令-绝罚。后期教宗虽不再发布该训谕,但采取的犹太政策大多与其内容相雷同,而且即便是没有发布《犹太人庇护训谕》的教宗,也会在某些特定的事件上给予犹太人一定的庇护与帮助。与此同时,当犹太人向教宗和世俗统治者提交请愿,请求帮助时,他们会呈上一份《犹太人庇护训谕》的副本。除了极少数的例外,教宗们都会根据犹太人的请愿写信给属地的世俗统治者或教士们,以重申对犹太人的庇护。

　　教宗们会根据当时的宗教、政治和社会境况与犹太人的境遇对训谕进行一定程度的修订。在英诺森三世之前,该训谕一直按照最初的模板发布,鲜有改动。③ 许多人将英诺森三世看作中世纪犹太社会中的"大反派",因为相较于其他教宗,英诺森对犹太人的负面情绪较高,自其教宗统治的一开始,他就很明显地将犹太人视作基督教会中的潜在危害。英诺森三世在其上任的第二年,即 1199 年 9 月 15 日便颁布了《犹太人庇护训谕》,它虽然仍按照原有的传统保障犹太人应有的权利,但增加了一个前提:"我们希望只将那些没有假定

---

① 拉丁全文参见 Shlomo Simonsohn, *The Apostolic See and the Jews,* Vol. 1, No. 49, p. 51;中译参见附录三。
② Solomon Grayzel, "The Papal Bull *Sicut Judeis*", pp. 231 - 32.
③ 在英诺森三世之前发布过《犹太人庇护训谕》的教宗有:加利斯多二世、欧吉尼三世(Eugene III, 1145—1153 年在位),亚历山大三世,格来孟三世(Clement III, 1187—1191 年在位),则来斯定三世(Celestine III, 1191—1198 年在位)。他们均出现在英诺森三世的前人回顾名单中。

阴谋反对基督教信仰的人置于该训谕的庇护之下"。① 这句话随即成为该训谕不可或缺的一部分,之后没有任何一位教宗将其排除在自己的《庇护训谕》之外。② 另外,英诺森在 1215 年召开的第四次拉特兰大会更是对犹太人强加了诸多限制,例如 67 号教规禁止犹太人苛求和压迫基督徒来收取高利贷;68号禁止犹太人亵渎耶稣的受难,禁止他们在复活节期间出门嘲笑基督徒,要求犹太人穿着特定的服装以区分撒拉逊人、犹太人和基督徒;69 号禁止犹太人担任公职;70 号禁止改信基督教的犹太人保留任何旧有仪式等。③ 然而,就是这位下令根除阿尔比派异端的教宗,虽对犹太人十分严厉,但仍警告十字军和基督徒不要对犹太人进行身体上的伤害,不可强迫他们受洗,对主教们强调不可侵占犹太会堂,不可剥夺其自由。

额我略十世(Gregory X,1271 年 9 月 1 日—1276 年 1 月 10 日在位)在1272 年颁布的训谕中,针对频繁发生的对犹太人的恶意指控与诬陷,增加了关乎犹太人生存的至关重要的庇护内容。首先,鉴于犹太人不可为基督徒作见证,但反之成立,法庭上便出现了大量基督徒为诬陷犹太人而做假证的现象,为此,教宗规定,"基督徒对犹太人作的见证不得为真,除非这些基督徒中同时有犹太人一起作证。"也就是说,犹太人只有在有犹太人和基督徒同时作为证人的情况下才能被定罪。其次,血祭诽谤愈加频繁,常有基督徒藏匿自己或他人的孩童而诬陷犹太人,一方面是为了中伤他们,另一方面则是为了敲诈他们。教宗在训谕中先是强调了犹太人的律法中禁止祭祀杀牲,随后说道,"我们下令,在这种情况,不需要服从基督徒来对抗犹太人。我们命令,以这种愚蠢的借口被捕的犹太人需从监狱中释放出来,今后也不要以这种卑鄙的借口逮捕他们,除非——我们不相信——他们在犯罪时被捕。我们下令,任何基

---

① "*Eos autem dumtaxat hujus protectionis presidio volumus corhmuniri, qui nihil machinari presumpserint in subversionem frdei Christiane.*"拉丁全文及英译参见 Solomon Grayzel, *The Church and the Jews in the XIII Century,* Vol. I, 1198 - 1254, pp. 92 - 95;附录一 No. 5。

② 有学者认为该说法并不是英诺森三世的创新,可追溯至公元 9 世纪甚至更早的《奥马尔法令》(*Pact of Omar*)规定了生活在伊斯兰世界里的非穆斯林的权利和限制,主要为了处理穆斯林与"圣书的子民",即犹太人与基督徒间的关系,其中说道"我们不会在教堂或者居住地收留间谍,也不会藏匿任何穆斯林的敌人⋯"。参见 Atlante del Christianesimo, "The Church and the Jews: St Paul to Pius IX", p. 34;《奥马尔法令》原文参见 Jacob R. Marcus, *The Jew in the Medieval World-A Source Book: 315 -1791*, New York: Atheneum, 1974, pp. 13 - 15。

③ 内容详见 Solomon Grayzel, *The Church and the Jews in the XIII Century,* Vol. 1, 1198 - 1254, pp. 306 - 13;也可参见附录二。

督徒都不得煽动新借口来敌对他们,他们应该保持他们在我们祖先时代的地位。"①这一新增内容参考了英诺森四世(Innocent Ⅳ,1243 年 6 月 25 日—1254 年 11 月 7 日在位)于 1247 年写给所有基督徒的一封信,因非常熟悉《旧约》,英诺森说道,犹太人不得因祭祀杀牲的指控而受审,除非他们当场被捕,但他认为这种情况"极不可能发生"。② 当然,额我略十世也没有忘记加上那句"我们希望只将那些没有假定阴谋反对基督教信仰的人置于该训谕的庇护之下"。

玛尔定四世(Martin Ⅳ,1281 年 2 月 22 日—1285 年 3 月 28 日在位)在位期间,基督徒关于犹太人尤其是犹太改教者的虚假指控频繁出现。中世纪的基督徒虽极力促使犹太人改教,但却频繁地怀疑他们改教的真实性,一方面由于表面改教实则秘密进行犹太教实践的"秘密犹太人"(crypto-Jew)的存在,另一方面也是对犹太人会颠覆基督教信仰而深深地担忧,担心某些假改教者接近基督徒后影响甚至改变他们信仰,这就导致关于犹太人虚假改教的指控的大量出现,有的犹太改教者仅是因为与原有犹太家庭有所联系就受到基督徒的指控。另外,判定一个犹太人是否是真心改教并没有可实际依靠的客观标准,多带有一定的主观色彩,因此法庭在接到指控后大多秉持"宁可信其有,不可信其无"的心态,冤假错案频频发生。为此,玛尔定四世在其训谕中强调,任何处理异端和邪恶分子的工作人员不得强迫犹太人或他人,如果他想要指控某个犹太人,他需要向法庭提交一份保证书,如果该犹太人所犯的罪没有被证实,指控者将要受到该罪应得的惩罚。另外,如果一个受洗的犹太人与其他犹太人有所交往,但是他并没有认出这个人是犹太人,则受洗的犹太人不需要受罚。③ 这便给予了犹太改教者更大的自由,使他们免受虚假指控的搅扰,也体现了教宗所代表的教会的公正性,以吸引更多的犹太改教者。

面对反犹太主义思潮的强势发展,人们的敌对情绪逐渐高涨,加之突发的天灾人祸,《犹太人庇护训谕》逐渐失去它原有的效力,教宗们开始频繁重申该

---

① 拉丁全文参见 Shlomo Simonsohn, *The Apostolic See and the Jews*, Vol.1, No.234, pp. 242 - 43;英文见 Jacob R. Marcus, *The Jew in the Medieval World-A Source Book: 315 - 1791*, pp.151 - 54。

② 拉丁全文及英文翻译参见 Solomon Grayzel, Vol. I, pp.274 - 75。

③ 参见 Solomon Grayzel, "The Papal Bull *Sicut Judeis*", in *Essential Papers on Judaism and Christianity in Conflict: from Late Antiquity to the Reformation*, Jeremy Cohen, ed., New York: New York University Press, 1991, pp.241。

训谕,试图逆反犹之流而上。黑死病于 1347 年第一次席卷欧洲时,格来孟六世(Clement VI,1342 年 5 月 7 日—1352 年 12 月 6 日在位)正坐在教宗宝座上,他是中世纪第一位完全重复发布该训谕的教宗。由于找不到正常的解释,黑死病的起因便与其他神秘的天祸一样,自然而然地落在了犹太人身上:犹太人混合了一种毒药,其成分是蜘蛛、蟾蜍、蜥蜴、人肉,基督徒的心脏以及献祭的圣饼。[①] 这番谎言像野火一样传遍了欧洲,导致一系列闻所未闻的屠犹恐怖事件发生。对此,格来孟六世于 1348 年 6 月 5 日发布了其任期内的第一个《犹太人庇护训谕》,但成效微乎其微,同年 10 月 1 日便再次发表了该训谕。教宗在第一份训谕中强调道,许多基督徒把灾祸归咎于犹太人在魔鬼的怂恿下下毒,因此不虔诚地迫害了大量犹太人,包括妇女、老人和小孩。然而事实并非如此,天灾并不是犹太人造成的。各地神职人员不得参与迫害犹太人的活动,要保证犹太人的安全。[②] 第二份训谕除重复强调上述内容后又补充道,很多反犹暴行的发生是由于某些基督徒被贪婪蒙蔽所致,他们负债累累,为了自己的利益,为了摆脱犹太债主从而诽谤、诬陷乃至迫害他们。[③] 循环往复的重申与再发布说明人们反犹情绪的持续高涨以及《庇护训谕》的逐渐式微。

待到玛尔定五世(Marin V,1417 年 11 月 11 日—1431 年 2 月 20 日在位时期),该训谕便不再具有如法律一般的效力,仅变成普通的教宗声明,与此同时,教宗的立场也随社会动荡而更加摇摆不定。玛尔定五世在担任教宗期间曾多次发布有关犹太人的训谕和法令,其对犹太人的态度可分为亲犹(1418—1422)、限犹(1423—1429)和再亲犹(1429—1431)三个阶段。教会在胡斯战争期间的动荡使犹太人十分忧虑,因国王西吉斯蒙德(Sigismund,1368 年 2 月 15 日—1437 年 12 月 9 日)也就是后来的神圣罗马帝国皇帝(1433—1437 年在位)欠犹太人大量钱财,犹太人便以他为中介,从教宗玛尔定五世那里求得两

---

①　参见[英]塞西尔·罗斯著:《简明犹太民族史》,黄福武、王丽丽等译,济南:山东大学出版社,2004 年,第 273 页。

②　拉丁全文参见 Simonsohn, Vol. 1, No. 373, pp. 397 - 8;英译参见 Rosemary Horrox, trans&ed, *The Black Death*, Manchester and New York: Manchester University Press, 1994, pp. 221 - 22。

③　拉丁全文参见 Simonsohn, Vol. 1, No. 374, pp. 398 - 99;英译参见 John Aberth, *The Black Death: The Great Mortality of 1348 - 1350*, New York: Palgrave Macmillan, 2005, pp. 158 - 59。

道训谕(1419 年和 1422 年)以证明他们之前被赋予的特权持续有效。① 1419 年的训谕强调不得搅扰犹太人的节日,准许他们与基督徒进行贸易。② 1422 年的训谕提到犹太人请愿说,有些传教士若发现有基督徒与犹太人交往,给他们烤面包,替他们生火,为他们提供服务,便以教会绝罚作为威胁,从而煽动人们抢劫和迫害犹太人。训谕声称,犹太人的权利应该受到基督徒的尊重。另外,为了让所有人都知晓其内容,应将该训谕传播到各地的贵族手中。③ 然而,这种广泛的对犹太人的宽容和对教士们的限制引起了大量不满,出现了大规模的抗议活动。鉴于此,教宗同年便取消了该法令,这是教宗第一次官方废除该《庇护训谕》,并于 1423 年发布了限制性训谕,更新了关于犹太人需佩戴特定标志的条例。到了 1429 年,新训谕便不再以"*Sicut Judaeis*"开头,而是换成了"*Quamquam Judei*",直译是"虽然犹太人…",它表达了一种新思想,即尽管犹太人固执地不认信基督教真理,但教会会因他们是耶稣基督的见证人而对其容忍,目的是希望教会的善最终引导犹太人皈信。④ 而原来的"*Sicut Judaeis*"则被放置于相对靠后的地方。⑤ 它似乎表明引导犹太人皈信的重要性已经盖过要保证犹太人应有的权利。该训谕也提到了曾经赋予犹太人的权利,但并没有逐个列举。更重要的是,它只适用于意大利境内的犹太人,也就是说,尽管教宗对犹太人的庇护政策已大打折扣,但这种程度的庇护也不再是所有犹太人的依靠,意大利之外的犹太人连教宗口头上的庇护也已失去。然而兜兜转转了一圈后,晚年的玛尔定五世又回到了最初的立场,重新强调犹太人的重要性,努力保证他们的安全和权利。

玛尔定五世的继任者教宗欧吉尼四世(Eugenius IV,1431 年 3 月 3 日—1447 年 2 月 23 日在位)统治的大部分时期对犹太人都相对有利。他于 1433

---

① 参见"The Popes", in *The Jewish Encyclopedia*, http://www.jewishencyclopedia.com/articles/12273-Popes-the, last accessed date January 1, 2023。

② 拉丁全文参见 Simonsohn, Vol. 2, No. 596, pp. 679 – 81;德文简述参见 Moritz Stern, *Urkundliche Beiträge über die Stellung der Päpste zu den Juden: mit Benutzung des päpstlichen Geheimarchivs zu Rom*, Kiel: H. Fiencke, 1893, p. 25。

③ 拉丁全文及德译参见 Moritz Stern, *Urkundliche Beiträge über die Stellung der Päpste zu den Juden*, pp. 30 – 36。

④ "*Quamquam Judaei, quos in diversis mundi partibus constitutos sacrosancta tolerat ecclesia in testimonium Jesu Christi…*"Simonsohn, Vol. 2, No. 658, pp. 771 – 74。

⑤ 拉丁全文及德文简述参见 Moritz Stern, *Urkundliche Beiträge über die Stellung der Päpste zu den Juden*, pp. 38 – 42。

年发布了标准模式的庇护训谕,但在结尾处加入了两项新内容。其一是指定
了教宗的管辖范围,并要求向犹太人收取税务和津贴等财务的人员应由他们
自己指定的犹太人担任。其二是那些在某地不享有自由和特权的人也不应遭
受报复性的惩罚。① 然而由于政局的变幻莫测,欧吉尼不得不完全改变其立
场并于1442年发布了与玛尔定五世类似的反犹太训谕,②其中摒弃了之前所
有利于犹太人的条例并制定了更为严格的限制措施。

玛尔定五世是第一位正式废除该训谕的教宗,虽然他自己又改变了态度,
但其他几位教宗后来都确认了废除的事实。例如,在1443年发表的声明中,
欧吉尼四世再次确认废除1422年的训谕,他说该训谕过分偏向于犹太人,而
玛尔定五世本人也废除了该训谕。1447年,尼各老五世(Nicholas V,1447年
3月6日—1455年3月24日在位)在一份训谕中确认了欧吉尼四世于1422
年的训谕中肯定了玛尔定五世对《庇护训谕》的废除,也就是说我们通过尼各
老五世的训谕知道了欧吉尼四世于1443年11月19日确认撤销了玛尔定五
世于1422年2月20日发布的,后来又被自己撤销的《庇护训谕》。③

随后的中世纪教宗们虽然也在试图保证境内犹太人的生活,但是愈来愈
少地重复《犹太人庇护训谕》。尼各老五世与其前两任一样对犹太人的态度摇
摆不定。碧岳二世(Pius II,1458年8月19日—1464年8月14日在位)试图
让意大利境内的犹太人过得好些。保禄二世(Paul II,1464年8月30日—
1471年7月26日在位)曾于1468年确认过玛尔定五世赋予罗马犹太人的特
权。④ 西斯笃四世(Sixtus IV,1471年8月9日—1484年8月12日在位)也
曾确定过罗马犹太人的特权。⑤ 但《犹太人庇护训谕》却不曾再出现。⑥ 宗教
改革之后,天主教会普遍以防御的姿态看待外界,更加严厉的犹太政策登上历
史的舞台,直至20世纪。

---

① 拉丁全文参见 Simonsohn, Vol. 2, No. 694, pp. 815 - 16。

② Simonsohn, Vol. 2, No. 740, pp. 866 - 70.

③ 拉丁全文参见 Simonsohn, Vol. 2, No. 768, p. 921。

④ Simonsohn, Vol. 2, No. 926, pp. 1152 - 54.

⑤ Simonsohn, Vol. 3, No. 946, pp. 1181 - 82; No. 1007, pp. 1265 - 70.

⑥ 主教甘加内利,也就是后来的教宗格来孟十四世(Clement XIV, 1769—1774 在位)曾在呈
交给格来孟十三世(Clement XIII, 1758—1769 在位)的关于波兰血祭诽谤的报告中引用了英诺森
四世和额我略十世的《犹太人庇护训谕》。参见 Cecil Roth, *The Ritual Murder Libel and the Jew:
The Report by Cardinal Lorenzo Ganganelli [Pope Clement XIV.]*, London: Woburn Press,
1953, p. 21。

第三节　《犹太人庇护训谕》的局限性

《犹太人庇护训谕》是教宗们以既存著作为基础所表现的一种深思熟虑的立场，体现了教会文件的传承性、适应性和可变性，教宗处理外界事物尤其是与其他宗教间关系的灵活性，以期回应来自四面八方的期许和挑战。该训谕影射了教会的释经传统，教宗代表犹太社区对具体请愿的回应，以及教宗对犹太人不真诚的皈依或试图颠覆教会的恐惧。为了处理不同时期的特定问题（例如，黑死病、血祭诽谤等），某些新文本会加入到原有模式中，但当问题不再相关时，该片段便被移除。但英诺森三世所加的限制条件却始终存在，成为了固定文本的一部分，教宗们似乎认为犹太教有很大的吸引力，他们非常害怕失去皈依者或从犹太人那里得到不真诚的皈依。

不可否认，教宗试图庇护犹太人；毫无疑问，他们的努力取得了一些成功。不难想象，如果教宗没有把庇护犹太人的训谕作为教会政策的一部分来保证犹太人的生存和宗教仪式的权利，犹太人的命运会是如何。犹太人不仅会在向教宗请愿时递上《庇护训谕》副本，也会在书信给国王、王后和其他世俗统治者时附带该训谕，以便在反犹骚乱中获得一定的保护。在某些时候，面对性情多变的皇室及世俗政府，教宗成为了犹太人活命的最后一根稻草。然而，同样需要正视的是，教宗的庇护远未达到其应有的目标。十字军运动继续对犹太人的生活发动攻击，血祭诽谤频繁发生，有时即便是最基本的生活也得不到保障，犹太人频繁地遭到驱逐，要么被驱逐到外国土地，要么最终被驱逐到隔都。由此可见，《犹太人庇护训谕》的局限性与消极面从未消除。

就《犹太人庇护训谕》本身来看，其内容"既具体又模糊"，有一定的局限性。首先，训谕虽然明确强调反对强迫受洗的，但从未给"强迫"下过定义。而且不仅《庇护训谕》没有发布过官方定义，已知的其他教宗训谕，教会法案，乃至教宗通讯信件也从未给"强迫"下定义，其范围始终模糊不清。例如，良七世（Leo VII，936 年 1 月 9 日—939 年 7 月 13 日在位）在写给美因茨主教弗雷德里克的信中说道，如果犹太人拒绝接受基督教信仰，教宗命令主教驱逐他们，以免基督徒与这些上帝的敌人接触。但是，无论如何，不可违背他们的意愿和要求强迫其受洗。① 可见在这位教宗心里,威胁将犹太人驱逐出城市,并不被看作是不合理的暴力形式,如果犹太人因害怕被驱逐而受洗则不算"强迫"受洗。与此类似的还有英诺森三世所增加的一个模棱两可的庇护范围,即只庇护那些没有意图谋害基督教的犹太人,与"强迫"类似,由于缺乏可判定"意图谋害"的定义,其标准充满模糊性,大量的对犹太人的虚假指控频繁发生。

其次,训谕中关于不得迫害犹太人的条例又描绘得十分具体,具体到了某种事件,使用的是什么方式,例如,"当他们庆祝自己的节日时,任何人不得通过向他们扔木棍和石头的方式打扰他们,"那如果在他们庆祝节日时用其他方式打扰他们呢,或者不在他们庆祝节日仅在犹太人平时做礼拜的时候向他们扔木棍和石头呢? 类似的行为又该如何判定呢? 这样的例子比比皆是。例如,相较于之前的训谕中仅说"不得强迫受洗",英诺森三世明确强调"不得用暴力的方式强迫犹太人受洗",这可能导致人们怀疑是否允许使用其他不被视为"使用暴力"的方式。换言之,英诺森三世把"强迫"一词限定在一个狭小的范围内,即"使用暴力"。这种狭义的"强迫"可能导致一些人认为,压迫或威胁犹太人受洗不能被视为"强迫",因为基督徒没有对犹太人实施任何身体上的暴力,所以他们并没有违反训谕中的要求。

由此可见,训谕涉及的有关犹太人的事件并不全面,对特定事件的精准描述必然导致对除此之外所有事件的判定都变得模糊,大量未尽事宜仍会使犹太人饱受迫害,换言之,该训谕的内容漏洞百出。似乎所有的文本都没有仔细考虑语言的使用,也没有考虑这些词语可能导致的不同后果。但是教会一直是非常善于挖掘《圣经》的表面和深层含义,教会的律法制定者在使用语言时应该是非常熟练和谨慎的。因此,该训谕似乎用一种"形式语言"来表达一种"政治正确"的态度,教会庇护犹太人的决心并不是发自内心的。所以,期望那些基督教当权者真诚地保护他们所鄙视和敌视的犹太人似乎是不现实的,尽管基督徒有神学上的理由这样做,但即使是神学上的理由也是消极的。似乎基督徒"不得不"让犹太人活着,以实现他们的最终目标。只要犹太人还活着就行,至于他们怎么活着,基督徒们似乎并不在意。

《庇护训谕》在内容上的片面性也在一定程度上反映了犹太人与犹太教相

---

① 拉丁全文及英译参见 Amnon Linder, *The Jews in the Legal Sources of the Early Middle Ages*, pp. 447 - 50。

关事件并非是教宗们的主要关注点。每位教宗所留下的大量信件中，只有很小一部分提到了犹太人或犹太教。就拿最关心犹太人境遇的圣额我略一世来说，教宗现存的 866 封书信中，只有 26 封涉及有关犹太人和犹太教的主题，而有的描述仅用了一段多一点的篇幅。此外，绝大多数信件是对投诉的回应。教宗提出的不是倡议，而是具体问题的解决方案。据统计，圣额我略一世在《书信集》(*Registrum Epistularum*) 中使用 *Iudaeus*，*Iuda*，*Iudaicum*，*Israel*，*Hebraeus* 和 *Synagoga* 这些与犹太人和犹太教相关词汇的次数只有 77 次。[1] 可见犹太政策在教宗的整体政治政策中所占比例非常低。总的来说，自基督教获得统治地位后，犹太人与犹太教有关问题便始终处在基督教社会中的边缘地位。教宗们所关心的问题，例如通过维持和扩张教宗国来确保教宗福祉，领导整个基督教社会，发展教牧关怀，制定教义和教规，参与政治斡旋，与皇帝、贵族以及政治首脑们打交道，以扩大世俗影响力，维护作为基督教生活中心的教宗的精神力量，这一切都与犹太人的关系非常有限。所以，《庇护训谕》的基本内容大多来自犹太人的具体请愿或者主教们的汇报，教宗们为了社会稳定和"政治正确"而列出了发生最频繁的几件事，他们没有意愿也没有时间制定复杂且详细的犹太人法案。

本章小结

在整个中世纪时期，教宗整体上都以《犹太人庇护训谕》作为处理与犹太教关系的官方基本文件，呼吁宽容，试图保证犹太人的生活与应有权利，与此同时，迫害的嚣叫与残忍的屠杀也延绵不绝。由于训谕本身的局限性，加之各个时期的社会局限性及教会的自身因素，教宗庇护犹太人的基本政策文件-《犹太人庇护训谕》未能收到明显的效果。

但我们不可将教宗在推行法案时的失败与没有试图庇护犹太人相等同。在中世纪这个反犹太主义普遍盛行的时代，教宗与犹太人间的关系出奇地积极，他们以神之名为犹太人提供了当时仅有的生存屏障，以己之力保证他们应有的权利不受侵害。教宗们对犹太人的确有一系列的限制性的政策，但动机

---

① 参见 Rodrigo Laham Cohen, "Theological Anti-Judaism in Gregory the Great", *Sefarad*, vol. 75:2 (julio-diciembre 2015):225-52。

并不是仇恨,是由各种复杂因素汇合而成。在教宗试图将各种异质因素结合在一起以追求至高无上地位的过程中,他们遇到了一系列非常棘手的问题,他们的权威在一些更重要的问题上受到了挑战,这些问题比犹太人受到的迫害和他们在犹太人权利问题上的权威更重要。更重要的是,在基督教占绝对统治地位的中世纪时代,教会一方面把犹太人打上基督徒和基督教上帝的敌人的标签,对其进行贬低,另一方面又因为某些神学原因而庇护他们,这是不合逻辑的。在这种冲突下所缔造出任何法案,似乎都无法达到其应有的效果。而政治、宗教和文化全方位的宽容只有在一个建立于多元价值观念之上的社会里才能切实地实现。①

---

① 彭小瑜著:《教会法研究》,北京:商务印书馆,2003 年,第 355 页。

第二章　英诺森三世的犹太政策

　　总的来说,在中世纪鼎盛时期,教宗们将一种统一的、一致的、不变的犹太政策,作为一种特别的、精心计划的教宗政策的一部分,而不是随着时间发展和变化对犹太人的问题表示关切和敏感,但他们似乎并未为提高犹太人的地位做太多努力。尽管如此,所有的教宗在理论上仍然致力于圣奥斯定式的保护理念,即犹太人是神圣计划的一部分。就一个反犹太主义盛行的社会而言,许多教宗关于犹太人的声明显得异常温和,甚至惊人地友善。

　　中世纪鼎盛时期的英诺森三世是一位极具个人特色和争议的教宗,此时教宗的权力达到了顶峰,对其民众的管理也最为严格和全面。因其对《犹太人庇护训谕》加入了一条限定性原则"我们希望只将那些没有假定阴谋反对基督教信仰的人置于这项法令的保护之下",以及他在第四次拉特兰会议中对犹太人的严格限定条例被很多人认为是"反犹"教宗。有学者认为"英诺森三世的教廷既代表了教会对犹太人政策的强硬,也代表了反犹太主义言论的尖锐化。"①然而,教宗英诺森三世与其前任们一样,颁布了《犹太人庇护训谕》,为被指责进行仪式谋杀的犹太人辩护,坚守圣奥斯定神学传统中对犹太人的定位。他对犹太人采取严格限定的原因,从某种意义上说,只是因为他那个时代的人,分享着他所处环境中广泛传播的感知和恐惧,与当时的政治、社会、经济环境以及教会所处的地位有着复杂的联系。与此同时,他也留下了较丰富的与犹太人相关的文献,我们便以英诺森三世为切入点,首先研究他的犹太政策是否如很多人所认为的那样是敌视犹太人的,随后推及整个中世纪时期的教

---

　　①　Robert Chazan, "Pope Innocent III and the Jews", in *Pope Innocent III and his World*, John C. Moore, ed., London and New York: Routledge, 2016, pp.188.

宗犹太政策。因此分析研究英诺森三世的犹太政策既可因其本身的独特性找出独属于他的内容,也有利于梳理出中世纪时期教宗们普遍采用的犹太政策。

第一节　教宗英诺森三世的独特性

英诺森三世(Innocent III,1198 年 1 月 8 日—1216 年 7 月 16 日在位)是中世纪最强大和最有影响力的教宗之一。他对欧洲的基督教国家施加了广泛的影响,声称自己的地位高于欧洲所有的国王。他通过颁布教令和主持第四次拉特兰大会,在教会事务改革方面发挥了核心作用,致使西方教规法得到极大的完善。作为教宗,英诺森三世对自己的责任和权威有着非常广泛的认识。

作为当时欧洲最有权势的人,教宗英诺森对待犹太人十分强硬。相比其他教宗,他对犹太人更加"不容忍","不纵容",出台了严厉的犹太限制法令。更广泛地说,就像他同时代的人一样,单纯因为基督教社会中有犹太人的存在,英诺森就会感到不安。然而,尽管和他的前任们一样不安,也许更不安,但他仍然认识到犹太教是基督教遗产的一部分。本章将以英诺森三世为典型和切入点,通过细致探究他的犹太政策,他颁布的关于犹太人的法令,他的政策法令的落实情况,分析其原因,为下一章分析整理中世纪时期教宗的总体犹太政策作铺垫。

选取英诺森作为主要典型和切入对象的原因在于英诺森三世是一位处在特殊时期,或者说是转折时代的教宗。其特殊性和转折性主要表现在以下四个方面:首先,在进入 12、13 世纪后,犹太人被真正排挤出经济和各种"体面"的行业,大量的犹太人开始从事放贷业,虽然之前的教宗也提到了禁止犹太人放贷,但那时从事该行业的犹太人少之又少,且整个西欧犹太人的数量也不是很多。只有在 12 世纪后,大量的犹太人涌现在教会领土上,因无法从事其他行业,只能放贷,因此犹太人放贷才开始真正成为问题。而英诺森则是真正面临这一问题的第一位教宗。其次,宿主亵渎的指控是自英诺森在第四届拉特兰大公会议(1215 年)确立了圣餐变体论(Transubstantiation)的教义后才出现的。根据这一教义,圣餐的面包和葡萄酒在物理上变成了基督的肉和血,这才使宿主亵渎的指控在理论上变可能。第三,在英诺森之前的教宗所颁布的《犹太庇护训谕》基本没有任何改动,是他对其内容做了修改,增加了神学基础和庇护前提,其继任教宗都按照他的训谕增加了庇护犹太人的前提。第四,根据材料我们发现前七个世纪教宗与犹太人相关书信和训谕只有 66 份(其中几乎一半来自教宗圣额我略一世),而在教宗英诺森三世当选后,数量明显增加,他自己共有 32 份相关记录,这也说明中世纪中期开始犹太人逐渐成为教宗关注的重点之一。作为转折时代的教宗,英诺森怀着对自己作为基督教团体领袖的崇高理想,发表了大量关于犹太人的书信文件,且大部分内容都被记录保存了下来,因此我们可以获得大量的研究资料,以做全面的研究。另外,由于英诺森在位时教宗权力达到了顶峰,他对犹太人的关注也远强于前任,又因为其后任大多根据英诺森的政策来制定自己的政策,且随着教宗权力的下降,对犹太人的关注也不再那么紧密,因此英诺森三世的犹太政策相较于其前后任教宗们则更全面,更有研究价值。

中世纪对犹太人来说是十分黑暗的时期,但在本文初期的资料查找与背景研究期间,我们发现中世纪的教宗与犹太人间有着一种相对“积极”的关系,甚至为行走在黑暗管道中的犹太人提供了一丝光亮。而英诺森三世作为中世纪时期对待犹太人最严厉、最有敌意的教宗之一,若我们可以说明,尽管像其前任教宗们一样,英诺森也面临着来自多方的压力和新挑战,但他仍然反复坚持教会的传统教义,即犹太人在神圣计划中占有特殊地位,仍致力于庇护犹太人应有的权利,则可以在一定程度上证明,中世纪的教宗们对待犹太人的态度与政策也许比我们想象的更“积极”。

第二节　政策详解

一、英诺森三世的《犹太人庇护训谕》

尽管英诺森的前任教宗则来斯定三世(Celestine III, 1191 年 4 月/5 月—1198 年 1 月 8 日在位)已于几年前刚刚发布过标准的《犹太人庇护训谕》,1199 年 9 月 15 日,即英诺森登基后的第二年便又重新发布了该训谕,这似乎表明发布该训谕成为了每届教宗的一个“政治任务”。与其诸多前任一样,英诺森规定,犹太人因基督的死亡而被判处永远的奴役,但他们仍然必须作为基督徒的仆人受到庇护。然而英诺森三世重新发布的《庇护训谕》在语气和内容上都与之前的版本有很大不同。为了细致地了解英诺森的《庇护训谕》的特殊之处,我们将采取对比研究的方法:将现今留存最早的《犹太人庇护训谕》,即亚历山大三世于 1159—1181 年间发布的训谕，与英诺森的《庇护训谕》进行比较，逐字逐句找出其较原始版本中添加、删减或者改动的内容，并逐条分析改动文本的历史和神学背景。

在比较方法上我们需要进一步的说明。为了减少多次翻译而导致的文本上差异过大，我们将比较原始拉丁训谕的英译版本，即诺斯（W. L. North）翻译的亚历山大三世的《庇护训谕》[①]和格雷泽（Solomon Grayzel）翻译的英诺森三世的《庇护训谕》[②]，同时以原始拉丁文本为辅助参考。具体方法如下：

我们将在图表中分别列出两个不同版本训谕的全部内容，逐句比较，以便能够清楚地看到差异，添加，删除甚至偶尔的单词变化。我们用加粗字体表示变化部分。然而，因资料较少，我们无法找到同一位译者对两篇训谕都进行翻译，因为相对来讲，同一位译者的翻译标准和规则相同，会减少原始文本由于翻译而导致的偏差。我们仅能找到的翻译来自两位不同的学者。因此，为了减少翻译而导致的偏差，我们在比较时把文本差异分为两种情况：第一，如果文本产生明显的增删，则很容易判断和比较，直接分析变化部分的具体内容即可；其次，如果仅是一些单词或短语的差异，我们需要回到拉丁原文，检查差异是由于翻译造成的还是原文确实不同。随后我们将只列出有实际差异（而非因翻译而导致）的内容并进行分析。

（一）文本比较

Alexander III	Innocent III
Around 1159—1181	September 15，1199
	Although the Jewish perfidy is in every way worthy of condemnation，nevertheless，because through them the truth of our own Faith is

---

① "Decrees of Pope Alexander III（1159 - 1181）from the Reign of Louis VII"，https://thehaskinssociety. wildapricot. org/resources/Documents/Translated％ 20Sources/Primary％ 20Sources/Bulls％ 20of％ 20Alexander％ 20III％ 20on％ 20the％ 20Jews. pdf last accessed date February 15,2023. 中译文参见附录三。

② Solomon Grayzel，*The Church and the Jews in the XIIIth Century: A Study of their Relations During the Years 1198 - 1254 Based on the Papal Letters and the Conciliar Decrees of the Periods*，Vol. I: 1198 - 1259，Philadelphia: Dropsie College for Hebrew and Cognate Learning，1933，pp. 93 - 5. 中译文参见附录一 No. 5.

Alexander III	Innocent III
Around 1159—1181	September 15, 1199
	proved, they are not to be severely oppressed by the faithful. Thus the Prophet says, "Thou shalt not kill them, lest at any time they forget thy law," or more clearly stated, thou shalt not destroy the Jews completely, so that the Christians should never by any chance be able to forget Thy Law, which, though they themselves fail to understand it, they display in their book to those who do understand.
Just as Jews should not be permitted to presume [to do] in their synagogues more than has been allowed by law, so they should not **endure any prejudicial action** in what has been granted. Therefore, although they wish to remain in their own hardness more than to understand the mysterious words of the Prophets and to receive knowledge of the Christian faith and salvation, nevertheless, because **they seek** our protection and aid, we shall receive their petition and grant them the shield of our protection, thus walking in the footsteps of our predecessors of blessed memory, the Roman pontiffs Calixtus [II] and Eugenius [III] out of the gentleness of Christian piety.	Therefore, just as license ought not to be granted the Jews to presume to do in their synagogues more than the law permits them, just so ought they not to **suffer curtailment in those** (privileges) which have been conceded them. That is why, although they prefer to remain hardened in their obstinacy rather than acknowledge the prop-hetic words—and the eternal secrets of their own scriptures, that they might thus arrive at the understanding of Christianity and Salva-tion, nevertheless, in view of the fact that **they begged for** our protection and our aid, and in accordance with the clemency that Christian piety imposes, we, following in the footsteps of our predecessors of happy memory, the Popes Calixtus, Eugene, **Alexander, Clement, and Coelestine,** grant their petition and offer them the shield of our protection.
Now then, we have decreed that no Christian should **compel those** who are unwilling and refusing to come to baptism. If, however, any of the Jews flee to the Christians for the sake of the	We decree that no Christian shall **use violence to force them** to be baptized as long as they are unwilling and refuse, but that if anyone of them seeks refuge among the Christians **of his own free will** and by reason

Alexander III	Innocent III
Around 1159—1181	September 15, 1199

Alexander III	Innocent III
faith, once his will has been made manifest, let him be made a Christian without calumny. Truly no one who is known to have come to Christian baptism not voluntarily but under duress, is believed to hold the true faith of Christianity.	of his faith, (only then,) after his willingness has become quite clear, shall he be made a Christian without subjecting himself to any calumny. For surely none can be believed to possess the true faith of a Christian who is known to have come to Christian baptism not willingly, and even against his wishes
Also, no Christian should dare without the sanction of the secular power to wound or kill Jews or **take their money** or alter the good customs which they have hitherto had in the region where they were living before. In particular, during the celebration of their festivals, no one may in any way harass them with clubs and stones nor may anyone demand forced service from them except for those services which they used to do in the aforesaid time.	Moreover, without the judgment of the authority of the land, no Christian shall presume to wound their persons, or kill (them) or **rob them of their money**, or change the good customs which they have thus far enjoyed in the place where they live. Furthermore, while they celebrate their festivals, no one shall disturb them in any way by means of sticks or stones, nor exact from any of them forced service, except that which they have been accustomed to perform from ancient times.
In addition to these things, since we oppose the wickedness and iniquity of evil men, we decree that no one should dare deface or usurp the Jewish cemetery or pay to have the human bodies exhumed.	In opposition to the wickedness and avarice of evil men in these matters, we decree that no one shall presume to desecrate or reduce the cemetery of the Jews, or, with the object of extorting money to exhume bodies there buried.
If someone, knowing the tenor of this decree, should boldly presume to go against it, he may jeopardize his honor and office or **be punished with** the sentence of excommunication, unless he corrects his presumption with due satisfaction.	If anyone, however, after being acquainted with the contents of this decree, should presume to act in defiance of it (**which God forbid**), he shall suffer loss of honor and office, or he shall **be restrained by** the penalty of excommunication, unless he shall

续　表

Alexander III	Innocent III
Around 1159—1181	September 15，1199
	have made proper amends for his presumption. **We wish，however，to place under the protection of this decree only those（Jews） who have not presumed to plot against the Christian Faith.**

（二）文本变化情况

根据前文的对比图，我们一共可以识别出 10 处明显的文本差异，但是在与拉丁文原文对比后，我们发现其中的 5 处是由于英文翻译造成的差异，属于无效差异，不需要分析，因此我们列出余下的 5 点有效差异。

	亚历山大三世的《庇护训谕》	英诺森三世的《庇护训谕》
1.		英诺森三世添加了一个开场白。
2.	"…walking in the footsteps of our predecessors of blessed memory, the Roman pontiffs Calixtus［II］ and Eugenius［III］ out of the gentleness of Christian piety."	"…following in the footsteps of our predecessors of happy memory, the Popes Calixtus, Eugene, **Alexander, Clement, and Coelestine**…"
3.	"…no Christian should **compel those** who are unwilling and refusing to come to baptism."	"…no Christian shall **use violence to force them** to be baptized…"
4.	"If, however, any of the Jews flee to the Christians for the sake of the faith…"	"…if anyone of them seeks refuge among the Christians **of his own free will** and by reason of his faith"
5.		**"We wish, however, to place under the protection of this decree only those (Jews) who have not presumed to plot against the Christian Faith."**

（三）文本变化分析

1. 英诺森三世根据《诗篇》59：11 相关段落添加了一份开场白：

虽然犹太人的背信弃义在各方面是该受刑罚的，然而我们自己的真道，在他们身上得了试验，就不至于被忠信的人大大欺压。他们的信心是经过试验的，有信心的人必不至于受太大的欺压。先知这样说："不可杀他们，恐怕他们忘记你的律法。"或者更明确地说，不可灭绝犹太人，叫基督徒绝不能忘记你的律法。[1]

总的来说，自亚历山大三世发布《庇护训谕》之后直至英诺森三世之前，该训谕基本都是按照同一版本下发，鲜有改动。而英诺森以一种完全不同的方式来开场，即对教父圣奥斯定提出的犹太人的继续存在进行了神学解释。[2] 根据圣奥斯定的观点，犹太教是教会拯救全世界计划的一个工具，犹太人和基督徒需要共存，直到世界末日。尽管犹太人与上帝的盟约被认为是不可逆转的，但他们的无知和不接受耶稣基督为弥赛亚，导致他们不再是上帝的选民。相反，教会将通过耶稣基督成为新的以色列，而犹太人将被置于基督教统治的"枷锁"之下。犹太人需要"见证"教会作为新以色列的胜利，并"见证"希伯来圣经中表明基督降临的真理。[3]

在翻阅各位教宗的《庇护训谕》的过程中，我们发现，虽然很多人认为英诺森三世是中世纪犹太世界的大反派，但他是唯一一位明确列出庇护犹太人的神学根源的教宗。他以《圣经》为依据，从神学的角度证明了庇护犹太人的合理性，并为庇护提供了更多的权威和神圣性。实际上，英诺森是在肯定基督教历史的另一种版本，这种版本将犹太人置于教会的主流之中。[4]

2. 在亚历山大三世之后（包括）和英诺森三世之前，发表过《庇护训谕》的教宗有亚历山大三世（Alexander III）、格来孟三世（Clement III）[5]和则来斯定

---

① 附录一 No. 5.

② 参见 Solomon Grayzel, "Changes in Papal Policy toward the Jews in the Middle Ages", in *Proceedings of the World Congress of Jewish Studies*, Vol. II (1969):48.

③ 参见 Edward Kessler and Neil Wenborn, *Dictionary of Jewish-Christian Relations*, Cambridge: Cambridge University Press, 2008, p.42.

④ Anonymous Author, *The Deeds of POPE INNOCENT III*, Translated with an Introduction and Notes by James M. Powell, Washington, D. C.: The Catholic University of America Press, 2004, p. xli.

⑤ Simonsohn, Vol. 1, No. 63, pp. 66 – 67.

三世(Celestine III)①。

3.

	英文	拉丁文	中文
亚历山大三世	"… no Christian should **compel** those who are unwilling and refusing to come to baptism…"	"… *nullus Christianus invitos vel nolentes eos ad baptismum venire* **Compellat** …"	"…任何基督徒都不应该**强迫**那些不愿意或拒绝接受洗礼的人…"
英诺森三世	"… no Christian shall **use violence to force** them to be baptized as long as they are unwilling and refuse…"	"… *nullus Christianus invitos vel nolentes eos ad baptismum per* **violentiam venire compellat** …"	"…任何基督徒都不应该**使用武力强迫**那些不愿意或拒绝接受洗礼的人…"

虽然亚历山大三世的训谕明确强调拒绝强迫洗礼,但他并没有对什么样的行为可以被视为"强迫"给出定义。训谕的拉丁文原词是"*compellat*",是单词"*compellō*"的虚拟语气用法,用于构成第三人称祈使句。一般来说,拉丁词"*compellō*"有五个主要的含义,即"驱使一起/迫使去/驱使、强迫、推动、推动/用力量带来或减少/迫使或推动(对观点、政策、行动方案等)"②。总之,训谕中的这个词主要是基于"强迫"的意思。根据柯林斯词典,"如果有人强迫你做某事,他们就会让你去做某件,即使你不愿意,也要去做的事,例如通过威胁的方式"③。由此可见,"强迫"一词的一般定义是"使(某人)做违背其意愿的事情",基于这一定义,亚历山大三世的意思是,基督教不能做任何事情,无论是使用暴力还是不使用暴力(如威胁),在洗礼方面违背犹太人的意愿,犹太人可以通过他们的自由意志选择是否接受洗礼,不受任何形式的威胁或身体暴力。然而,英诺森三世的训谕禁止基督徒"使用暴力"强迫犹太人,这可能导致人们怀疑是否允许其他不能被视为使用暴力的方式。他把"强迫"一词放在一个狭义面上,即只在"使用暴力"的范围内。这种狭义的"强迫"一词可能导致

---

① Simonsohn, Vol.1, No.64, p.68.该训谕本身没有保存下来,但在教宗英诺森三世及其继任者的《庇护训谕》中被提及。

② P.G.W. Glare, ed., *Oxford Latin Dictionary*, Oxford: Oxford University Press, 2012, p.410.

③ https://www.collinsdictionary.com/dictionary/english/force, last accessed date April 13, 2023.

一些人认为，压迫或威胁犹太人受洗不能被视为"强迫"，因为在这些方面，基督徒并没有对犹太人实施任何身体上的暴力。然而，犹太人受到死亡或驱逐的威胁是非常普遍的，而且他们清楚地认识到，洗礼可以拯救他们，使他们免受这些威胁和迫害。因此，这种表达方式有一个漏洞，不能有效地避免强迫洗礼。

当我们把亚历山大三世和英诺森三世的两份训谕放在一起考虑时，我们发现了同样的问题：有时文本越具体或明确，它的"限制性"就越强，因为它避免提及所有其他的现实问题。这与我们在第一章分析《庇护训谕》的局限性时所提到的该训谕的内容"既具体又模糊"相呼应。亚历山大三世和英诺森三世的训谕都给出了关于不迫害犹太人的明确细节，比如"在他们庆祝节日时，任何人不得以任何方式用棍棒或石头打扰他们"，在这种情况下，基督徒不得打扰犹太人的时间是"在他们庆祝节日时"，基督徒不得打扰犹太人的方式是"通过投掷棍棒或石头"。当然，这种细节的描述一方面是因为在《圣经》中"用石头砸"是一种常见的处罚或者说杀人方式。[1] 另一方面，在中世纪时期，向犹太人丢石头和木棍已演变成一种常见的基督徒行为，尤其是在圣周、耶稣受难日和复活节时，[2]因为犹太人作为害死耶稣的罪人，还曾经"拿起石头来要打他"[3]，理应受到惩罚。又因为《若望福音》所记载的耶稣被钉十字架那天是宰杀逾越节羔羊的日子，也就是说当天晚上就是逾越节，这便导致基督徒会向正在过逾越节的犹太人发泄愤怒。但仍石头和木棍并不是唯一一种打扰犹太人庆祝节日的方式，例如意大利西西里陶尔米纳(Taormina)的领主曾于1488年的圣周期间颁布命令要求当地民众禁止"投掷石块或进行其他创新"[4]。基督徒也并不仅仅在犹太人庆祝节日时向他们扔石头或木棍，一位拉比的妹妹就曾于1147年某普通一天被基督徒用石头打伤。[5]

但是，如果犹太人在庆祝他们的节日时受到其他方式的干扰，比如被基督徒放火或抢劫呢？或者在犹太人不是在庆祝节日，而是在做礼拜或吃日常饭菜的时候向他们扔棍子和石头呢？如何评判这些令人不安的行为呢？一方

---

① 《肋未纪》20:27、24:16；《户籍纪》14:10、15:35；《申命纪》13:11、17:5等。

② Cecil Roth, "The Eastertide Stoning of the Jews and its Liturgical Echoes", *The Jewish Quarterly Review*, New Series, Vol. 35, No. 4 (Apr., 1945): 361.

③ 《若望福音》10:31。

④ Cecil Roth, "The Eastertide Stoning of the Jews and its Liturgical Echoes", *The Jewish Quarterly Review*, New Series, Vol. 35, No. 4 (Apr., 1945): 363.

⑤ Joseph Hacohen and The Anonymous Corrector, *The Vale of Tears*, Translated and commentary by Harry S. May, p.25.

面,这些基督徒所做的事情确实干扰了犹太人,另一方面,如果我们严格按照文本上的内容,这些干扰行为并没有违反训谕的字面要求。我们在第一章说过,所有的《庇护训谕》都遵循类似的模式,它们在谈到庇护犹太人的规定时也使用了类似的语言,所以我们可以说,所有的训谕都有这种"既具体又模糊"的漏洞,使犹太人面临危险。

4.

	英文	拉丁文	中文
亚历山大三世	"…if any of the Jews flee to the Christians for the sake of the faith…"	"…si eorum quilibet ad Christianos fidei causa confugerit…"	"…若有犹太人为真道逃到基督徒那里去…"
英诺森三世	"…if anyone of them seeks refuge among the Christians **of his own free will** and by reason of his faith…"	"…si eorum quilibet **sponte** ad Christianos fidei causa confugerit…"	"…若有犹太人为真道**自愿**逃到基督徒那里去…"

拉丁文的"sponte"字面意思是"自愿",这可能表明英诺森三世认为,当犹太人到基督徒中寻求庇护时,他们必须是"出于自愿"的。这样一来,英诺森所讲的内容与禁止强迫洗礼是一样的。

由于皈依基督教可以带来直接的经济利益,[①]一些犹太人"自愿"成为基督徒,但并不总是如此。更多的人是在极端胁迫下接受洗礼,试图挽救他们自己和亲人的生命。[②] 由于这些犹太人的皈依并非出于他们的自由意志,他们的基督教信仰在某种程度上是"不纯洁"或"不真实"的。一些犹太人假装是基督徒,但实际上仍然遵守犹太教的仪式。那些继续秘密信奉犹太教的犹太基督徒被称为"秘密犹太人(crypto-Jews)",后来在 14 和 15 世纪,基督徒称他们为"改教犹太人(conversos)"或"马兰诺(Marranos)",特别是在西班牙和葡萄牙。在教宗的心目中,这些人违反了基督教信仰的纯洁性,教会中几乎所有人都意识到了这个问题。因此,一方面,基督徒努力使犹太人皈依,另一方面,他们从未停止怀疑这些"新基督徒"的诚意,甚至不允许他们与以前的犹太亲戚和朋友联系。

---

① Robert Chazan, *The Cambridge History of Judaism, Vol. VI, The Middle Ages: The Christian World*, Cambridge: Cambridge University Press, 2018, p.300.

② Ibid, p.162.

　　造成这种现象的主要原因是犹太人皈依基督教时并非出于他们自己的自由意志。英诺森三世也注意到了这一点，作为教宗，他必须采取行动来改变，或者至少改善这种状况，因为这是基督教世界的潜在危险。就像他在训谕发表两年后，即 1201 年 9 月/10 月给阿尔勒大主教的信中所说的那样，"可以肯定的是，强迫任何不愿意和完全反对基督教信仰的人接受和遵守基督教，是与基督教信仰相违背的"①。然而，他也认为，"那些以前被强迫加入基督教的人……他们可以适当地被强迫坚持他们被迫接受的信仰"②。但至少英诺森三世明确认为并要求犹太人只能自愿皈依。

　　这一点似乎表明，教宗英诺森三世试图为犹太人提供一些自由，这与他平时对犹太人的严厉态度相反。我们看到其他教宗也有类似的矛盾态度，即同一位教宗对犹太人的态度总是摇摆不定，有时他们表现出宽容，有时又很严厉。由于最高领导人对犹太人的政策没有一个统一的方向，神职人员和平信徒对如何正确对待犹太人更加无所适从。

　　5. 英诺森三世为他对犹太人的庇护增加了一个前提条件："我们希望只将那些没有假定阴谋反对基督教信仰的人置于该训谕的庇护之下"③。这句话后来成为该训谕的一个固定的组成部分，所有教宗都将这一前提纳入了他们自己的《犹太人庇护训谕》中。

　　这个前提表明，确实存在一些阴谋反对基督教信仰的犹太人，而教会对这些人没有任何保护。在英诺森三世为《庇护训谕》增加了这个模棱两可的前提条件后，犹太人的处境变得更加糟糕。由于缺乏"不被推定为谋害基督教信仰"的定义，很难区分犹太人是否打算谋害教会。这样一来，大量针对犹太人的虚假指控经常发生。引述诗篇、使用"背信弃义"一词以及"阴谋反对基督教信仰"这句话与英诺森的倾向是一致的，他的言辞甚至比他的前辈更严厉，也更丰富多彩。他想强调教会的传统教义，即尽管犹太人不接受基督是个错误，但他们在基督教社会中可以发挥重要作用，但他也反映并鼓励了一种日益增长的怀疑，即犹太人可能想故意伤害基督教社会。因此，虽然他仍然致力于保禄和教父的保护思想，但他的书信往往比他的前辈们对犹太人更有敌意。

　　尽管英诺森的继任者教宗何诺略三世（Honorius III，1216 年 7 月 18

---

① 附录一 No. 12。
② 附录一 No. 12。
③ 附录一 No. 5。

日—1227 年 3 月 18 日在位)在当选后的第二年也重新印发了该训谕,①但他省略了英诺森在开头加入的关于庇护犹太人的神学背景的段落,却保留了英诺森的最后一句话,即只对没有谋划反对基督教信仰的犹太人提供保护。1235 年,额我略九世(Gregory IX,1227 年 3 月 19 日—1241 年 8 月 22 日在位)再次重新发布了该训谕。② 这很可能与前一年教宗呼吁对圣地的穆斯林采取行动之后导致了 1236 年的"男爵十字军"(Barons' Crusade)的出现有关。与何诺略三世一样,额我略九世和英诺森四世重新发行的《庇护训谕》不包括英诺森三世的第一段,但包括了他附加的最后一句话。这表明,尽管这些后来的教宗使用的语言没有他们的前任那么激烈,但他们知道英诺森三世的新版本,并赞同他关于犹太人对基督教社会构成潜在威胁的观点。

6.

	英文	拉丁文	中文
亚历山大三世	"If someone, knowing the tenor of this decree, should boldly presume to go against it, he may jeopardize his **honor and office** or be punished with the sentence of excommunication, unless he corrects his presumption with due satisfaction."	"*Si quis autem, hujus decreti tenore agnito, quod absit, temere contraire praesumpserit,* **honoris et officii** *sui periculum patiatur aut excommunicationis sententia plectatur, nisi praesumptionem suam digna satisfactione correxerit.*"	"如果有人知道这个法令的要旨,大胆地违背它,**他可能会危及他的荣誉和职位**,或者被判开除教籍,除非他提供令人满意的补赎。"
英诺森三世	"But if any one, having learned the tenor of this decree, has recklessly attempted to contradict what is absent, unless he corrects his presumption by a suitable satisfaction, he is liable to the vengeance of excommunication."	"*Si quis autem, decreti huiustenore cognito, temere, quod absit, contraire temptaverit, nisi presumptionem suam condigna satisfactione correxerit, excommunicationis ultione plectatur.*"	"如果有人知道这个法令的要旨,大胆地违背它,他可能会被判开除教籍,除非他提供令人满意的补赎。"

---

① Simonsohn, Vol.1, No.98, p.102.
② Simonsohn, Vol.1, No.144, pp.154 - 55.

在检查文本变化是否由英文翻译的过程中,我们发现,亚历山大三世的训谕说,违反该法令的人可能会"危及他的荣誉和职务",而英诺森三世却省略了这一点。虽然我们的英译本有这个内容,但拉丁文原文并没有提到"荣誉和职务"。这一省略给人的印象是,亚历山大三世认为,违反训谕的行为,即基督徒不按要求行事,会危及上帝的荣耀和他们由上帝赐予的工作,然而英诺森三世只认为基督徒应该按照训谕行事,不允许违反。但如果有人违反了训谕,他或她并没有损害上帝的荣耀,也不会失去他们的工作。似乎按照英诺森三世的说法,基督徒为违反训谕所付出的代价要小一些。

二、 英诺森三世的犹太政策①

基于已颁布的《犹太人庇护训谕》、各地区的现实情况以及犹太人的请愿,英诺森三世多次强调对犹太人的保护政策的贯彻实施,警告基督徒不要伤害他们。例如,他多次要求各地主教要救济改教后的犹太人,保证他们的基本温饱,以免他们因为贫苦和饥饿重返异教信仰。② 虽然第四次拉特兰大会要求犹太人有着装的区别,但是英诺森强调,这样做不是为了让犹太人因为穿着不同而受到生命危险,他警告基督徒不要因为他们的衣着容易辨认就增加对犹太人的攻击。③ 同时,因有大量十字军迫害沿途犹太人的情况发生,英诺森禁止所有的基督徒,尤其是十字军,伤害犹太人或他们的家人。④ 通过对英诺森三世关于犹太人和犹太教的通讯的整理与分析,我们总结了五项他最重视的事宜及相关政策。

(一)强迫受洗

英诺森三世对于强迫受洗的态度十分具有代表性。他反对强迫受洗,但强调犹太人若已受洗则不可更改,无论是否被强迫,若受洗后的犹太人继续守犹太教规定与仪式,或想重新变回犹太教徒,则视为叛教。中世纪中后期的教宗们对强迫受洗这个问题的态度基本与英诺森一致。

---

① 英诺森三在与世俗统治者和神职人员的往来通讯,例如通谕、简函和信件等以及其主持的第四次拉特兰大会中有关犹太人的法令阐述了他绝大部分的犹太政策,其内容中译文参见附录一和附录二。

② 附录一 No. 6、No. 8。

③ 附录一 No. 31。

④ 附录一 No. 32。

著名的托莱多会议(The Councils of Toledo)由 18 个在西班牙开展的基督教会议组成,始于四世纪,在 711 年穆斯林征服西班牙前不久结束。该系列会议所颁布的法令对犹太人十分严厉,也许是因为在当时针对穆斯林的许多军事行动中表现出来的对异教徒“他者”的持续恐惧,也许是因为与欧洲许多其他地区相比,西班牙的犹太人数量众多,西班牙的基督徒认为有必要对他们实行更严格的控制。特别是托莱多第四次会议(633 年)的第 57 条,虽然它谴责了强迫洗礼,但它也规定,过去接受过洗礼的犹太人应被强迫保持基督徒身份。① 然而,在十一和十二世纪,教宗们重新发布的《犹太人庇护训谕》的主要原则之一是,洗礼永远不应该被强迫。但第 57 条的总体主旨和重点是那些已经被强行洗礼的人应该被强迫继续做基督徒,这似乎与圣额我略一世反对强迫洗礼的要求相冲突。也许是因为这个原因,在十一、十二和十三世纪,教宗们似乎普遍忽视了托莱多的裁决,一致强调反对强迫受洗,未提及强迫“被迫受洗的犹太人”必须保持其基督徒身份的决议。

然而,随着教宗权力的增长,基督教的地位不断增强,人们更加热衷于改变非基督徒的信仰。但在很多情况下,基督徒都是通过威逼利诱、恐吓、威胁以及武力等方式强迫犹太人改教。当许多犹太人被十字军强行转化为基督教徒后,他们又于 1095—1096 年回归了自己曾经的信仰。就此事,对立教宗格来孟三世(anti-Pope Clement III,1080 年 6 月 25—1100 年 9 月 8 日在位)痛苦地抱怨,而合法教宗乌尔邦二世(Urban II,1088 年 3 月 12 日—1099 年 7 月 29 日在位)则对这些倒退没有发表任何意见。真正正视这一问题的教宗是英诺森三世,他在对待犹太人的问题上典型地表现出比其前任更加复杂和细致的立场。与其前任教宗一样,他赞同圣额我略一世的观点,认为任何基督徒都不应使用暴力强迫犹太人接受洗礼,只有那些通过自己的自由意志和宗教信仰在基督徒中寻求庇护的犹太人才应该接受洗礼。② 然而,就在两年后,他写给阿勒斯(Arles)主教的一封信中强调“可以肯定的是,强迫任何不愿意和完全反对基督教的人接受和遵守基督教,是与基督教信仰相反的”,但因圣礼已毕,“他们与圣礼的联系已经确立,受洗的恩典也已经领受,他们已经受了圣油的膏抹,已经参与了主的身体,”③因此是算数的。这与托莱多第四次会议

---

① Amnon Linder, *The Jews in the Legal Sources of the Early Middle Ages*, pp. 486 - 87.
② 附录一 No. 5。
③ 附录一 No. 12。

的决议相一致,也在一定程度上是对强迫受洗的变相肯定。也就是说即使有足够的证据表明一个人不愿意接受基督教,但既已受洗,他仍然必须是一个基督徒。如果犹太人恢复到他们原来的犹太教,那就是对洗礼圣事的侮辱性否定,就是叛教。这似乎破坏了《犹太人庇护训谕》的精髓所在,因为它明确指出,上帝永远不会接受武力改变信仰的人,英诺森三世似乎在调和圣额我略一世的立场与托莱多第四次会议的第 57 号教规中更严厉的法令。

虽然在该信件中,英诺森确认任何完全反对洗礼的人被强迫接受和遵守信仰都是违反基督教信仰的,但同时,作为教会法学家,他也小心翼翼地区分了愿意接受洗礼的类型,并声称它们之间存在着重要的区别。英诺森认为那些因为害怕暴力和希望避免财产损失而接受洗礼的人应该继续保持基督教信仰,因为他们有条件地通过受洗接受了基督。相比之下,那些从未同意并完全反对洗礼的人不应该被强迫继续做基督徒(但似乎无法找出这样的人)。因此,英诺森在强迫洗礼问题上的立场似乎比他的任何一位前辈都要严厉得多。也许是犹太人在十二世纪末和十三世纪初的社会中不断变化的经济、政治和社会地位促使他把发出明确的信息作为自己的责任。

尽管英诺森的立场具有争议性,但随后的教宗基本都与其立场相一致,例如后来尼各老四世(Nicholas IV,1288 年 2 月 22 日—1292 年 4 月 4 日在位)在 1288 年 5 月 7 日的训谕中向法国的道明会裁判官重复了这一立场,当时拉马尔凯县(County of La Marche)发生了反犹太暴乱,导致一些受到恐吓的犹太人同意接受洗礼。尼各老效仿他的前任,确认由于这些皈依者并非"严格强迫",他们必须继续做基督徒。[1]

(二) 高利贷

英诺森十分关注高利贷问题。很多十字军战士因高昂负债而无法专心打仗,甚至不肯参军。他们的债主很多都是犹太人,除本金外犹太人还要求他们偿还高昂数额的利息。面对这一情况,英诺森多次下令要求债主不再追究任何高利贷,偿还已收的利息,且适当延缓本金的收缴,直至十字军返乡,以便让他们安心上前线。否则,这些犹太放贷者将禁止与基督徒进行任何商业往来,并将被逐出教会领土。关于此内容的信件不仅寄给了各地的主教、修道院院长、传教士,也寄给了各地区的世俗统治者们,并宣告于全体民众,例如教宗曾

---

[1] Grayzel, Vol. II, pp. 165 - 67; Simonsohn, Vol. 1, No. 258, p. 266.

书信于纳波内尔(Narbonne),里昂(Lyons),维也纳(Vienne),乃至整个法国、英国、德国、匈牙利等地讨论该问题。① 总的来说,要求犹太人在十字军战争期间不得收取高额利息且延缓本金的做法是英诺森三世在任期间一项普遍且重要的关于犹太人的政策,其继任教宗在这方面基本与他保持一致。他给法国国王写的信中强调,法国境内的犹太人已经变得"傲慢无礼"。他特别抨击了犹太人借高利贷给基督徒的行为,教宗认为这种做法颠覆了基督徒和犹太人之间的正常权力关系,会导致犹太人携带基督徒和教会的财产潜逃。② 除此之外,英诺森还有一些专门谴责犹太人行高利贷的信件,③可见他对高利贷是深恶痛绝的。

　　除了明令禁止高利贷之外,英诺森还要求犹太人付什一税,这是欧洲基督教会向居民征收的宗教捐税。公元 6 世纪,教会利用《旧约圣经》中农牧产品的十分之一"属于上帝"的说法(《玛拉基书》3:10),开始向基督教信徒征收此税。英诺森多次敦促各地主教和世俗统治者严格执行向犹太人收缴什一税这一政策。④ 例如,他曾经致信卡斯蒂尔国王阿方索,谴责他纵容犹太人不缴纳什一税,敦促他尽快更正。⑤

(三)跨宗教婚姻

　　教宗英诺森三世对异教徒与基督徒间的婚姻问题也是十分关心的。他在信件中提到的婚姻政策如下:1. 若一对异教徒夫妇在受洗前结婚,且根据他们原有的法律是可以离婚的,但他们在受洗后仍是不可解除婚约的。⑥ 2. 若婚姻的一方变为异教徒,需区分两种情况后考虑他们是否可以再婚。如果一对异教徒的一方改信基督教,那么基督教一方可以要求离婚。如果一对基督教夫妻一方陷入异教信仰,那么他们不可离婚。因为,异教徒的婚姻并未经过圣礼的见证,不是一种永恒的婚姻,而基督教徒的婚姻是经过圣礼的,一旦承认就不会失去它的力量,使婚姻圣礼具有永恒的约束力。⑦ 3. 由于犹太人有娶寡嫂的习俗(通常是在哥哥没有留下子嗣的情况,以便为其生养后嗣),考虑到

---

① 附录一 No. 1、No. 9、No. 10、No. 25、No. 26、No. 28。
② 附录一 No. 14。
③ 附录一 No. 24、No. 30。
④ 附录一 No. 17、No. 21、No. 22、No. 24。
⑤ 附录一 No. 17。
⑥ 附录一 No. 2。
⑦ 附录一 No. 3。

让其抛弃这样的妻子就会阻止这些犹太人受洗,英诺森要求主教们允许受洗时不抛弃已娶的寡嫂,但受洗后的犹太人不可再娶寡嫂,但可与第四代后的亲戚订立婚姻。[①] 相对来说英诺森三世倾向于放宽婚姻法。在第四次拉特兰大会中,他成功地将婚姻中的禁止关系限制到四代,而不是在他的时代之前的八代。[②] 英诺森相比其他宗教,对跨宗教婚姻有相对全面的分析,并制定了周全的政策。

(四) 奴隶问题

犹太人拥有基督徒仆人和奴隶的情况也让英诺森三世非常担心。他十分反对基督徒仆人服侍犹太人:"犹太人不允许以任何原因,例如抚养子女或做家务为由在家中雇用基督徒仆人",[③]因为这样会把"他们从自由的恩典中拉到奴役的耻辱中",[④]教宗在写给森斯(Sens)大主教和巴黎主教的信中便涉及了基督教仆人在犹太人家里工作的问题,这其实是一种当时十分常见的现象。教宗重申了禁止犹太人雇佣基督教农奴的规定。与国王不同,主教和大主教对犹太人没有世俗法所赋予的权力,因此,教宗劝告他们对那些与继续雇用基督徒家仆的犹太人有商业往来的基督徒使用开除教籍的判决。[⑤] 在写给巴萨罗那的神职人员的信中,教宗强调不允许基督徒和犹太人阻止手下的仆人皈依基督教,也不可因此向教会索要过度补偿。[⑥] 教宗与纳韦尔(Nevers)伯爵通信的主要目标是结束犹太人的"高利贷行为",因为他们从伯爵及其官员的共谋和帮助中获益。教宗说,这些做法造成了可怕的后果:寡妇和孤儿的产业就被剥夺,教会的什一税和其他常规收入来源也被剥夺,因为犹太人把自己关在被占领的城堡和别墅里,完全拒绝根据教区法律回应教会的高级神职人员。[⑦]

(五) 犹太人的职业

除了前文提到的英诺森对犹太人从事借贷工作的厌恶与限制外,他也对犹太人可能从事的其他工作做了相关规定。其中最主要的便是其主持的拉特

---

① 附录一 No. 11。
② 附录二 No. 50。
③ 附录一 No. 14。
④ 附录一 No. 15。
⑤ 附录一 No. 18。
⑥ 附录一 No. 19。
⑦ 附录一 No. 24。

兰大会涉及关于犹太人担任医师的事宜。在中世纪中晚期（1250 年以后）的地中海欧洲国家，医师，仅次于放贷，似乎是犹太人中最主要的职业。对有关医师职业进行管控的想法从英诺森三世时期开始出现，该问题在教宗的信件中以及在教会相关会议上变得越来越突出。因此，拉特兰第四次大会的第 22 条规定了医师的责任和义务。[①] 尽管该会议也颁布了一些关于犹太人在基督教社会中的待遇的法令，但它没有声明禁止赋予合格的犹太医生予执照。

　　除以上主要 5 点之外，英诺森三世还谴责收受礼物而为犹太人服务的神职人员，谴责偏袒犹太人的世俗领主等。总的来说，英诺森三世对犹太人的负面情绪相较于其他教宗更严厉。在 1205 年 1 月 16 日致法国国王[②]、1205 年 6 月 15 日致森斯（Sens）大主教和巴黎主教[③]以及 1208 年 1 月 17 日致纳韦尔（Nevers）伯爵[④]的信中，英诺森三世对犹太人进行言辞激烈的批评与谴责。在致法国国王的信件中教宗全面地讨论了他眼中的"犹太问题"：关于犹太人放高利贷的问题，认为这种行为严重危害了教会的利益；关于犹太人拥有基督徒奴隶问题，若犹太人雇佣基督徒仆人和乳母则将被移出基督徒领土；关于基督徒和犹太人证人问题，要警惕由于世俗统治者的关照而使犹太人在作证人时对基督徒不利的情况；傲慢的犹太人建了一座比基督教堂还高的会堂，他们在举行活动的时候严重影响了周围的教会；犹太人公开侮辱基督徒，亵渎上帝的名字，说他们（基督徒）相信一个被犹太人绞死的农民；犹太人利用统治者的庇护行恶毒之事。另外，英诺森还提到有报道说，一个穷学者被发现在犹太人的厕所里被谋杀了。这在一定程度上表明教宗似乎是相信仪式谋杀的指控的。总的来说，该信件表明了英诺森三世对犹太人的严重不满甚至厌恶，在与森斯（Sens）大主教和巴黎主教的通讯中，英诺森更是将犹太人形容为"就像口袋里的老鼠，就像腰上的蛇，就像胸中的火"。

三、 第四次拉特兰大会有关犹太人法令

　　第四次拉特兰公会义（IV Lateran Council）于 1215 年 11 月召开，这是由英诺森三世召集的教会大公会议，约有 400 名主教、800 名院长和修道院院

---

① 附录二 No. 22。
② 附录一 No. 14。
③ 附录一 No. 18。
④ 附录一 No. 24。

长,以及欧洲各国的世俗代表参加。除了处理重要的政治和教义问题(包括圣餐和忏悔等),还有几条法令试图规范犹太人在基督教世界的地位。一些内容重申了古老的教规,例如禁止任命犹太人担任比基督徒更有权威的职位。① 从犹太教改教基督教的人必须受到限制,不能遵守任何以前的犹太习俗。在复活节之前,犹太人被要求不得公开露面,尤其是在耶稣受难日(这一裁决据说是为了防止对基督徒情感的嘲弄,但也可能部分是为了庇护犹太人自己)。② 一个更紧迫和棘手的问题是高利贷:基督徒必须抵制犹太人勒索沉重而不受限制的利息,而世俗统治者们应该采取行动限制犹太人在其所属地区的高利贷活动,并迫使他们向参加十字军东征的基督徒返还利息。③ 其中最具影响力的规定则是强迫犹太人(以及生活在基督教统治下的穆斯林)穿着独特、易辨认的衣服,以避免基于错误身份的"禁交"(性关系,也许是过度社交)。④ 其背后的原则是在这个社会中,每个人(如贵族、农奴、神职人员和各种宗教团体的成员)所属于的法律定义的类别应该通过衣着来识别。此外,该法令还诉诸圣经戒律,即犹太人应该在他们的衣服上佩戴独特的穗子(《民数记》15:38)。然而,犹太人普遍认为这是一种"耻辱的标志",在这个意义上,纳粹在被占领的波兰、德国和其他地方也实施了类似的要求佩戴黄色标志的法令,因此很多人认为早期基督教的反犹太主义是纳粹反犹主义的根源。

第三节　原因追溯

如前所述,英诺森三世虽然仍按照原来的《犹太人庇护训谕》保障其应有的权利,但是他增加了庇护犹太人的前提:"我们希望只将那些没有假定阴谋反对基督教信仰的人置于这项法令的庇护之下"。当然,他也明确地陈述了庇护犹太人的神学理由,给予这种庇护"神学上的必要性"。与其他教宗相比,英诺森对犹太人的负面情绪较高,自其教宗统治的一开始,他就很明显地意识到犹太人有潜在的危害。除了《犹太人庇护训谕》和少量信件,英诺森三世几乎

---

① 附录二 No. 69。
② 附录二 No. 70。
③ 附录二 No. 67。
④ 附录二 No. 68。

很少说过向着犹太人的话。① 英诺森采取收紧性的犹太政策的原因复杂多样，我们认为主要有以下 6 点：

第一，在早期的几个世纪里，教会的力量相当薄弱，因此在早期动荡不安的意大利半岛上，教宗认为犹太人的问题并不紧迫。只要犹太人还在控制之下，放弃扩张的企图，就可以保证他们的生活。例如《庇护训谕》的先驱圣额我略一世虽然对犹太人相对友善许多，但是与相对于其他问题来讲，他对犹太人问题的关注是微不足道的。教宗现存的 866 封书信中，只有 26 封涉及有关犹太人和犹太教的主题，而有的描述仅用了一段多一点的篇幅。此外，绝大多数信件是对投诉的回应。教宗提出的不是倡议，而是具体问题的解决方案。据统计，额我略在《书信集》中使用 *Iudaeus, Iuda, Iudaicum, Israel, Hebraeus* 和 *Synagoga* 这些与犹太人和犹太教相关词汇的次数只有 77 次。② 这可能是因为额我略的信件在本质上是实用性的，旨在解决具体的问题，而不包含深入的解经分析。对于他来说维护社会稳定才是最重要的事情，而实现这一目的最好的方式就是保证他们应有的生活和利益，让其心甘情愿做顺民，共同抗击外部势力的入侵。然而到了 12 世纪晚期和 13 世纪早期情况则大相径庭，此时正值教会组织和权力增强的时期，社会生活的多个方面受到了更密切的审视。对基督教社会的密切运作进行更深入的观察，意味着不可避免地要关注犹太少数民族在该社会中的影响。因此，犹太教这个在早期的几个世纪里几乎微不足道的事项被提上了教宗的议事日程。更严格地规范和控制犹太人以及其他异教徒的行为活动成为英诺森三世的重要任务之一。英诺森改革教会的尝试以及他对教会各种敌人的打击都是为了在教宗的指导下促进基督教世界的高度统一。在谈论教宗时，许多人都会把英诺森三世单独列出来，认为他与世俗统治者的交往与关系对教宗对整个世界的统治权产生了极其深远的影响。③

第二，英诺森通过宣称犹太人拒绝和杀害基督而屈服于奴役，来证明他劝告平信徒和教会当局限制犹太人的"暴行"是正当的。他把对犹太人的限制行

---

①　Solomon Grayzel, "The Papal Bull *Sicut Judeis*", p.238.

②　参见 Rodrigo Laham Cohen, "Theological Anti-Judaism in Gregory the Great", *Sefarad*, vol.75:2 (julio-diciembre 2015):225 – 52.

③　Jeremy Cohen, *The Friars and the Jews: Evolution of Medieval Anti-Judaism*, Ithaca: Cornell University Press, 1984, p.249.

径当成对他们的罪孽所带来的神授等级制度的捍卫。① 这是一种神学上的降级与贬低。在教宗看来，犹太人因高利贷而对基督徒行使的不正当权力，违反了神圣的秩序，即犹太人应该作为基督徒的仆人，于是便成为了犹太人"无礼"的证据，而接受甚至鼓励这种无礼行为的基督徒被指责为帮助上帝的敌人。由此英诺森三世在定义基督教社会中的犹太人的地位时，将他们确定为"次等公民"。因其犯的罪，要一直从事劳役，要永世流浪，处于次等地位。他认为将犹太人置于基督徒的统治下，是上帝很愉悦的事。② 这种观点一方面符合圣奥斯定的"见证人"说，因为犹太人的确犯罪了，虽然要留存下来，但也要用"永世流浪"来做见证，另一方面也符合当时基督教社会的现实：作为绝对的统治者，作为天赋神权的教会，必然要凌驾于"罪人"之上，怎可能让"罪人"拥有神圣的基督徒奴隶，怎可能让"罪人"承担与基督徒平起平坐的工作？

第三，英诺森对犹太"皈依者"加强审查的原因是，他们与基督徒之间的区别还包括不同的释经传统与独特的解经学，而这些"皈依者"中的很多人在受洗后仍保留旧有思想与弥赛亚期望，还能够随意混迹于他们的犹太朋友与亲属间，这对于正统基督教信仰是相当危险的。③ 在教宗们看来犹太人存在于基督教社会中最严重的影响之一便是可能损坏基督教信仰。他们的基督教邻居可能会受到犹太教仪式的吸引，可能会以猎奇的心态参加犹太社区的活动，可能会被犹太人洗脑，而那些改教后的犹太人则更容易受到其未改教的犹太亲人朋友的影响，而无法坚定地信仰基督教，这也是为什么后期各教宗都对改教后的犹太人审查更严格，最终导致宗教裁判所的出现。

第四，各种各样关于犹太人的谣言和诽谤必然会引起民众及教宗的恐慌。英诺森三世是少有的相信仪式谋杀和宿主亵渎等谣言的教宗。我们从他1205年写给法国国王的信件中得知，英诺森三世倾向于相信有关1204年一名学者被发现死在森斯(Sens)镇的厕所里的神秘谋杀案可能是犹太人所为，④尽管他的信件中没有任何内容表明他认为这是一起宗教仪式谋杀案，但

---

① John Tolan, "Of Milk and Blood: Innocent III and the Jews, Revisited", 2012, p. 7, https://shs.hal.science/hal-00726485/last accessed date March 29,2023.

② Grayzel, Vol. I, p10.

③ ［英］罗伯特·诺布尔·斯旺森著：《欧洲的宗教与虔诚，1215—1515》，龙秀清，张日元译，上海：上海三联书店，2012年，第83页。

④ 附录一 No.14。

鉴于仪式谋杀是当时犹太人谋杀基督徒的最主要罪行,此案例似乎在侧面印证了他相信仪式谋杀的存在。他还相信了桑斯的一位基督教妇女宿主亵渎的故事,据说她受到了一个犹太家庭的恶意影响,失去了信仰,但奇迹的出现使整个家庭皈依基督教。因为他们发现硬币奇迹般地变成了圣餐饼。① 同样地,他在 1205 年写给桑斯大主教科贝尔(Peter of Corbeil)和巴黎主教奥多(Odo de Sully)的信中写道:我们听说,犹太人……已经变得如此无礼……每当复活节,作为犹太人孩子乳母的基督教妇女接受了耶稣基督的身体和宝血后,犹太人就会强迫她们在此后的三天里先把奶水洒进厕所,然后再让他们喂食。② 对这些谣言与诽谤的相信必然会导致英诺森三世一方面恐惧犹太人破坏自己的信仰,引诱基督徒远离正确信仰,另一方面也会对犹太人以及信仰不坚定的基督徒进行严厉的镇压与惩罚。

　　第五,英诺森三世十分关注基督教信仰的纯洁性,他担心与犹太人接触会污染这种纯洁性。自中世纪中期起,人们普遍将与犹太人的身体接触描述为危险和不纯洁的,是一种"污染",这种污染往往涉及液体间的接触,例如犹太人的血液、奶水和精液等,因此与犹太人的接触会使基督徒不知不觉地将犹太人的"毒水"引入他们的身体内。在 1205 年 1 月 16 日给国王菲利普二世奥古斯都(King Philip II Augustus)的信,③1205 年 6 月 15 日给桑斯(Sens)大主教和巴黎主教的信,④以及 1208 年 1 月 17 日给内韦尔伯爵(Count of Nevers)的信中,⑤英诺森不仅表达了对嘲弄基督教和对基督徒怀有暴力企图的犹太人的不信任,他还担心通过请犹太人乳母和食用犹太人准备的肉和酒以及与他们进行身体接触会产生污染,特别是后者还有可能污染圣餐仪式。因为正是在英诺森三世的主持下,第四届拉特兰大公会议(1215 年)确立了圣餐变体论(Transubstantiation)的教义,根据这一教义,圣餐的面包和葡萄酒在物理上变成了基督的肉和血。这一教义在教会内部引起了许多争论和异议,显然也引起了一些不安,在与内韦尔伯爵的信中教宗就讨论了牛奶和葡萄酒的问题:犹太人会按照自己习俗榨出较纯的酒,然后他们会保留一些供自己享用,并把自

---

① 附录一 No. 29。
② 附录一 No. 18。
③ 附录一 No. 14。
④ 附录一 No. 18。
⑤ 附录一 No. 24。

己所厌恶的部分留给虔诚的基督徒,用这些酒完成基督宝血的圣礼。教宗表达了他对犹太人和圣餐之间的接触可能产生的玷污的担忧。当然,英诺森不是第一个表达对纯洁性有所担心和关切的人,但他是第一个给予这些担心和关切广泛信任和权威的教宗。①

第六,英诺森三世深受基督教末日神学的影响,他认为末日即将到来,而犹太人的全部皈依则是末日到来的首要条件,因而决心使犹太人在即将到来的末日前皈依。1205 年,英诺森三世曾书信给法国国王,他写道,"对于上帝来说,这不仅不会使其不悦,这还是祂所接受的,即犹太人尽管离散但需存活,在天主教国王和基督教王子身边服务,直到他们这些余民都得救,在那时'犹大必得救,以色列也安然居住'……"②既然末日就在眼前,为了使圣约顺利进行,所有犹太人的皈依则迫在眉睫。

没有证据表明是英诺森三世直接发起了拉特兰第四次会议的第 67 到 70 条教规,但教宗确实将该大会视作一个好机会,通过来自社会和经济压力,以促进犹太人的改教。总的来说,无论是在自身还是在更大的社会舞台上,犹太人必然引起更强大更激进的教会和教宗的注意。

第四节　落实情况

教宗英诺森三世生于 1161 年,1198 年至 1216 年在位。第三次十字军东征(1189—1192)发生在英诺森三世执政之前,而第四次十字军东征(1202—1204)则发生在他执政期间。由于无法找到关于教宗犹太政策的落实情况的官方总结或相关记录,我们认为一个比较合适的方法就是对比某次或者某项法案发表前后的反犹事件频次。

就英诺森三世的《犹太人庇护训谕》而言,他在 1199 年发布该训谕之前,基督教世界中的反犹事件已不绝于耳。1190 年,十字军在英格兰诺维奇(Norwich)发现的所有犹太人都被屠杀;在圣埃德蒙斯,57 名犹太人在圣枝主日(Palm Sunday)被屠杀;约克的 500 名犹太人在被十字军围攻 6 天后被屠

---

①　John Tolan, "Of Milk and Blood: Innocent III and the Jews, Revisited", 2012, p. 4, https://shs. hal. science/hal-00726485/last accessed date March 29,2023.

②　附录— No. 14.

杀,这些人受到了一些欠犹太人钱的人的支持和鼓动。① 1191 年,法国塞纳河畔布雷(Bray-sur-Seine)的 80 多名犹太人在试图处决一名杀害以色列人的凶手后被烧死在火刑柱上;②在英国埃博拉库姆(Eboracum),为了不让自己的人民被十字军改变宗教信仰,拉比约姆托夫(Rabbi Yomtov)屠杀了大约 60 名犹太人。在这场悲剧中,被杀害的男女老少共计一百五十人。③ 1195 年,拉比艾萨克·阿舍尔·哈莱维(Rabbi Isaac bar Asher ha-Levi)的女儿和他本人以及其他 8 名犹太人被杀害,因为他的女儿被错误地指控为祭祀谋杀。1196 年,奥地利维也纳,一个名叫所罗门(Solomon)的富有的犹太人被十字军战士杀死,因为他把一个偷了他东西的基督教奴隶关进监狱。另外还有大约 15 人与所罗门一起被杀。④ 1197 年,德国诺伊斯的居民虐待、抢劫并杀害了该市的犹太人,因为一个犹太疯子在光天化日之下在街上杀害了一个女孩。他们还抓住了这个疯子的母亲,在她拒绝改变信仰后将其活活烧死。其他相关人员依靠对主教和公爵的大量贿赂而幸存了下来。⑤ 根据上述案例,我们可以看到,在《庇护训谕》发表之前,反犹事件变得更加频繁,诽谤和迫害犹太人的原因变得更加多样化,时不时的屠杀严重影响了社会的稳定,教宗的干预变得十分必要。

从短期来看,在《庇护训谕》发布后的三年之内,即从 1199 年至 1202 年第四次十字军东征之前,对反犹暴力活动的记录相对较少,似乎可以说明在该训谕刚发布之后还是起到了一定的作用。然而,从长期来看,我们似乎并没有看到反犹事件的发生在《庇护训谕》发布后有明显的减少。自 1202 年第四次十字军东征开始后,犹太人遭受了"两年之久的不幸"⑥。1203 年,君士坦丁堡的犹太社区在君士坦丁堡围攻战中被十字军烧毁。1204 年教宗又要求犹太人与基督徒隔离,并穿着特殊的服装。⑦ 1206 年,住在德国哈雷(Halle)的犹太

① Robert Chazan, *The Cambridge History of Judaism*, Vol. VI, The Middle Ages: The Christian World, Cambridge: Cambridge University Press, 2018, p.221.
② Ibid, p.30.
③ Joseph Hacohen & The Anonymous Corrector, *The Vale of Tears*, translated plus critical commentary by Harry S. May, p.36.
④ Ibid, p.36–7.
⑤ Ibid, p.37.
⑥ Ibid, p.38.
⑦ https://www2.kenyon.edu/projects/margin/jew.htm, last accessed date March 26,2023.

人的房屋被烧毁,被抢劫,犹太人被杀害,城市中剩余犹太人被驱逐出境。[①] 1209 年,法国贝济耶(Béziers)犹太区被攻破,其居民被屠杀。这些人中有 200 名犹太人。所有幸存下来却没有逃离的犹太儿童都被强行洗礼。[②] 1210 年,英格兰国王约翰(King John of England,1166 年 12 月 24 日—1216 年 10 月)囚禁了大部分犹太人,直到他们缴清 66,000 马克赎金。1212 年,西班牙托莱多(Toledo)的犹太社区受到攻击,出现大规模屠杀犹太人并强制他们改教的情况。

我们需要辩证地看待这些记录,首先,我们查找的资料并不可能记录所有的反犹事件,必定会有遗漏。其次,根据侧重点不同,不同的资料对历史事件的选择也会不同。这就要求我们明确,即便我们没有在参考书籍中找到关于某一年发生的反犹事件的记录,不能完全代表该年无反犹事件,可能有些事件记录在别的书籍中,也可能一些事件的发生并没有引起历史学家的注意。因此,我们没有找到关于 1199 年至 1102 年的反犹事件记录,只能说明大概率这几年发生的反犹事件比较少。但是随着十字军的再次出现,反犹事件再次频繁了起来,这说明该训谕的真实作用十分有限。

另外,根据施洛莫的《教廷与犹太人》系列丛书中的记录,我们可以发现前七个世纪教宗与犹太人相关书信和训谕只有 66 件(其中几乎一半来自教宗圣额我略一世),而在教宗英诺森三世当选后,数量明显增加,这一方面反映了梵蒂冈的记录保存工作越来越完善,另一方面也说明了,中世纪中期开始犹太人逐渐成为教宗关注的重点之一。然而,信件数量的增加同时伴随着愈加频繁的反犹活动,这说明教宗英诺森三世的犹太庇护政策几乎从未完全落实下去。

本章小结

在分析过教宗英诺森三世的《犹太人庇护训谕》,纵览他所有犹太政策后,我们不能得出他是一位"反犹教宗"或者"亲犹教宗"的结论。他的犹太政策有着两面性,一方面他有庇护犹太人的动机和神学根据,但其目的是犹太人最终

---

① https://www.jewishvirtuallibrary.org/halle, last accessed date March 26, 2023.
② https://www.jewishencyclopedia.com/articles/3248-beziers, last accessed date March 26, 2023.

的归信,证明基督教真理的正确性,从这个目的以及英诺森犀利的言辞,严格的管控和采取的相对强硬的犹太政策措施,发表了相对较多的敌视甚至是辱骂犹太人的言论来看,其犹太政策中还有"反犹因素",但另一方面我们也看到了他始终坚持反对强迫受洗,坚持传统神学,坚持庇护犹太人在基督教会中的留存,无论是其前任还是继任教宗们都未曾像他一样给予犹太人的留存以官方的神学依据,以神之名庇护犹太人的生命。

　　除《庇护训谕》之外,英诺森也力求保证社会公平,保证犹太人的合法权益,强调不可强迫他们受洗,尽管这些政策始终与打压和贬低相伴,且充满局限性,但其中的积极一面是我们不可忽视的。作为中世纪时期占绝对统治地位的宗教的最高领袖,在腹背受敌,危机重重的环境下仍对从始至终就与其敌对的"异教"采取一定的庇护政策本身就是十分难得的。正如学者丽贝卡所说,"不要用我们自己的宽容标准来评判这些教宗,因为我们的宽容标准产生于一个完全不同的社会秩序,也适用于一个完全不同的社会秩序。中世纪的教宗们认为,确保天主教会的集体利益是他们的责任,他们对真理本身,而不是对现代人权理论的忠诚,他们相信真理是通过基督教揭示出来的。只要我们不仅相信一种形式的宽容,即后现代西方的宽容,是评判所有形式宽容的黄金标准,我们就可以说中世纪社会的某些方面是宽容的"①,也可以说即便是中世纪最"敌视"犹太人的教宗英诺森三世也在实行着"犹太庇护政策"。

---

①　Rebecca Rist, *Popes and Jews, 1095-1291*, Oxford: Oxford University Press, 2016, p. 4.

第三章 中世纪教宗的总体犹太政策

通过第一章我们可以确定中世纪教宗犹太政策的基础依据是《犹太人庇护训谕》，虽然该训谕内容不多且有着很大的局限性，但各教宗都试图按照训谕上的八项基本要求来庇护犹太人应有的权利不受侵害，有的教宗还会根据当时的社会与环境需求增加或删减一些与犹太人利益相关的条例。

在第二章中我们以处于转折时期的教宗英诺森三世为典型和切入点，通过细致分析他的犹太政策，发现他关注的关于犹太人的问题主要有：强迫受洗，高利贷，跨宗教婚姻，奴隶问题，犹太人的职业等。总的来说，这些问题也是中世纪的几乎所有教宗所关注的犹太问题，其继任教宗基本以英诺森三世的政策为标杆，但基于每位教宗所处的环境不同，他们的关注点各有不同，多少还是会与英诺森三世的犹太政策有所不同，因此本章将在前两章的基础上，试图总结中世纪教宗的总体犹太政策。又因我们已在第一章细致分析了《犹太人庇护训谕》的整体发展与各时期特点，本章便不再对该方面内容进行赘述，直接聚焦教宗们总体上对具体犹太问题所采取的态度和政策。

本章将以《圣座与犹太人》(The Apostolic See and the Jews) 系列丛书 (1—2辑)为一手材料，通过820份原始拉丁文本直观地找出每位教宗对待不同问题的具体态度，梳理所有信件、法令、训谕、通谕和简函等相关文本，总结了教宗们在最关注的13项与犹太人和犹太教有关的事宜上的犹太政策，它们分别是：基督徒与犹太人的交往、受洗与改教、指控与迫害、债务与十字军、财产、征税、职业、雇佣基督徒、婚姻、穿着与出行、犹太教经典及相关书籍、犹太会堂和宗教裁判所。

第一节　社会交往政策

在整体社会交往层面,教会的基本政策是基督徒要与犹太人分开。亚弟盎一世(Adrian I,772 年 2 月 1 日—795 年 12 月 25 日在位)于一封信件中强调,根据教父传统,基督徒是不可以与未受洗的犹太人共同生活吃住的,因为他们信仰的纯洁性会受到污染。[①] 额我略七世(Gregory VII,1073 年 4 月 22 日—1085 年 5 月 25 日在位)认为犹太人、穆斯林和异教徒们对拯救灵魂毫无用处。[②] 若望二十二世(John XXII,1316 年 8 月 7 日—1334 年 12 月 4 日在位)于 1318 年授权几名高级神职人员对艾克斯(Aix)大主教罗伯特(Robert de Mauvoisin)被指控的活动进行调查,他被指控犯有亵渎和其他不端行为,包括从事魔法和与犹太人和从事同样行为的基督徒交往。他们将向教宗提交报告,然后由教宗完成诉讼。罗伯特将在几名主教的见证下向教宗认罪。[③] 斐利斯五世(Felix V,1439 年 11 月 5 日—1449 年 4 月 7 日在位)于 1445 年授权尼斯城外的圣庞斯(St. Pons)修道院院长和尼斯大执事及官员将尼斯的犹太人和基督徒分开居住。犹太人将被转移到一个属于他们自己的特殊街区;他们要向新街区所在教区教堂的神父赔偿基督徒的收入损失。[④] 尼各老五世(Nicholas V,1447 年 3 月 6 日—1455 年 3 月 24 日在位)于 1454 年授权萨拉戈萨主教允许萨拉戈萨(Saragossa)医院院长安东尼斯(Antonius de Tena)在医院内建造一个圣餐室,这样病人所需的圣餐就不必从圣米迦勒教堂通过犹太人区送过来。[⑤]

但随着社会的发展进步,完全的分离很难做到,另外经济上的往来也带来了犹太人和基督徒的频繁接触。例如,玛尔定五世(Martin V,1417 年 11 月 11 日—1413 年 2 月 20 日在位)于 1422 年批准日内瓦教会和当地主教若望(John de Rochetaillée)提交的请愿书,以保护他们在与镇民的纠纷中对该镇及其政府的管辖权。除其他事项外,镇民还被指控允许犹太人与基督徒同住

---

① Simonsohn, Vol. 1, No. 30, p. 27; No. 31, p. 28.
② Simonsohn, Vol. 1, No. 41, pp. 39 – 41.
③ Simonsohn, Vol. 1, No. 296, pp. 304 – 07.
④ Simonsohn, Vol. 2, No. 761, pp. 906 – 07.
⑤ Simonsohn, Vol. 2, No. 818, pp. 1003 – 04.

一屋,并容忍高利贷者。① 由于基督教是根植于犹太教演变而来,教徒们有时很难进行明确的宗教身份认同区分,尤其是在中世纪早期和中期,基督徒与犹太人共同参加礼仪活动的现象非常常见,这也是教宗们认为必须让基督徒与犹太人有所区分的原因。在犹太人一方,如果不与基督徒接触,他们的生意和生活都会受到很大影响,例如无法找到交易对象与合适的工人等。因此,教宗会将不准犹太人接触基督徒作为逼迫他们听话的一种手段。例如,额我略九世(Gregory IX,1227 年 3 月 19 日—1241 年 8 月 22 日在位)在 1233 年要求孔波斯泰拉(Compostella)主教伯尔纳铎(Bernard)和其手下神职人员,诱导且帮助里昂和卡斯蒂利亚国王斐迪南三世(Ferdinand III,1199 年 8 月 5 日—1252 年 5 月 30 日)克制其境内犹太人的过分行为,其中包括不遵守拉特兰大会和托莱多大会的规章制度;不佩戴区别于基督徒的标志;犹太人担任公职;为他们的孩子雇佣基督徒保姆和乳母,拥有基督徒奴隶和仆人;过度夺取基督徒的财产。教宗说,如果犹太人不改正这些行为,他们就不能与任何基督徒有所接触。② 玛尔定五世(Martin V)于 1426 年授权拉蒂斯邦(Ratisbon)主教施特赖特贝格(Streitberg)的若望二世(John II)审理并判决拉伯男爵哈德马尔(Hadmar Laaber)针对居住在主教教区的犹太人米切(Miche de Strawbinga)、约塞尔(Yosel Smohel)和莫斯(Mosse de Ratispona)就高利贷问题提起的上诉。案件久拖不决,犹太人被剥夺了与基督徒交往的权利。在犹太人宣誓服从判决后,主教将恢复他们与基督徒的交往。③ 禁止接触会导致犹太人社会性死亡,由此犹太人与基督徒间的交往成为了一种惩罚筹码。

基督徒与犹太人频繁交往会带来的一个最严重问题是"犹太化基督徒",即基督徒参加犹太仪式,学习犹太礼仪,崇拜犹太教经典,甚至改教犹太教。格来孟四世(Clement IV,1265 年 2 月 5 日—1268 年 11 月在位)于 1267 年命令宗教裁判官,道明会和方济各会修士想办法抵制犹太化基督徒的现象,惩处犹太基督徒和那些引诱基督徒过犹太式生活的人。同年教宗又要求法国萨兰(Salins)的领主简(Jean de Chalon)在其领地和周边地区对抗犹太化异教徒。④ 额我略十世(Gregory X,1271 年 9 月 1 日—1276 年 1 月 10 日在位)于

---

① Simonsohn, Vol. 2, No. 615, pp. 713 – 16.
② Simonsohn, Vol. 1, No. 137, pp. 145 – 47.
③ Simonsohn, Vol. 2, No. 637, pp. 740 – 42.
④ Simonsohn, Vol. 1, No. 230, pp. 236 – 37; No. 231, pp. 237 – 38.

1274 年要求宗教裁判官,道明会和方济各会修士对抗和阻止犹太改教者再次恢复其犹太信仰以及犹太化基督徒的行为,惩处那些引诱基督徒进行犹太教实践的人。① 何诺略三世(Honorius IV,1285 年 4 月 2 日—1287 年 4 月 3 日在位)于 1286 年授权坎特伯雷大主教若望·佩卡姆(John Peckham)和他的副手对英格兰的犹太人进行起诉,涉及引导基督徒遵循犹太教仪式和类似的罪行。该信件的副本也寄给了约克大主教和埃夫勒(Evreux)大主教。②

这种犹太化基督徒的现象不仅限于"原始基督徒",即那些非犹太血统的基督徒,还有那些"新基督徒",即犹太改教者。许多改教者或本身就不"真心"或受其犹太亲人朋友的影响,背地里还是过着一定的"犹太式的生活",去会堂参加活动,守一定的饮食戒律,守安息日等。他们也是宗教裁判所的主要审查对象。尼各老五世(Nicholas V)于 1451 年授权萨拉曼卡(Salamanca)学者、奥斯马(Osma)主教罗伯特(Robert de Moya)和该主教的副主教调查卡斯蒂利亚国王约翰一世(King John I of Castile)的投诉,即在他的领地上有许多新信徒遵守犹太教和伊斯兰教仪式,他们应进行审问并惩罚罪犯;于 1453 年授予西西里王国的道明会士兼宗教裁判官佩鲁斯(Petrus of Mistretta)以权力,让各地的新信徒再有一次机会表示他们的衷心,这些新信徒的祖先在大约 150 年前从犹太教皈依而来,尽管采取了各种措施加以阻止,但他们中的大多数人仍在信奉犹太教。宗教裁判官要向他们征收 2000 弗罗林,用于补贴对土耳其人的战争。如果他们不遵守作为虔诚基督徒生活的承诺,将按照《教会法》处理他们。③ 当然对于那些曾经过着犹太化生活,但真心忏悔的改教者,教宗还是给予赦免。就像普通基督徒通过悔改获得赦免一样。本笃十三世(Benedict XIII,1394 年 9 月 28 日—1422 年 5 月 23 日在位)于 1410 年授权马略卡岛(Majorca)教区贝阿塔玛丽亚(Beata Maria de la Real)修道院院长对马略卡岛一些被控犹太化的犹太皈依者进行适当的忏悔,然后赦免他们。他们不得再受到骚扰。④ 欧吉尼四世(Eugenius IV,1431 年 3 月 3 日—1447 年 2 月 23 日在位)于 1446 年赦免特拉尼(Trani)及其教区的新信徒,只要他们在十五天内悔改,并承诺今后作为虔诚的基督徒生活,他们将被其他基督徒善待。

---

① Simonsohn, Vol. 1, No. 236, pp. 244 – 45.
② Simonsohn, Vol. 1, No. 255, pp. 262 – 64.
③ Simonsohn, Vol. 2, No. 799, pp. 974 – 75; No. 814, pp. 997 – 98.
④ Simonsohn, Vol. 2, No. 519, pp. 571 – 18.

授权特拉尼大主教拉蒂诺(Latino Ursini)及其继任者确保这些指示得到执行。①

第二节　受洗与改教政策

总的来讲,中世纪所有的教宗在原则上是不支持强迫受洗与暴力改教的。除圣额我略一世之外,最早有记录强调避免暴力改教的教宗是良七世(Leo Ⅶ,936年1月9日—939年7月13日在位)。他在任命美因茨(Mainz)主教弗雷德里克(Frederick)为教宗驻德国代理的信件中强调,教区应向犹太人传教,如果犹太人不愿意受洗就要把他们驱逐出境,但是应避免使用武力强迫他们的改教。② 同样地,亚历山大二世(Alexander Ⅱ,1061年9月30日—1073年4月21日在位)于1065年写信警告贝内文托领主(Lord of Benevento)兰多夫(Landulf)不可通过武力迫使犹太人改教。③ 英诺森四世(Innocent Ⅳ,1243年6月25日—1254年12月7日在位)于1246年要求并警告纳瓦拉(Navarre)国王特奥巴尔多一世(Thibaout Ⅰ,1201年5月30日—1253年7月14日)要继续庇护犹太人不受迫害,且阻止对犹太人孩子的强迫受洗活动。④ 玛尔定五世(Martin Ⅴ)于1421年命令十二岁以下的犹太未成年人在德国(Germany)和威尼斯总督(Doge of Venice)的统治下,不得违背自己的意愿和父母的意愿受洗,除非首先获得教宗的特别许可。违规者将受到开除教籍的惩处;于1421年应西班牙犹太人的要求,宣布不得强迫犹太人接受洗礼。⑤

在第二章我们知道英诺森三世虽然反对强迫受洗,但他是第一位明确下令既已改信基督教便不准返回犹太信仰的教宗,他认为既已受洗,无论是否强迫,都受过圣礼的见证,是一名合法的基督徒,不可再恢复犹太信仰。其后的教宗也基本奉行这一政策。但在逐条比对中世纪教宗犹太政策时,我们还找到了少许关于教宗取消强迫受洗的记录。欧吉尼四世(Eugenius Ⅳ)于1446年委托曼图亚(Mantua)主教嘉兰佐(Galeazzo Cavriani)调查并报告曼图亚犹

① Simonsohn, Vol.2, No.750, pp.887-91.

② Simonsohn, Vol.1, No.34, pp.32-3.

③ Simonsohn, Vol.1, No.39, p.37.

④ Simonsohn, Vol.1, No.178, p.188.

⑤ Simonsohn, Vol.2, No.606, pp.695-97; No.608, p.698.

太人厄玛奴耳(Emanuel)报告的关于其子依撒格(Ysaac)在未成年时违背自己意愿接受洗礼的事宜。厄玛奴耳，依撒格的父亲，获得了克雷莫纳(Cremona)主教文图里努斯(Venturinus)的同意，取消了洗礼仪式，并让他的儿子回到了他身边。① 尼各老五世(Nicholas V)于 1451 年授权耶路撒冷圣十字枢机主教多梅尼克(Domenic Capranica)、卡斯特罗(Castello)主教劳伦斯(Lawrence Giustiniani)和帕伦佐主教若望(John Parenzo)处理基督徒塞尔瓦迪斯(Servadeus Coppa)与该地犹太人萨洛蒙(Salomon)的儿子迈克尔(Michael)之间的冲突。塞尔瓦迪斯让迈克尔的女儿布鲁娜(Bruna)在七岁时接受了洗礼。迈克尔起诉了塞尔瓦德斯，起初主教命令将女孩从塞尔瓦迪斯的监护下带走。然而，后者再次向教宗申诉，教宗停止了所有进一步的程序。②

　　虽然总体上反对强迫受洗与改教。但犹太人始被终强迫或至少被动参加改教布道。绝大多数的改教布道都是在教宗的认可甚至是命令下进行的。例如，英诺森四世(Innocent IV)于 1245 年确认了 1242 年阿拉贡国王詹姆斯一世发表的皇家法令的有效性。其内容包括：改教后的犹太人和穆斯林继续持有其财产，不准任何人嘲笑改教者。但同时也命令犹太人和穆斯林必须参加由道明会和方济各会修士举办的布道活动。③ 另外，很多时候，向犹太社区布道的人选都是改教基督教的犹太人，这些有着犹太血统的基督徒似乎成为了说服其犹太同胞的最佳人选。例如，乌尔邦五世(Urban V, 1362 年 9 月 28日—1370 年 12 月 19 日在位)于 1364 年允许犹太改教者安杜兹的约翰内斯(Johannes Cathalani of Anduze)在犹太会堂向犹太人布道并试图使他们皈依。④ 额我略十一世(Gregory XI, 1370 年 12 月 30 日—1378 年 3 月 27 日在位)于 1371 年授权阿维尼翁的犹太改教者约翰内斯·阿尔切里(Johannes Alcherii)在犹太会堂向犹太人布道，并试图使他们皈依。⑤ 尼各老五世(Nicholas V)于 1447 年特许普罗旺斯公爵(那不勒斯国王)勒内(René)将一座圣迹迁移到合适的地点，拆除马赛(Marseilles)的圣若望教堂并在别处重

---

① Simonsohn, Vol. 2, No. 748, pp. 884 – 86.
② Simonsohn, Vol. 2, No. 786, pp. 949 – 51.
③ Simonsohn, Vol. 1, No. 173, pp. 183 – 85.
④ Simonsohn, Vol. 1, No. 399, pp. 424 – 25.
⑤ Simonsohn, Vol. 1, No. 416, p. 443.

建,并强迫普罗旺斯的犹太人参加强制性改教布道。① 玛尔定五世(Martin V)于 1428 年批准卡斯蒂利亚(Castile)的加尔默罗(Carmelite)会士阿尔瓦罗(Alvarus Martini)向犹太人、穆斯林和其他皈依者传教的请求,允许他也在比斯开(Biscay)公国传教,即使在特殊情况下也可赦免皈依者。②

为了激励其他基督徒帮助犹太人"自愿"受洗且不歧视改教犹太人,教宗会给予那些支持帮助改教犹太人的基督徒特赦。例如若望二十三世(John XXII)于 1322 年授权维泰博(Viterbo)主教安格鲁斯(Angelus Tignosi),在事实确定后,对所有支持犹太人皈依基督教的人和悔改的妓女给予四十天的特赦。③ 乌尔邦五世(Urban V)于 1364 年对居住在尼姆(Nimes)、孔克斯(Conques)、瓦朗斯(Valence)、阿维尼翁(Avignon)、阿普特(Apt)和西斯特龙(Sisteron)教区的所有支持犹太人皈依基督教的人给予一年零四十天的特赦。额我略十一世(Gregory XI)于 1371 年又发布了同样的特赦令。④ 波尼法九世(Boniface IX,1389 年 11 月 2 日—1404 年 10 月 1 日在位)于 1400 年赦免奥洛穆克(Olomuc)教区所有支持犹太改教者的人。⑤ 斐利斯五世(Felix V)于 1441 年对支持布拉格(Prague)教区犹太皈依者拉蒂斯劳斯(Latislau)和玛加丽塔(Margareta)夫妇的人,给予了百日赦免。⑥

除了激励他人帮助犹太人改教,为了保证犹太人改教后没有后顾之忧,教宗们几乎都一致地试图保证改教后的犹太人免受歧视和不公,给予他们生活补给,让他们有公平的就业机会,准许他们保留自己原有的财产,若有神职人员没有按照要求提供应有的帮助还会受到教宗的惩罚。例如,额我略九世(Gregory IX)曾于 1235 年命令格兰(Gran)的圣多玛斯(St. Thomas)敦促当地修道院院长履行诺言,继续给两名改教后的犹太人提供生活补给。⑦ 于1235 年命令两名神职人员敦促富尔达(Fulda)的教士按照要求付给一名改教犹太人每年 10 马克的生活补给。然而,当地教士没有完成任务,因此被逐出教会,但是获得了同情而得到轻判,但教宗仍要求神职代表督促当地教士完成

---

① Simonsohn, Vol. 2, No. 769, pp. 922 - 23.
② Simonsohn, Vol. 2, No. 656, p. 769.
③ Simonsohn, Vol. 1, No. 319, pp. 334 - 35.
④ Simonsohn, Vol. 1, No. 398, pp. 423 - 24; No. 417, pp. 443 - 44.
⑤ Simonsohn, Vol. 1, No. 491, pp. 529 - 30.
⑥ Simonsohn, Vol. 2, No. 753, pp. 894 - 95.
⑦ Simonsohn, Vol. 1, No. 145, pp. 155 - 56.

任务并提供相应的补偿。① 乌尔邦四世（Urban IV，1261 年 8 月 19 日—1264 年 10 月 2 日在位）于 1264 年书信至阿让（Agen）主教保证其教区内的神职人员为改教的穆斯林和犹太人提供必要的生活支持。② 格来孟四世（Clement IV）于其任期内曾书信法国博韦（Beauvais）的主教威廉（William de Grès）为一对改教的犹太兄妹提供应有的生活补给。③ 若望二十二世（John XXII）于 1319 年、1320 年要求教宗领地的所有官员和伯爵，确保皈依基督教的犹太人的财产在皈依时不被剥夺。④ 本笃十三世（Benedict XIII）于 1415 年授予蒙松的犹太皈依者奥杜斯（Odoardus Caporta）每年 50 英镑的抚恤金；授予塔拉戈纳（Tarragona）教区皈依犹太教的寡妇乌苏拉（Ursula March）及其子约翰内斯（Johannes March）每年 20 镑巴塞罗那币的抚恤金。委托奥伦塞（Orense）主教方济（Francis Alfonso）、塔拉戈纳（Tarragona）教区的波布莱特（Poblet）修道院院长以及莱里达（Lerida）官员确保该皈依者收到补助金。⑤ 玛尔定五世（Martin V）于约 1423 年授权维琴察（Vicenza）主教伯多禄（Peter emiliani）调查蒙塔格纳纳（Montagnana）的犹太人亚巴郎（Abraham Salomonis）关于其未成年儿子依撒格（Ysaac）被绑架并在违背其本人及其家人意愿的情况下接受洗礼的控诉。根据调查结果并经过适当协商，他要采取适当行动，避免对犹太人造成不公。⑥ 欧吉尼四世（Eugenius IV）于 1437 年批准加泰罗尼亚（Catalonia）和巴伦西亚（Valencia）王国的改教犹太人提交的请愿书，以结束旧基督徒对他们及其后裔的歧视。在基督徒反对犹太人的叛乱时期以及后来的本笃十三世时期，约有三千名犹太人在那里接受了洗礼。原基督徒希望把他们当作异教徒对待，说他们最好还是犹太人。⑦ 尼各老五世（Nicholas V）于 1449 年颁布训谕（*Humani generis*）确认卡斯蒂利亚和莱昂国王约翰（King John of Castile and Leon）颁布的条款，根据该条款，新基督徒应与旧基督徒同等对待；只有在皈依者不遵守基督教信仰的情况下，才可通过正当法律程序对其适用托莱多会议的法令。授权塞维利亚大主教、托莱多大主教、卡斯蒂利亚

---

① Simonsohn, Vol. 1, No. 148, pp. 157－58.
② Simonsohn, Vol. 1, No. 219, p. 224.
③ Simonsohn, Vol. 1, No. 222, p. 227.
④ Simonsohn, Vol. 1, No. 303, pp. 315－16; No. 307, p. 320.
⑤ Simonsohn, Vol. 2, No. 533, pp. 588－89; No. 540, pp. 603－04.
⑥ Simonsohn, Vol. 2, No. 618, pp. 717－18.
⑦ Simonsohn, Vol. 2, No. 721, pp. 845－47.

主教、帕伦西亚主教、阿维拉主教、科尔多瓦主教以及莱昂教区的圣法昆杜斯修道院院长强制所有基督徒遵守王室规定。然而教宗在一年后又宣布暂停执行该训谕。①

　　然而教宗们对改教后又恢复犹太信仰的行为是深恶痛绝的,想尽一切办法阻止这种反复。格来孟三世(Clement III,1080 年 6 月 25 日—1100 年 9 月 8 日在位)表扬班贝壳(Bamberg)主教鲁伯特(Rupert)阻止受洗后的犹太人重回犹太教这一行为。教宗认为这是完全邪恶的,要求鲁伯特继续纠正这样邪恶的行为,并作为教会的榜样。② 教宗们会派遣修道会,主要是道明会和方济各会的会士处理并阻止这些行径并要求按照教会法规严格惩处,对于那些帮助犹太人回到原有信仰的相关人士更是不能放过。英诺森四世(Innocent IV)于 1245—1247 年间发布法令要求按照教会法的规定惩处那些改教后又退回原信仰的犹太人。③ 额我略十世(Gregory X)于 1274 年要求宗教裁判官,道明会和方济各会修士对抗和阻止犹太改教者再次恢复其犹太信仰以及犹太化基督徒的行为。④ 尼各老三世(Nicholas III,1277 年 11 月 25 日—1280 年 8 月 22 日在位)于 1278 年答复宗教裁判官和道明会修士的信中要求他们对抗和制止在马尔凯(Comte la Marche)的犹太改教者再次回到其犹太传统的行为,像对待异教徒一样对待这些回到犹太教的基督徒。⑤ 这似乎说明正常情况下,对待异教徒是比对待犹太人严厉的。波尼法八世(Boniface VIII,1294 年 12 月 24 日—1303 年 10 月 11 日)于 1298 年命令宗教裁判官阻止改教基督徒的犹太人回归原有犹太信仰的现象。即使他们从小受洗或因害怕死亡而受洗,也要像反对异教徒一样反对那些帮助和教唆他们回归犹太教的人。⑥ 乌尔邦五世(Urban V)于 1367 年授权那不勒斯(Naples)大主教伯尔纳铎(Bernard de Bosqueto),如果调查结果证明有必要,罢免纳尔多的吉列尔穆斯(Guillelmus of Nardò)据称篡夺的本笃会纳尔多圣玛丽(St. Mary in Nardò)修道院院长职位。吉列尔穆斯被指控犯有许多罪行,其中包括允许犹太皈依

① Simonsohn, Vol. 2, No. 775, pp. 935 - 37; No. 779, pp. 940 - 41.
② Simonsohn, Vol. 1, No. 42, p. 42.
③ Simonsohn, Vol. 1, No. 172, pp. 182 - 83.
④ Simonsohn, Vol. 1, No. 236, pp. 244 - 45.
⑤ Simonsohn, Vol. 1, No. 241, pp. 248 - 49.
⑥ Simonsohn, Vol. 1, No. 278, pp. 285 - 86.

者返回犹太教。① 格来孟七世(Clement VII，1378 年 9 月 20 日—1394 年 9 月 16 日在位)于 1387 年授权方济·奥苏弗尔(Francis Ausuvre)——普罗旺斯的一名方济各会士和宗教裁判官——对回归犹太信仰并逃离该国的改教犹太人及其同谋采取行动。② 玛尔定五世(Martin V)在接到对一名重回犹太信仰的改教犹太人的处罚不够严厉的报告后，于 1420 年授权比萨神父兼克里特(Crete)大主教伯多禄(Peter Donati)的副主教约翰内斯(Johannes)和克里特神父兼财务主管尼格老(Nicolaus de Bari)对异教徒和犹太化基督徒进行更严厉的处罚。③

第三节　指控与迫害相关政策

随着基督教占据统治地位，反犹太主义的兴起，各种基督教文献中对犹太教的抨击，犹太人的罪过已不再是简单的不信，它被赋予了邪恶的含义，变成了背信弃义。无数关于犹太人的故事和符号流传开来。他们被认为是肮脏的，与魔法和巫术有关。所有这些都造成了犹太人和基督徒之间的社会紧张关系，这种紧张关系相互滋长，在两个群体之间造成了不可逾越的鸿沟。由此，大量的不实指控与迫害频繁出现，最具有代表性的两项罪名便是血祭诽谤和宿主亵渎。

令人意外的是，作为天主教世界的最高领袖，教宗们在面对这些对犹太人的指控时往往比神职人员和平信徒更加清醒和冷静，他们一般不相信这些指控的真实性，充当着犹太人的保护者的角色。亚历山大二世(Alexander II)于 1063 年的信中表扬了纳博讷(Narbonne)主教威尔弗雷德(Wifred)对犹太人的维护。教宗强调，无论是世俗法律还是教会律法，都是严谨"取人血"这样的行径的，因此对犹太人诸如此类的指控多为不实，而主教的公正使得犹太人没有承受不白之冤是值得赞扬的，并要求主教继续如此。教宗同样也表扬了西班牙和法国的主教，以及纳博讷子爵贝伦嘉尔(Berengar)对犹太人的维护。④ 额我略九世(Gregory IX)曾于 1233 年致信法国主教，要求他们想办法

---

① Simonsohn, Vol.1, No.408, pp.433 - 36.
② Simonsohn, Vol.1, No.467, pp.497 - 98.
③ Simonsohn, Vol.2, No.604, pp.692 - 93.
④ Simonsohn, Vol.1, No.36, p.35; No.37, pp.35 - 36; No.38, p.36.

停止其境内基督徒对犹太人的迫害。教宗曾收到来自犹太人的抱怨，说他们被迫害和虐待，被抓进监狱便不顾他们的死活，直至死在狱中。犹太人说他们愿意放弃放贷行业。因此教宗要求释放无辜的犹太人并保证他们的个人动产和不动产不受侵害。① 英诺森四世（Innocent IV）于 1247 年命令维也纳主教若望（John de Bernin）警告圣保禄三堡城（Saint-Paul-Trois-Châteaux）的主教，当地的警察，神职人员和贵族们释放被抓捕的犹太人并对他们进行补偿，允许他们在自己的领地上活动。该命令的背景是德拉格内（Dragonnet de Montauban）主教借口犹太人杀害了一名基督教女孩并把她钉在十字架上而对瓦尔雷阿斯（Valréas）的犹太人进行屠杀。教宗在另一封信中还要求若望主教试图恢复犹太人原有的生活并保证这样令人愤怒的事情不再发生。② 英诺森四世又于 1247 年 6 月命令德国和法国境内的神职人员，于 8 月命令维也纳主教废除一切关于指控犹太人血祭诽谤的政策条例，并禁止任何对于犹太人关于这方面的指控。③ 额我略十世（Gregory X）于 1274 年要求所有基督徒保护德国境内的犹太人不受血祭诽谤的指控和迫害。④ 若望二十二世（John XXII）于 1321 年授权图卢兹大主教雷蒙（Raimond de Cominges），如果事实成立，赦免图卢兹官员居亚尔（Guyard Gui），因为他在不知道莱尼乌斯（Rainerius de Montguyard）是教士的情况下将其处决，罪名是杀害了四名犹太人并煽动其他人也这样做。⑤ 就最后这则案例来讲，居亚尔的罪行在于处决了教士，即神职人员，而不是说他的处决是错的，所以说教宗对他庇护犹太人的行为是肯定的。当然，虽然强调给予犹太人保护，但是作为二等甚至三等公民的犹太人并无法和基督徒享有一样的地位，甚至杀害犹太人需要付的赔偿仅是基督徒的一半：教宗何诺略四世（Honorius IV）于 1285 年确认西西里王国政府颁布的规定和法律，包括对谋杀基督徒、犹太人或穆斯林的惩罚。一个基督徒如果碰巧被发现被秘密杀害，赎金为不超过 100 奥古斯塔尔（Augustales），但如果犹太人或撒拉逊人被杀，赔偿金则不超过 50 奥古斯塔

---

① Simonsohn, Vol. 1, No. 135, pp. 143 – 45.
② Simonsohn, Vol. 1, No. 181, pp. 190 – 91; No. 182, pp. 191 – 92.
③ Simonsohn, Vol. 1, No. 185, pp. 194 – 95; Simonsohn, Vol. 1, No. 188, pp. 197 – 98.
④ Simonsohn, Vol. 1, No. 237, pp. 245 – 46.
⑤ Simonsohn, Vol. 1, No. 311, pp. 324 – 26.

尔。但前提是确实有谋杀案件发生。① 为了避免改教后的犹太人对犹太社区的不实指控，格来孟七世（Clement VII，1378 年 9 月 20 日—1394 年 9 月 16 日在位）于 1383 年批准桑斯（Sens）、鲁昂（Rouen）、兰斯（Rheims）和里昂（Lyons）教区和省份的犹太人提交的请愿书，从今往后，改信基督教的犹太人不得指控其改教前认识的犹太人的罪行。②

对于那些参与迫害犹太人的基督徒，教宗也会给予惩罚。若望二十二世（John XXII）于 1332 年授权夏隆索恩（Chalon-sur-Saône）教区的熙笃会（Cistercian）修道院院长，解除圣乔治（Nuits-Saint-Georges）修道院院长佩特鲁斯（Petrus）的职务，因为他在该地的犹太人被烧死的火堆上加了两块木板。③ 本笃十二世（Benedict XII，1334 年 12 月 20 日—1342 年 4 月 25 日在位）于 1338 年收到来自奥地利公爵阿尔伯特二世（Albert II）的请愿后，委托帕绍（Passau）的主教，萨克森的阿尔伯特（Albert of Saxony）调查对普尔考（Pulkau）的犹太人"宿主亵渎"的指控。奥地利的犹太人受到了迫害和屠杀。类似的案件也发生在林茨（Linz），早些时候也发生在克洛斯特纽堡（Klosterneuburg）和韦恩哈茨多夫（Wernhatsdorf）。普兰巴赫（Prambach）的伯尔纳铎，即萨克森的阿尔伯特在帕绍主教区的前任，曾见证了在克洛斯特纽堡发生的与所谓的"宿主亵渎"有关的欺诈行为。如果调查显示犹太人是无辜的，他们的迫害者将受到惩罚，圣体将被从教堂中移走。之后教宗又书信至阿尔伯特二世，告知他这一安排。④ 格来孟六世（Clement VI，1342 年 5 月 7 日—1352 年 12 月 6 日在位）于 1349 年授权各主教采取适当措施，镇压被控犯有各种罪行的鞭笞派苦修团（Flagellants）及其支持者，这些罪行也包括迫害犹太人。⑤

除了对个别事件的单独处罚之外，教宗也会根据不同地区的整体情况发布庇护犹太人不受迫害的命令或委托当地神职人员维护社会公平正义。本笃十三世（Benedict XIII）于 1415 年向乌格尔（Urgel）教堂的神父以及该镇的法

---

① Simonsohn, Vol.1, No.253, pp.260－61.
② Simonsohn, Vol.1, No.457, pp.485－86.
③ Simonsohn, Vol.1, No.348, pp.366－67.
④ Simonsohn, Vol.1, No.354, pp.371－74；No.355, pp.374－75.
⑤ Simonsohn, Vol.1, No.375, pp.399－402.

警和领事发出保护当地犹太人的授权和委托。① 玛尔定五世（Martin V）于1427 年授权法诺（Fano）主教若望（John Bertoldi）停止诽谤法诺的西班牙人穆斯卡（Musca Symonis）和其他犹太人。② 斐利斯五世（Felix V）于1444 年保护萨瓦（Savoy）的犹太人免受传教士、修道士和其他人的布道以及由此引发的暴力。③ 尼各老五世（Nicholas V）于1448 年向费拉拉侯爵莱昂内罗（Leonello d'Este of Ferrara）领地内的犹太人颁发庇护训谕，包括庇护他们免受基督教传教士的攻击；将宗教裁判所对犹太人的管辖权限于异端邪说和对基督教信仰的攻击；未经父母同意，12 岁以下的犹太人不得接受洗礼；犹太人可以与基督徒做生意，并享有信仰自由。④

　　但当迫害犹太人的涉事者是神职人员时，教宗的惩罚过后往往跟着赦免，有时是有条件的赦免，有时是无条件的赦免，这也是对犹太人的迫害始终不绝于耳的重要原因之一。本笃十二世（Benedict XII）授权贝桑松（Besançon）大主教雨果（Hugo de Vienne），对其教区内的教士维图斯（Vivetus Grosseti de Poligny）给予宽恕和忏悔，他曾在 5 岁时于贝桑松教区的阿尔布瓦村（Arbois）搬运木材帮助烧死犹太人。⑤ 格来孟六世（Clement VI）于1346 年批准潘普洛纳（Pamplona）教区神父若望纳斯（Johannes Lupi de Arcellano）提交的请愿书。他曾参加过对纳瓦拉犹太人的迫害，他的请愿书得到了批准，并被免除了所有的耻辱，他的豁免得到确认。请愿书中还描述了犹太人为逃避强制洗礼而遭受的迫害和自焚。⑥ 格来孟七世（Clement VII）于1387 年为里厄教区（Rieux）的佩特鲁斯（Petrus de Sierrio）平反，他曾是阿维尼翁主教法庭的公证人，因编造文件损害某犹太人的利益而被定罪，其刑罚已被免除。⑦ 玛尔定五世（Martin V）于1428 年批准帕绍（Passau）教区神父阿尔贝图斯（Albertus Martini）提交的请愿书，免除他与一名犹太人的死亡及其他有关的所有罪行。在接受圣职之前，阿尔贝图斯曾参与对一个犹太人的酷刑，逼迫他说出一些钱

---

①　Simonsohn, Vol. 2, No. 553, p. 614.
②　Simonsohn, Vol. 2, No. 645a, pp. 752 - 53.
③　Simonsohn, Vol. 2, No. 758, pp. 901 - 03.
④　Simonsohn, Vol. 2, No. 771, pp. 925 - 27.
⑤　Simonsohn, Vol. 1, No. 350, p. 368.
⑥　Simonsohn, Vol. 1, No. 369, pp. 390 - 92.
⑦　Simonsohn, Vol. 1, No. 469, pp. 499 - 500.

的下落,结果这名犹太人死了。① 欧吉尼四世(Eugenius IV)于 1431 年批准哈尔伯施塔特(Halberstadt)教区的一名教士蒂尔曼努斯(Tilmannus Slote)提交的请愿书,赦免他不久前在埃尔福特(Erfurt)自卫时杀害一名犹太人的罪行。② 斐利斯五世(Felix V,1439 年 11 月 5 日—1449 年 4 月 7 日在位)授权洛桑(Lausanne)官员解除对洛桑教区的菲利浦斯(Philippus de Agua)驱逐出教会的惩罚,原因是他没有偿还基督徒和犹太人的债务,条件是他承诺在三年内偿还债务。③

第四节　债务政策与十字军

总的来说,教廷对高利贷是深恶痛绝的,教宗们频频发布训谕和信件要求犹太人不能收取高利贷,已收取的利息需返还。但这并不意味着犹太人借出的债务不需要被返还,只是不能收取过高的利息,尤其涉及后来的十字军,教宗在号召十字军时,几乎都会强调免除十字军在犹太人那里借款的利息。另外我们要明确的一点是,放贷行为不仅仅发生在犹太人身上,也就是说,并不是所有的被借款人都是犹太人,所有的借款人都是基督徒,二者的身份常是相互转换的,基督徒放债人也会向他们的犹太人或基督徒贷款人收取高利贷。例如,玛尔定五世(Martin V)于 1418 年批准纽伦堡(Nürnberg)堡主约翰内斯(Johannes)提交的请求,任命一名主管法官处理他对基督教和犹太教放债人的索赔,这些放债人被指控向他和他的父亲弗雷德里克斯(Fredericus)勒索高利贷。此案将交由当地普通法院审理。④

毫无疑问,犹太人借出的钱财是需要按时归还的。例如英诺森四世(Innocent IV)于 1247 年 6 月和 7 月书信两封,警告并劝告特奥巴尔多一世(Theobald I of Navarre,1201 年 5 月 30 日—1253 年 7 月 14 日)和香槟公爵(count of Champagne)保证香槟区内犹太人借出债务得到债务人的偿还。⑤ 但不可收取除去本金的利息。格来孟五世(Clement V)于 1311 年授权

---

① Simonsohn, Vol. 2, No. 653, pp. 764 – 65.
② Simonsohn, Vol. 2, No. 681, pp. 804 – 05.
③ Simonsohn, Vol. 2, No. 751, pp. 892 – 93.
④ Simonsohn, Vol. 2, No. 589, p. 666.
⑤ Simonsohn, Vol. 1, No. 184, pp. 193 – 94；Simonsohn, Vol. 1, No. 186, pp. 195 – 96.

尼恩堡(Nienburg)教区泽茨(Zeitz)教堂的院长,在事实成立的情况下,迫使克尔富特(Querfurt)的犹太人布兰德克(Brandeke)、亚巴郎(Abraham)、斯卡维代(Scavedei)和马修斯(Matheus)向美因茨教区圣本笃会的保林泽勒(Paulinzelle)修道院归还他们所收取的利息,并对本金表示满意。① 教宗若望二十二世(John XXII)在位时发布了至少 10 封信件强调犹太人不得收取高利贷,若收取需如数返还。例如他在 1320 年根据马切拉塔(Macerata)市镇的请愿,授权安科纳(Ancona)市镇长迫使借钱给市镇和一些当地公民的犹太人满足于本金的偿还,放弃利息索要。② 于 1321 年在收到科隆教区的一位领主约翰(John)和他的妻子索菲亚(Sophie)指责巴塞尔的犹太人萨尔曼(Salman)向他们勒索过多的利息的控诉后,授权圣格雷恩(St. Gereon)院长负责让犹太人返回收取的高利贷。③ 其他教宗也是如此。本笃十二世(Benedict XII)于 1336 年授权美因茨教区富尔达(Fulda)附近的纽恩堡(Neuenberg)教区长,如果事实成立,迫使向维尔茨堡(Würzburg)主教奥特(Otto of Wolfskehl)借钱的一群犹太人满足于偿还本金并放弃利息。④ 乌尔邦五世(Urban V)于 1365 年授权里昂(Lyons)、科隆(Cologne)和列日(Liège)官员废除债务人支付基督徒和犹太人贷款利息的义务。⑤ 额我略十一世(Gregory XI)于 1371 年命令阿维尼翁的官员确保阿尔勒省(Arles)、艾克斯省(Aix)和恩布伦省(Embrun)的基督徒和犹太人必须归还债务人的利息。⑥ 格来孟七世(Clement VII)于 1382 年授权瓦朗斯(Valence)官员迫使两名据称在收取贷款利息的沙贝耶(Chabeuil)犹太人满足于仅对本金的偿还。⑦

　　然而教宗波尼法九世(Bonifcace IX)和尼各老五世(Nicholas V)却是少有的发布过准许放贷命令的教宗,尤其是后者。虽然波尼法九世于 1398 年授权美因茨教区圣雅各伯·斯考托伦(St. Jacob Scotorum in Erfurt)修道院院长,迫使基督教和犹太教放债人满足于偿还本金,并放弃向乌尔里库斯(Ulricus)和亨利库斯(Henricus von Hohenstein)伯爵以及海恩斯坦郡(Hohenstein)其

① Simonsohn, Vol.1, No.286a, p.293.
② Simonsohn, Vol.1, No.310, p.324.
③ Simonsohn, Vol.1, No.315, p.330.
④ Simonsohn, Vol.1, No.352, p.370.
⑤ Simonsohn, Vol.1, No.402, p.428; No.407, p.433.
⑥ Simonsohn, Vol.1, No.415, p.442.
⑦ Simonsohn, Vol.1, No.455, p.484; No.456, pp.484-85.

他贵族所需贷款的利息。① 但他却于 1401 年批准曼图亚（Mantua）的教区神父弗朗切斯科·贡萨加（Francesco Gonzaga）对外国（犹太）放债人在曼图亚（Mantua）颁发经营许可。② 尼各老五世（Nicholas V）于 1448 年允许费拉拉（Ferrara）的莱昂内罗（Leonello d'Este）侯爵让犹太人居住在他的领地上，并放贷收取利息，赦免他和他的前任过去所做的一切；于 1449 年授权曼图亚（Mantua）主教加莱阿佐（Galeazzo Cavriani）放宽曼图亚侯爵路多维科（Ludovico Gonzaga）及其子民因允许犹太放债人经商而招致的逐出教会的惩罚和禁令，并允许他们进行忏悔。在查明事实后，他还将允许侯爵及其继承人让犹太放债人居住在曼图亚；于 1451 年赦免费拉拉公爵博尔索（Borso）及其前任允许犹太放债人在其领地内放债，并允许他们继续放债；于 1452 年赦免卢卡镇（Lucca）因允许犹太放债人经商而受到的所有教会制裁，并允许其继续经商。③

　　除了禁止收取高利贷，面对无力偿还本金的基督徒，如果教宗收到他们的请愿，也会准许他们延期偿还债务。本笃十二世（Benedict XII）于 1395 年委托巴扎斯主教威廉（William Ortolano）延期偿还阿维尼翁、奥兰治及其教区以及普罗旺斯和福卡尔基耶等郡居民拖欠基督徒和犹太人的债务；于 1403 年授权阿维尼翁的官员给予诺维（Noves）社区三年的延期，以偿还他们欠基督徒和犹太人的债务；授权利摩日（Limoges）教区教士史蒂芬努斯（Stephanus Capriolus）准许卡瓦永（Cavaillon）教区勒索尔（Le Thor）的居民延期三年偿还对基督徒和犹太人的债务；授权阿维尼翁官员给予诺维（Noves）居民延期两年偿还基督徒和犹太人债务的权利，他们曾要求延期五年；委托阿维尼翁教会院长给予奥兰治（Orange）教区卡德鲁斯（Caderousse）居民两年的延期偿还基督徒和犹太人债务的权利。④ 斐利斯五世（Felix V）于 1443 年委托都灵（Turin）教区萨维格利亚诺（Savigliano）修道院院长为巴格诺洛（Bagnolo Piemonte）居民提供四年的无息延期，以偿还他们欠都灵教区犹太人博纳费德

---

　　① Simonsohn, Vol.1, No.485, pp.516－17.

　　② Simonsohn, Vol.1, No.493, pp.531－32.

　　③ Simonsohn, Vol.2, No.772, pp.927－29; No.774, pp.932－34; No.789, pp.955－57; No.810, pp.992－93.

　　④ Simonsohn, Vol.2, No.504, pp.551－53; No.510, pp.559－60; No.512, pp.561－63; No.513, pp.563－64; No.514, pp.564－66.

(Bonafede de Chalon)约 3,000 弗罗林债务,前提是双方做出适当安排,并提供担保人。① 但是关于准许犹太人延期偿还债务的命令,我们只找到了一例:尼各老五世(Nicholas V)于 1450 年授权阿维尼翁的圣伯多禄院长对阿维尼翁的犹太人所欠债务实施为期两年的延期偿付。②

由于收取高利贷是违法行为,一些世俗政府会没收犹太人的高利贷所得用于支持当地的发展,或者据为己有,但又因教宗是天主教国家的最高首脑,他们对此部分钱财的流向十分关注,会批准或者责令神职人员协助并监督处理这部分"不义之财"。额我略九世(Gregory IX)于 1237 年要求当地主教协助路易九世将那些从犹太人那里没收的用于高利贷的钱财来支持东方罗马帝国。类似的信件还有好几封。③ 亚历山大四世(Alexander IV,1254 年 12 月12 日—1261 年 5 月 25 日在位)于 1257 年允许纳瓦拉(Navarre)国王特奥巴尔多二世(Thibaout II,1239 年 12 月 6/7 日—1270 年 12 月)以及香槟伯爵没收犹太人通过高利贷所得的财物,努力将其还给债务人,如果无法偿还便将剩余的钱用于慈善事业。④ 乌尔邦四世(Urban IV)于 1263 年要求比利时列日(Liège)大区主教调查是否有当地贵族的收入来自没收的犹太人的高利贷的现象并责令主教处理。⑤ 尼各老四世(Nicholas IV,1288 年 2 月 22 日—1292年 4 月 2 日在位)于 1291 年允许法国女王玛格丽特(Queen Margaret of France,1279 年—1318 年 2 月 14 日)使用从犹太人那里获得的资金,其来源是不正当利息。前提是她要留出三分之一的钱财用于圣地的建设。⑥

另外,免除高利贷的利息,或者延缓本金的归还,是教宗们号召和吸引十字军的重要手段。何诺略三世(Honorius III)于 1225 年书信于拉文纳(Ravenna)主教西满(Simeon),呼吁他召集十字军,并强调十字军欠犹太人的利息可以豁免。⑦ 额我略九世(Gregory IX)于 1228 年向法国南部地区召集十字军攻打异教徒。其内容中包括要求犹太人不再索要十字军的利息收入,如果有需要,犹太人还应给予借款人如延期偿付本金等其他优待。然而,向十字

---

① Simonsohn, Vol.2, No.757, pp.900 – 01.

② Simonsohn, Vol.2, No.781, pp.942 – 43.

③ Simonsohn, Vol.1, No.158, pp.168 – 69; No.159, pp.169 – 70; No.160, p.170

④ Simonsohn, Vol.1, No.209, pp.213 – 4.

⑤ Simonsohn, Vol.1, No.214, pp.219 – 220.

⑥ Simonsohn, Vol.1, No.274, pp.281 – 82.

⑦ Simonsohn, Vol.1, No.118, pp.121 – 22.

军借款的人必须偿还欠款。① 英诺森四世(Innocent IV)于1252年和1253年都号召十字军,承诺减轻十字军的债务压力,减免欠犹太人的利息。② 乌尔邦四世(Urban IV)于1263年号召十字军,免除十字军的债务的利息。如果十字军无力偿还债务,在明确已知他们的死亡或还乡之前不允许要求利息。犹太人应将典当物的收入(扣除费用后)添加到本金中。③ 格来孟四世(Clement IV)于1265年左右要求道明会和方济各会修士以及各地神职人员向民众布道,号召十字军,其内容包括免除十字军向犹太人借款的利息。④ 额我略十世(Gregory X)于1274年向约克(York)主教沃尔特(Walter Giffard)及其手下,乃至整个欧洲的神职人员号召十字军,其中包括免除十字军在犹太人那里借款的利息。⑤ 尼各老四世(Nicholas IV)于1290年、1291年3月和8月号召十字军,其内容包括免除十字军向犹太人借款的利息。⑥ 格来孟五世(Clement V)于1308年号召十字军,承诺免除十字军向犹太人借款的利息。⑦ 乌尔邦五世(Urban V)于1364年向里昂(Lyons)、塔兰泰兹(Tarantaise)、圣让德莫里耶讷(Saint Jean-de-Maurienne)、格勒诺布尔(Grenoble)、贝尔利(Belley)、日内瓦(Geneva)等法国,瑞士和意大利的主教们发出呼吁,号召十字军,包括减免十字军欠犹太人的利息。随后又向意大利的指挥官和英国团体发出同样的呼吁。⑧ 乌尔邦六世(Urban VI,1378年4月8日—1389年10月15日在位)给予在兰开斯特(Lancaster)公爵若望(John)指挥下对对立教宗格来孟七世(Anti-Pope Clement VII)和卡斯蒂利亚国王约翰二世(King John II of Castile)发动战争的十字军特权,包括减免与犹太人签订的贷款利息。⑨

　　然而正如绪论中的背景陈述一部分所讲,频繁的十字军使得犹太人直接或间接地成为受害者,十字军成为了迫害犹太人的代名词,也是犹太教与基督教关系愈发恶化的重要因素。由此,教宗在号召支持十字军的同时,也收到了

---

① Simonsohn, Vol.1, No.123, pp.126 – 28.
② Simonsohn, Vol.1, No.198, p.206; No.199, p.206
③ Simonsohn, Vol.1, No.217, pp.222 – 23.
④ Simonsohn, Vol.1, No.220, p.225; No.224, p.229; No.225, p.230.
⑤ Simonsohn, Vol.1, No.125, pp.129 – 30.
⑥ Simonsohn, Vol.1, No.262, pp.170 – 71; No.271, p.279; No.273, p.281.
⑦ Simonsohn, Vol.1, No.285, p.291.
⑧ Simonsohn, Vol.1, No.395, p.421; No.396, pp.421 – 22.
⑨ Simonsohn, Vol.1, No.437, pp.464 – 65.

大量的请愿和抱怨,甚至有些犹太人所在地区的神职人员请求教宗惩罚和遏制十字军的暴行。对此,教宗们总体上仍坚持"不得迫害犹太人"的基本原则,频繁书信和下达命令,要求十字军控制自己的行为,不得肆意杀戮和抢劫。额我略九世(Gregory IX)因收到了犹太人的抱怨,于1236年书信多地主教和神职人员,要求他们在其教区内对被十字军杀害、抢劫、偷窃和迫害的犹太人提供令人满意的补偿。同时要求法国国王路易九世(Louis IX,1214年4月25日—1270年8月25日)惩罚那些迫害犹太人的十字军、杀人犯和掠夺者,并强迫他们进行赔偿。① 若望二十二世(John XXII)于1320年6月两次授权法国的几位高级神职人员阻止牧羊人(即十字军),让他们停止杀戮和抢劫行为。他们假装要去参加十字军东征,但应该等到法国国王菲利普五世开始行动时再去。用他们所掌握的一切手段,包括世俗武装的协助,来限制这些十字军的残暴行径。② 但若我们进行一个比较,我们会发现,号召十字军并承诺减免利息的信件和训谕的数量,远远高于呼吁遏制十字军暴行的信件的数量。

第五节　财产政策

一般来讲,一旦犹太人改教成为基督徒,他们的财产应归教会所有。例如,亚历山大三世(Alexander III)在1179年写给西班牙主教的信中说,他发现虽然改教后的犹太人的动产归教会所有,但是他们的不动产却转移给了他们的犹太亲属,教宗责令当地主教们纠正这一情况。③ 然而,正如我们在"改教问题"中谈到的,为了吸引更多的犹太改教者以及保证他们的生活,如果收到请愿,教宗一般会准许改教后的犹太人继续保留其原有财产的所有权。例如额我略九世(Gregory IX)于1236年准许了来自格兰(Gran)的两名犹太改教者的请愿:他们希望能获得保护,且能和其他改教者一样仍然保有自己房产的产权,且保留他们在未改教前合法获得的财产。④ 英诺森四世(Innocent IV)于1245年确认了1242年阿拉贡国王詹姆斯一世发表的皇家法令的有效性。其内容包括:改教后的犹太人和穆斯林继续持有其财产,不准任何人嘲笑

---

①　Simonsohn, Vol.1, No.154, pp.163-64; No.155, p.165.

②　Simonsohn, Vol.1, No.302, pp.313-15; No.304, pp.316-18.

③　Simonsohn, Vol.1, No.55, pp.57-8.

④　Simonsohn, Vol.1, No.150, pp.159-60.

改教者。但同时也命令犹太人和穆斯林必须参加由道明会和方济各会修士举办的布道活动。① 乌尔邦五世（Urban V）于 1363 年批准伯多鲁斯（Petrus）提出的请愿书，他是一个改教犹太人，16 年前在康斯坦斯（Constance）郊区皈依了基督教，他希望能将其作为犹太人时期属于他的财产归还给他，教宗批准了他的请愿，同时委托斯特拉斯堡（Strasbourg）圣伯多禄教区主教负责。②

然而，教宗们的训谕和信件中却透露着一种矛盾的立场。一方面，他们纠正社会不公，禁止肆意掠夺犹太人的财产。例如尼各老四世（Nicholas IV）于 1291 年要求罗马的神职庇护犹太人，其主要原因是"某些教士伸出他们的压迫之手，用沉重的苛捐杂税给他们造成过度的负担，对他们造成伤害，并在他们的财产上严重骚扰他们"。③ 格来孟四世（Clement VI）于 1360 年授权图卢兹（Toulouse）大主教兼教宗内侍斯得望（Stephen Aldobrandi）和奥匈（Autun）主教兼教宗财务主管雷金纳德（Reginald de Maubernard）赦免和忏悔从基督徒和犹太人那里勒索钱财的国王和王子的官员，并让他们将钱归还给受害者。如果不能确定后者的身份，则将钱款捐给慈善机构。④ 格来孟五世（Clement VII）于 1379 年允许阿维尼翁的犹太人拥有其居住区及其不动产或其他地方属于犹太人社区的财产的所有权。⑤ 额我略十二世（Gregory XII，1406 年 11 月 30 日—1415 年 7 月 4 日在位）于 1408 年授权艾希施泰特（Eichstätt）圣玛丽诺维科莱吉（St. Mary Novicollegi）院长让该教区的犹太皈依者威利巴德斯（Wilibaldus Romer）和他的儿子享有与他们有关的一名犹太人的遗产继承权。⑥ 玛尔定五世（Martin V）于 1425 年允许住在亚居拉（Aquila）的犹太人达克塔卢斯（Dactalus Angelecti），按照他的意愿或其他方式处置他的财产。⑦ 欧吉尼四世（Eugenius IV）于 1437 年允许托西尼亚诺的犹太人达尼尔（Daniel Isaye）立遗嘱并处置其财产。⑧

另一方面，他们又多次允许神职人员和世俗统治者对犹太人财产的没收

① Simonsohn, Vol. 1, No. 173, pp. 183 – 85.
② Simonsohn, Vol. 1, No. 393, pp. 418 – 19; No. 394, pp. 419 – 21.
③ Simonsohn, Vol. 1, No. 270, pp. 278 – 79.
④ Simonsohn, Vol. 1, No. 388, p. 414.
⑤ Simonsohn, Vol. 1, No. 444, pp. 473 – 74.
⑥ Simonsohn, Vol. 2, No. 577, pp. 641 – 42.
⑦ Simonsohn, Vol. 2, No. 635, pp. 738 – 39.
⑧ Simonsohn, Vol. 2, No. 727, pp. 852 – 53.

和再利用,或者赦免他们因侵占犹太人的财产而犯下的罪过,只要他们肯做出适当的补偿,但我们几乎没有找到关于补偿犹太人的记录,大多数情况是要求为社会和教会做贡献。波尼法八世(Boniface VIII)于 1297 年准许西西里岛的玛格丽特王后(Queen Margaret of Sicily)任命一位忏悔神父,以免除她的各种罪行,包括从其领土上的犹太人和其他人那里勒索钱财的罪行,只要她将钱财分给病人和穷人。他还取消了已故勒芒主教若望(John de Chanlai)或其他人对她和她的土地颁布的逐出教会和禁闭的判决,只要她做出适当的补偿。① 格来孟五世(Clement V)于 1305 年赦免法兰西国王腓力四世(Philip IV),因为他没收了平民和教会人士和各机构、犹太人以及外国人的钱财,并在制造钱币的过程中掺杂了杂质。他不需要归还,但必须将来自犹太人和其他高利贷的钱用于虔诚和慈善目的;于 1306 年左右宽恕一位基督徒统治者从犹太人那里抢夺了钱财的行为,宽恕的前提是要他把钱分给穷人;同年向菲利普三世的遗孀、法国的玛丽王后(Queen Mary)提出建议,将她从犹太人那里获得的一些钱捐献出来,用于补贴圣地,从而消除了她对使用这笔钱所产生的疑虑。② 若望二十二世(John XXII)于 1318 年允许菲利普三世的遗孀、法国玛丽王后保留从法国犹太人被驱逐出国时没收的 10,000 磅图尔(Tours)中的一半,但她必须将另一半交给法国国王菲利普五世,以资助他计划中的圣地之旅;于 1323 年宣布在驱逐犹太人后,在卡彭特拉斯(Carpentras)建立了一个圣玛丽小教堂,以取代犹太会堂,并分配财产,其中一些属于犹太人的财产用以支持小教堂的建设及其教士的供养。③ 格来孟四世(Clement VI)于 1344 年批准阿尔勒(Arles)总主教罗斯塔尼(Rostagne)提出的一份请愿书,确认他和他的教会过去被授予的权利和特权,包括阿尔勒及其主教辖区犹太人的一些收入。④ 同年他又确认教区长和马赛(Marseilles)教会分会关于权限和收入的协议,包括每年从马赛的犹太人那里获得 5 先令的收入。⑤ 玛尔定五世(Martin V)于 1430 年任命安科纳马奇(March of Ancona)的达尔坎图斯(Dalcantus de Florentia)代表教宗国库收缴费尔莫犹太人维塔莱(Vitale)的所有财产,他目

---

① Simonsohn, Vol.1, No.277, p.285.
② Simonsohn, Vol.1, No.282, pp.289 - 90; No.283, p.290; No.284, pp.290 - 91.
③ Simonsohn, Vol.1, No.297, pp.307 - 08; No.322, pp.338 - 40.
④ Simonsohn, Vol.1, No.363, pp.385 - 87.
⑤ Simonsohn, Vol.1, No.365, p.388.

前被关押在罗马元老院的监狱中，并将财产转交国库并提供相关账目。①

当问题涉及教会财产时，教宗们则异常谨慎。禁止神职人员典当任何教会财产，也禁止任何犹太人拥有或者购买教会财产。例如，亚历山大三世（Alexander III）在 1174—1179 年间给坎特伯雷（Canterbury）大主教理查德（Richard）的信中谴责了犹太人拥有教会财产的现象，责令主教纠正这种错误。② 亚历山大四世（Alexander IV）于 1258 年命令法国主教禁止神职人员向犹太人典当宗教物品的行为，同时禁止犹太人接受这些物品。③ 尼各老三世（Nicholas III）于 1279 年指示列蒂（Rieti）主教伯多禄（Peter Guerra）前往西班牙去处理关于卡斯蒂利亚和莱昂国王阿方索十世（Alfonso X，1221 年 11 月 23 日—1284 年 4 月 4 日）的抱怨。其中包括国王将教宗声称拥有的钱财交给犹太人。④ 格来孟五世（Clement V）于 1312 年授权不莱梅（Bremen）大主教若望（John Grand）、希尔德斯海姆（Hildesheim）主教亨利（Henry Woldenburg）和勃兰登堡（Brandenburg）主教腓特烈（Frederick Ploetzke）负责将马格德堡（Magdeburg）大主教博查德（Borchard）的前任转让的财产归还给马格德堡的教会。其中一些财产被卖给了犹太人。⑤ 英诺森六世（Innocent VI，1352 年 12 月 18 日—1362 年 9 月 12 日在位）于 1360 年授命阿奎莱亚（Aquileia）主教洛多维科（Lodovico della Torre）强迫古尔克（Gurk）前任主教、现任弗赖辛（Freising）主教保禄（Paul Praunspeck）赎回典当给犹太人的主教区财产，并将其归还给古尔克现任主教若望（John of Lenzburg）。⑥ 波尼法九世（Boniface IX）于 1392 年委托奥格斯堡主教埃勒巴赫的布尔卡德（Burcard of Ellerbach）确认拉蒂斯邦（Ratisbon）主教团将泰斯巴赫（Teisbach）城堡出售给巴伐利亚公爵腓特烈（Duke Frederick of Bavaria），以使主教团能够赎回他们典当给犹太人的财产。⑦ 神职人员为了维持生计或者为了个人利益违法典当教会物品的情况并非少数，但这些物品也不仅仅典当给了犹太人。乌尔邦五世（Urban V）于 1369 年委托瓦讷（Vannes）大执事、阿维尼翁（Avignon）和特雷吉耶

① Simonsohn, Vol. 2, No. 675, pp. 796 - 97.
② Simonsohn, Vol. 1, No. 54, p. 57.
③ Simonsohn, Vol. 1, No. 210, pp. 214 - 5.
④ Simonsohn, Vol. 1, No. 246, p. 253.
⑤ Simonsohn, Vol. 1, No. 289, pp. 295 - 96.
⑥ Simonsohn, Vol. 1, No. 387, p. 413.
⑦ Simonsohn, Vol. 1, No. 480, p. 511.

(Tréguier)官员处理多龙(Dollon)教区神父、罗马教廷穷人辩护律师约翰内斯·布鲁尼(Johannes Bruni)的申诉,他曾在阿维尼翁教区任职,其在阿维尼翁的财产被挪用,其中部分财产被典当给基督徒和犹太人。① 只不过相较于典当给基督徒,典当教会财产给犹太人或者异教徒使教宗更加无法接受。

第六节　税收政策

作为基督教世界的次等公民,犹太人普遍上需要根据自己财产的多少上缴什一税。公元6世纪,教会利用《圣经》中农牧产品的十分之一"属于上帝"的说法,开始向基督教信徒征收此税。《创世记》28:22说道:"我立作石柱的这块石头,必要成为天主的住所;凡你赐于我的,我必给你奉献十分之一。"所以需要明确的是:什一税不仅仅向犹太人征收,而是根据各地政策的不同,向某地区内的所有居民征收,这在一定程度上甚至可以说明,犹太人和其他居民一样享有同样的义务。例如额我略九世(Gregory IX)1233年在回应巴艾萨(Baeza)主教多米尼克(Dominic)的请愿的信中赋予他可强迫其属地基督徒、犹太人和穆斯林付什一税的权利。② 但也许是犹太人在缴纳什一税时并不准时或者积极,也许是教廷对犹太人的税收问题特别关注,教宗们多次发表声明和信件,强调向犹太人收缴什一税。亚历山大三世(Alexander III)在给坎特伯雷(Canterbury)大主教理查德(Richard)的信中要求主教向其领地内的犹太人按照他们拥有的财产的多少收取相应的什一税。③ 则来斯定三世(Celestine III,1191年4月/5月—1198年1月8日在位)在1193年在写给鲁昂(Rouen)副主教和其他神职人员的信中强调要强迫犹太人付什一税,否则便禁止犹太人和基督徒间的任何交往。④ 何诺略三世(Honorius III,1216年7月18日—127年5月18日在位)于1217、1218、1219年写给神职人员的信中要求他们按照第四次拉特兰大会的决议命令其境内的犹太人缴纳什一税。⑤ 额我略十二世(Gregory XII)于1410年授权泰拉西纳(Terracina)主教

---

① Simonsohn, Vol. 1, No. 412, pp. 438 – 39.
② Simonsohn, Vol. 1, No. 132, p. 140.
③ Simonsohn, Vol. 1, No. 54, p. 57.
④ Simonsohn, Vol. 1, No. 66, pp. 69 – 70.
⑤ Simonsohn, Vol. 1, No. 96, p. 101; No. 99, p. 103; No. 101, pp. 104 – 05.

安东尼（Anthony）强迫犹太人支付从基督徒处获得的财产的什一税。① 尼各老五世（Nicholas V）于 1454 年向萨拉戈萨教区贝尔希特（Belchite）和伊亚尔（Ijar）领主约翰内斯（Johannes）与萨拉戈萨教堂贝尔希特大执事亚科布斯（Iacobus del Spital）颁布了关于基督徒、犹太人和穆斯林缴纳什一税的协议确认书。②

　　除了上交一般性的什一税，统治者或者教宗还会根据自身需要要求犹太教上交其他名目的税务，实则为变相向犹太人要钱以支持教廷或者国家的发展。额我略九世（Gregory IX）于 1231 年要求葡萄牙境内的神职人员转告葡萄牙国王桑乔二世（Sancho II，1209 年 9 月 8 日—1248 年 1 月 4 日），如果国王要卖土地给犹太人和异教徒，那他还需要派遣一位基督徒代表向他们收取皇家税费。③ 于 1377 年授予诺塞拉（Nocera）主教兼教宗代牧路加（Luke Rodolfacci）各种收入以支付其职务的维持费用，包括由犹太人支付的每年 10 弗罗林（florins）的税款。尽管阿尔勒大主教兼教宗内侍伯多禄（Peter Cros）命令犹太人将税款支付给教宗内侍。④ 格来孟七世（Clement VII）于 1387 年批准和认可卡斯蒂利亚和莱昂国王约翰一世（King John I of Castile and Leon）与圣地亚哥圣詹姆斯骑士团（Order of the Knights of St. James of Santiago）之间的交换协议，国王根据协议每年给予骑士团 10,000 马拉维第（maravedi）的收入，该收入来自犹太人的人头税，以换取某些权利。犹太人是国王的子民，居住在属于骑士团的土地上。⑤ 同样的，有时候这些特殊的税款也不仅仅向犹太人征收，而是面向所有居民。例如波尼法九世（Boniface IX）于 1401 年授权安科纳马奇（March of Ancona）的教宗代表安德烈（Andrew Thomacelli）和教宗司库安东尼（Anthony de Fumona）召开会议，向包括犹太人在内的马奇所有居民征收 5 万弗罗林的税款，以资助由教宗队长保禄·奥尔西尼（Paul Orsini）指挥的教宗军队。⑥

　　由于中世纪时期战争频繁，为了更好地支持军队的建设和发展，向犹太人

① Simonsohn, Vol. 2, No. 582, pp. 656 – 57.
② Simonsohn, Vol. 2, No. 820, p. 1007.
③ Simonsohn, Vol. 1, No. 130, pp. 136 – 39.
④ Simonsohn, Vol. 1, No. 436, pp. 462 – 63.
⑤ Simonsohn, Vol. 1, No. 465, pp. 495 – 96.
⑥ Simonsohn, Vol. 1, No. 494, pp. 432 – 34.

收税是重要地获得军费的手段。英诺森七世(Innocent VII, 1404 年 10 月 17日—1406 年 11 月 6 日在位)于 1405 年授权塞格尼(Segni)主教兼教宗在安科纳马奇(Ancona March)的司库尼科洛(Nicolò Corrado Pocciarelli)向马奇(March)的所有居民征税,包括犹太人,但不包括红衣主教、教宗内侍康拉德(Conrad Caracciolo)、耶路撒冷圣若望骑士团成员和条顿骑士团成员,以资助教宗军队和行政机构。① 额我略十二世(Gregory XII)于 1408 年将各地和一些犹太社区的税款分配给圣热内西奥(St. Genesio)和其他地方的教宗代理鲁道夫(Rodulfus da Varano)及其儿子,以代表教宗支付 220 名士兵的费用。②

　　高昂的税收严重增加了各地民众和犹太人的生活压力,教宗也经常收到关于过度征税的投诉,随后他们一般会任命当地神职人员调查取证并做出合适的裁决。例如额我略十二世(Gregory XII)于 1408 年委托安科纳马奇的教宗代表巴特利努斯(Bartolinus de Zambonis)处理安科纳居民、基督徒和犹太人对过度征税的投诉。③ 除此之外,一些犹太人因其特殊才能或者职位可得到一定的税务减免,或者有人向教宗请愿减免税务后也可能会得到教宗们的批准。英诺森四世(Innocent IV)于 1250 年向一位改教犹太人菲利普(Philippus)的三个儿子确定了他们继续享有法国国王腓力二世(Philip Augustus, 1165 年 8 月 21 日—1223 年 7 月 14 日)曾经给予他们的特权,即免除改教者和其后代的所有税务。教宗又同时书信于巴黎的政府部门对此进行确认。④ 亚历山大四世(Alexander IV)于 1255 年同意豁免一组犹太商人在教宗国和西西里境内的税务。⑤ 波尼法九世(Boniface IX)于 1402 年免除对马拉泰斯塔(Malatesta)管辖下的基督徒和犹太人征收教宗税(papal taxation),并撤销最近的强制征收;⑥于 1401 年特许韦莱特里(Velletri)的犹太人将其缴纳的税费限制在该地市镇所征收的赋税中的合理比例,并免除他们佩戴标志的义务。⑦

　　另外,由于中世纪的封建领主自治制度,一些世俗统治者也会因为某些原

---

① Simonsohn, Vol. 2, No. 561, pp. 622 – 23.
② Simonsohn, Vol. 2, No. 579, pp. 644 – 45.
③ Simonsohn, Vol. 2, No. 578, pp. 642 – 44.
④ Simonsohn, Vol. 1, No. 193, pp. 201 – 02; No. 194, p. 202.
⑤ Simonsohn, Vol. 1, No. 205, p. 211.
⑥ Simonsohn, Vol. 1, No. 500, pp. 544 – 46.
⑦ Simonsohn, Vol. 1, No. 497, pp. 536 – 38.

因免除犹太人的税务,有时他们的行为会得到教宗的批准,有时则会得到谴责。额我略十世(Gregory X)于 1273 年书信劝告葡萄牙国王阿方索三世(Alfonso III,1210 年 5 月 5 日—1279 年 2 月 16 日)改善其荒唐的行为。其中包括阻止收缴犹太人和穆斯林因占领基督教土地而应该缴纳的什一税。① 然而何诺略四世(Honorius IV)却于 1285 年确认西西里岛国王查尔斯之子小查尔斯颁布的宪法,涉及西西里岛的教会及其权利。它包括一条与作为教会附庸的犹太人有关的条款,要求犹太人不被征税或被以其他方式骚扰。②

第七节　职业政策

对教宗来说,一旦改教则应享有基督徒应享有的一切权利,不再考虑他的犹太人血统,只当其为合法基督徒保证他们应有的权利和义务,并可担任一切基督徒可担任的职位,但是教士和平信徒则不会这么"深明大义",因此教宗多次纠正这种不公。例如亚历山大三世(Alexander III)曾在一封信中要求图尔奈(Tournai)主教埃弗拉德(Everard)当教会职位有空缺时可以任命改教基督徒的犹太人米洛(Milo)顶替。然而在另一封信中教宗又驳斥了整个图尔奈的神职人员和主教,因为他们拒绝按照要求任命米洛,只因他的犹太血统。教宗说如果他们不改正这一行径便要受到惩罚。③ 尼各老四世(Nicholas IV)于 1288 年回应改教基督徒的里斯本(Lisbon)学者方济各·道明(Franciscus Dominici)的信中豁免了他因其父亲是犹太人,母亲曾是伊斯兰教徒而带来的"缺陷"。使他不受前述出生缺陷的限制,允许晋升至各种神职阶级,并获得教会福利和灵魂关怀。④

然而,对于未改教的犹太人,教廷对他们的职业有着多种限制和规定。除了限制他们的高利贷买卖之外,更重要的一点是犹太人不能担任任何公职,尤其是不能担任基督徒的领导者,更不能承担与财务和税收相关的工作。亚历山大三世(Alexander III)在 1179 年写给西班牙主教的信中强调犹太人不能

---

① Simonsohn, Vol. 1, No. 235, pp. 243 - 44.
② Simonsohn, Vol. 1, No. 254, pp. 261 - 62.
③ Simonsohn, Vol. 1, No. 52, p. 54; No. 53, pp. 55 - 6.
④ Simonsohn, Vol. 1, No. 257, pp. 265 - 66.

担任公职,尤其是与税收有关的职务。① 何诺略三世(Honorius III)于 1221 年书信于波尔多(Bordeaux)主教威廉(William Amanien de Genies),要求他与当地贵族沟通,使他们不再任命犹太人在政府工作,尤其是那些职位高于基督徒的工作。② 格来孟四世(Clement IV)于 1267 年命令法国普瓦图(Poitou)、图卢兹(Toulouse)和普罗旺斯(Provence)领地内的主教们保证犹太人不担任公职,否则将对违背的人进行严格惩罚。③

这也导致了教宗与世俗统治者间的冲突,因为对于国王或者领主来讲,任命有些能力超群的犹太人显然比任命普通的基督徒更对其国家发展有利。何诺略三世(Honorius III)于 1220 年书信给阿拉贡国王詹姆斯一世,莱昂国王阿方索九世(Alfonso IX,1171 年 8 月 15 日—1230 年 9 月 24 日)和卡斯提尔国王费尔南多三世(Ferdinand III,1199 年 8 月 5 日—1252 年 5 月 30 日)以及其所属境内的神职人员,要求国王在派遣谈判使者时,使用基督徒而不是犹太人。④ 额我略九世(Gregory IX)于 1231 年要求葡萄牙境内的神职人员转告并强迫葡萄牙国王桑乔二世不要再任命犹太人担任公职。似乎国王更偏向于任命犹太人在政府工作,而不是大量启用基督徒。⑤ 乌尔邦四世(Urban IV)于 1263 年要求并劝告匈牙利国王贝拉四世(Bela IV,1206 年 11 月 29 日—1270 年 5 月 3 日)不要任命犹太人和撒拉逊人作为税务收缴人员,除非实际开展收缴活动的是基督徒。⑥ 尼各老三世(Nicholas III)于 1279 年指示列蒂(Rieti)主教伯多禄(Peter Guerra)前往西班牙去处理关于卡斯蒂利亚和莱昂国王阿方索十世(Alfonso X,1221 年 11 月 23 日—1284 年 4 月 4 日)的抱怨。其中包括国王任命犹太人担任比基督徒更有权力的工作。⑦ 若望二十二世(John XXII)于 1319 年要求并告诫匈牙利国王查尔斯·罗伯特(Charles Robert,1288 年—1342 年 7 月 16 日)不要任命萨拉森人和犹太人担任公职,不要容忍分裂主义者和异教徒,并协助宗教裁判官执行任务。

一般来讲犹太人是不允许为基督徒治病的,他们高超的医术常常与巫术

① Simonsohn, Vol. 1, No. 55, pp. 57 - 8.
② Simonsohn, Vol. 1, No. 113, p. 227.
③ Simonsohn, Vol. 1, No. 232, pp. 239 - 40.
④ Simonsohn, Vol. 1, No. 109, pp. 111 - 12; No. 110, p. 113.
⑤ Simonsohn, Vol. 1, No. 130, pp. 136 - 39.
⑥ Simonsohn, Vol. 1, No. 216, pp. 221 - 22.
⑦ Simonsohn, Vol. 1, No. 246, p. 253.

相连。但犹太人在医疗行业的天赋和成就使得教宗也不得不认可他们的才能，颁发给他们特殊许可证，有些人还获得了例如不用佩戴犹太标识，获得补助等特权，甚至任命他们为教廷工作。何诺略三世（Honorius III）于1220年给予犹太人艾萨克（Isaac Benveniste）以保护。他是阿拉贡国王詹姆斯一世（King James I of Aragon，1208年2月2日—1276年7月27日）的皇家医师。① 波尼法九世（Boniface IX）于1398年委托努斯科（Nusco）主教伯尔纳铎（Bernard）对卡斯特罗教区威尼托的犹太改教者亚巴郎·尼各老（Abraham Nicolai）进行医学考试，如果合格，授予他医学博士学位。亚巴郎曾在开罗或大马士革学习艺术和医学，希望获得欧洲学位。② 本笃十三世（Benedict XIII）于1414年授权萨拉戈萨（Saragossa）教区医生对犹太改教者马提努斯（Martinus de Sivilla）进行医学考试，如成绩合格，授予其医学学位。③ 英诺森七世（Innocent VII）于1406年确认医学教授兼执业医师埃利亚（Elia Sabbati）的罗马公民身份，以及授予他及其后代的其他特权，尽管他是犹太人，但考虑到他的技能对基督徒有利。埃利亚和他的家人在《希伯来圣经》上宣誓忠诚后，可免于佩戴标志，他和他的兄弟可以携带武器。埃利亚每年可从犹太社区的税收中获得20个金币。他享有携带个人物品和书籍从陆地或海上旅行的充分自由。欧吉尼四世（Eugenius IV）于1436年再次确认该特权。④ 玛尔定五世（Martin V）于1421年废除本笃十三世颁布的禁令，允许在西班牙的犹太人治疗生病的基督徒、充当中间人和货币兑换商等。⑤ 欧吉尼四世（Eugenius IV）于1432年批准科森扎（Cosenza）教区医生约翰内斯（Johannes de Cava）提交的请愿书，禁止犹太医生为基督徒治病，除非病人先立下遗嘱并向神父忏悔。⑥ 欧吉尼四世（Eugenius IV）于1434年批准葡萄牙国王爱德华（Edward, king of Portugal）提交的请愿书，包括允许他雇用犹太医生，因葡萄牙缺少基督教医生而雇用犹太医生为基督徒治病。⑦

　　除此之外，我们还找到了一些为皇室和教廷工作的犹太人的案例，也许是

① Simonsohn, Vol.1, No.105, pp.108-09; No.106, pp.109-10; No.107, p.110.
② Simonsohn, Vol.1, No.486, pp.517-18.
③ Simonsohn, Vol.2, No.526, p.581.
④ Simonsohn, Vol.2, No.563, pp.624-27; No.714, pp.836-38.
⑤ Simonsohn, Vol.2, No.609, p.699.
⑥ Simonsohn, Vol.2, No.685, p.808.
⑦ Simonsohn, Vol.2, No.700, p.821; No.704, p.824.

因为他们特别出色,也许有特殊关系,总之他们承担了一些犹太人"本不应该"承担的工作。格来孟七世(Clement VII)于 1379 年向圣保禄特鲁瓦夏特(Saint-Paul-Trois-Châteaux)主教阿德马尔(Ademar de la Roche)授予该地区外一座由犹太人管理的小教堂的收益作为回报,[1]让犹太人管理教堂是令人难以置信的。波尼法九世(Boniface IX)于 1391 年 4 月 12 日任命犹太改教者本笃·梅利斯(Benedictus Melis)为教宗府的采购评估师和新圣母玛利亚教堂的枢机主教兼教宗财务总管(papal chamberlain)玛琳·布尔坎努斯(Marin Bulcanus)府邸成员。8 月 28 日再次宣布本笃享有教宗府成员地位,受保护并免于佩戴标志。波尼法九世又于 1391 年下令保护罗马犹太人曼努埃尔(Manuel de Daniele)并赋予其教宗府(papal household)成员身份。[2] 于 1392年任命教宗医生曼努埃尔(Manuel)之子安杰洛(Angelo)为教宗家庭成员,并给予他教宗保护。[3] 又于 1399 年确认罗马元老院于 1376 年 4 月 9 日授予已故教宗外科医生兼教宗府成员曼努埃尔(Manuel)之子安杰洛(Angelo)及其后裔的特权,该特权于 1385 年 8 月 8 日再次得到确认,其中包括免除对犹太人的征税,为罗马犹太社区减税,以及免于佩戴犹太标志;于 1402 年任命犹太骑士安杰勒斯(Angelus Samuelis)为科森扎(Cosenza)、蒙塔尔图(Montalto)和克罗托内(Crotone)的犹太人民事和刑事法官,不包括通常由基督教法官管辖的案件。[4] 我们发现,似乎教宗波尼法九世特别钟爱犹太人,他任命犹太人为医师,为教宗府成员,为骑士,甚至因为对犹太医师曼努埃尔的喜爱而宽待他的后裔乃至整个犹太社区。

第八节　雇佣政策

正如教宗英诺森三世反对基督徒服侍犹太人一样,所有中世纪教宗都反对犹太人雇佣基督徒奴隶、仆人和乳母等。斯得望三世(Stephen III,768 年 8月 7 日—772 年 1 月 24 日在位)曾向法国纳博讷(Narbonne)主教阿尔伯特(Aribert)和西班牙的统治者写信表达对犹太人拥有原属于基督徒的土地,且

---

① Simonsohn, Vol.1, No.442, p.471.
② Simonsohn, Vol.1, No.477, pp.508 - 09.
③ Simonsohn, Vol.1, No.481, pp.511 - 12.
④ Simonsohn, Vol.1, No.501, pp.546 - 47; No.487, pp.518 - 24.

雇佣基督徒开垦这些土地的情况表示不满。① 亚历山大三世（Alexander III）在写给马赛（Marseilles）主教，给坎特伯雷（Canterbury）大主教理查德（Richard）的信中都强调了犹太人不能拥有基督徒奴隶。② 额我略九世（Gregory IX）曾在其任期内颁布条例禁止犹太人买卖或者持有已受洗的基督徒为奴隶，甚至有受洗意愿却没有受洗的人也不行。③ 1233 年他要求德国境内的神职人员立即停止犹太人的过分行为。其中很重要的一条就是犹太人雇佣基督徒保姆和女佣。④ 格来孟四世（Clement IV）于 1265—1268 年之间发表的一篇训谕列出了波兰犹太人的一些罪证，其中包括拥有基督徒乳母。⑤ 于 1267 年命令法国普瓦图（Poitou），图卢兹（Toulouse）和普罗旺斯（Provence）领地内的主教们保证犹太人不雇佣女性基督徒保姆、乳母和助产士在其家中工作。否则将对违背的人进行严格惩罚。⑥ 何诺略（Honorius IV）于 1286 年授权坎特伯雷大主教若望·佩卡姆（John Peckham）和他的副手对英格兰的犹太人进行起诉，涉及雇佣基督徒仆人的罪行。该信件的副本也寄给了约克大主教和埃夫勒（Evreux）大主教。⑦

然而鉴于中世纪欧洲的社会现实，这种买卖和雇佣关系有利于社会的发展和进步，因此世俗统治者一般会默许甚至支持这样的行为，这便导致了教宗与世俗统治者间的冲突。额我略七世（Gregory VII）于 1081 年写给卡斯蒂利亚国王（King of Castile）阿方索六世（Alfonso VI，1040 年 6 月—1109 年 7 月 1 日）的信中要求他结束其境内犹太人占有或者控制基督徒的情况。教宗批评国王在取悦犹太人的同时正在压迫教会，蔑视基督徒。⑧ 英诺森四世（Innocent IV）于 1244 年要求法国国王路易九世禁止任何犹太人雇佣基督徒为保姆和仆人的行为。⑨ 额我略十世（Gregory X）于 1273 年书信劝告葡萄牙国王阿方索三世（Alfonso III，1210 年 5 月 5 日—1279 年 2 月 16 日）改善其

---

① Simonsohn, Vol. 1, No. 29, pp. 25 - 6.
② Simonsohn, Vol. 1, No. 48, p. 50；No. 56, pp. 59 - 60；No. 57, p. 60.
③ Simonsohn, Vol. 1, No. 121, p. 125.
④ Simonsohn, Vol. 1, No. 134, pp. 141 - 43.
⑤ Simonsohn, Vol. 1, No. 221, pp. 225 - 26.
⑥ Simonsohn, Vol. 1, No. 232, pp. 239 - 40.
⑦ Simonsohn, Vol. 1, No. 255, pp. 262 - 64.
⑧ Simonsohn, Vol. 1, No. 40, p. 38.
⑨ Simonsohn, Vol. 1, No. 171, pp. 180 - 82.

荒唐的行为。其中包括使改教基督教后的穆斯林奴隶仍在犹太人手下工作。[1]

第九节 婚姻政策

由于教宗们一般认为犹太人团体与基督教团体之间应该有明确的界限，正如他们在社会交往中要分开一样，基督徒与犹太人也不可通婚，因为这样的组合会"污染"基督徒的灵魂。例如，格来孟四世（Clement IV）于 1268 年书信至葡萄牙国王阿方索三世（Alfonso III）谴责他在其统治区内允许有撒拉逊人和犹太人血统的女性与基督徒间的婚姻。[2] 但在收到不同情况的请愿后，教宗会酌情给予宽恕和保护。本笃十三世（Benedict XIII）于 1415 年授权托莱多官员允许两名犹太皈依者结婚，尽管他们的亲属关系通常不在基督教准许结婚的范围内。他们的婚姻已经缔结，但尚未完成。[3] 玛尔定五世（Martin V）于 1419 年批准塔拉索纳（Tarazona）教区犹太皈依者莱昂纳多（Leonardus）和约兰达（Yolanda de Sancto Angelo）叔侄女俩为完成他们作为犹太人缔结的、基督徒不允许的婚姻而提交的请愿书。[4]

面对离婚问题，情况就变得复杂得多。总的来讲，基督徒夫妻是不可离婚的，因为他们的婚姻受到了圣礼的见证，是永恒的。英诺森三世在这方面有非常全面的论述。他认为如果一对基督教夫妻一方陷入异教信仰，那么他们不可离婚。因为，异教徒的婚姻并未经过圣礼的见证，不是一种永恒的婚姻，而基督教徒的婚姻是经过圣礼的，一旦承认就不会失去它的力量，使婚姻圣礼具有永恒的约束力。但如果一对异教徒夫妻其中一方改信基督教，那么需分情况讨论。正如教宗格来孟三世（Clement III）在写给塞哥维亚（Segovia）主教古蒂萨瓦斯（Gundisalvus）的信中强调，犹太人或撒拉逊人夫妇一旦一方改教，其异教的一方如果愿意继续保持婚姻关系，则维持，若不愿意则无须强迫维持。然而，在他们还活着且愿意继续生活的情况下，他们不应该与其他人结婚；但是，如果他们因对基督教信仰的分歧或仇恨而离婚，便解除了对上述的

---

① Simonsohn, Vol. 1, No. 235, pp. 243 - 44.
② Simonsohn, Vol. 1, No. 233, pp. 240 - 41.
③ Simonsohn, Vol. 2, No. 532, pp. 587 - 88; No. 537, pp. 592 - 93.
④ Simonsohn, Vol. 2, No. 598a, p. 684.

婚姻约束,他们就可以再婚。① 例如玛尔定五世(Martin V)于 1427 年批准改教犹太人阿利诺拉(Alienora)提交的申请,曾经她与她的丈夫一起改教基督教,但是她向教宗申请允许她在丈夫恢复犹太教信仰后与一名基督徒结婚。②

当这个家庭有孩子时,在任何情况下,这个孩子都应该归信仰基督教的一方抚养。例如额我略九世(Gregory IX)在 1229 年回复斯特拉斯堡(Strasbourg)主教伯托(Berthold of Teck)的信中为一个棘手的案子给出了处理方式,即一位四岁的小孩,他的父亲已受洗为基督徒,而他的母亲仍保留着犹太信仰,则这个孩子应该在其基督教父亲的监护之下。③ 这大概就是占统治地位的宗教所拥有的特权。

第十节　穿着与出行政策

为了更高效,更方便地将犹太人与基督徒区分开来,自第四次拉特兰大会起,犹太人被要求必须佩戴特殊标志以示区别。为了落实这一新政策,教宗频繁告诫地方主教和统治者按要求行事,否则将会被处以惩罚。何诺略三世(Honorius III)于 1217、1218、1219、1221 年写给神职人员的信中要求他们按照第四次拉特兰大会的决议命令其境内的犹太人佩戴特殊身份标志,以便将基督徒与犹太人区分开来。④ 额我略九世(Gregory IX)于 1233 年写信警告拉瓦纳(Navarre)国王桑乔七世(Sancho VII,1154 年 4 月 17 日—1234 年 4 月 7 日)要强迫其境内犹太人佩戴特殊标志。⑤ 英诺森四世(Innocent IV)于 1245 年要求贝桑松(Besancon)主教威廉(William de la Tour)命令其境内的犹太人佩戴黄色标识;于 1248 年要求马格洛讷新城(Maguelonne)主教雷纳(Rainer)迫使其境内犹太人穿区别于基督徒、神职人员和普通人的衣服;于 1250 年命令科尔多瓦主教古特尔(Gutierre Ruiz Dolea)强迫犹太人佩戴标识;于 1254 年要求康斯坦茨(Constance)主教埃伯哈德(Eberhard of Waldburg)严格执行

---

① Simonsohn, Vol.1, No.62, p.64.

② Simonsohn, Vol.2, No.647a, pp.755 – 76.

③ Simonsohn, Vol.1, No.124, pp.128 – 29.

④ Simonsohn, Vol.1, No.96, p.101; No.99, p.103; No.102, pp.105 – 06; No.115, p.118.

⑤ Simonsohn, Vol.1, No.136, p.145.

要求犹太人佩戴标志的规定。[①] 亚历山大四世(Alexander IV)于 1258 年要求并警告法国国王路易九世(Louis IX, 1214 年 4 月 25 日—1270 年 8 月 25 日),安茹(Anjou)和普罗旺斯(Provence)伯爵以及勃艮第公爵让管辖内的犹太人佩戴标志。[②] 格来孟四世(Clement IV)于 1267 年命令法国普瓦图(Poitou),图卢兹(Toulouse)和普罗旺斯(Provence)领地内的主教们保证犹太人佩戴特殊标志。否则将对违背的人进行严格惩罚。[③] 格来孟六世(Clement VI)于 1345 年授权圣若望医院骑士团(Hospitallers of St. John)在罗马和佩萨罗(Pesaro)的教区长若望(John de Riparia)迫使犹太人佩戴标志。[④] 乌尔邦五世(Urban V)于 1365 年授权普罗旺斯元老和阿尔勒主教对阿尔勒的犹太人实施限制,犹太人必须与基督徒分开居住,并必须佩戴标志。[⑤] 玛尔定五世(Martin V)于 1420 年批准希俄斯(Chios)主教伦纳德·帕拉维奇尼(Leonard Palavicini)的请愿书,允许他强制希俄斯的犹太人佩戴标志。[⑥] 尼各老五世(Nicholas V)于 1452 年授命博洛尼亚主教菲利普(Philip Calandrino)强迫犹太人佩戴特殊标志,尽管之前的他们享有特权,但该特权已被取消,现在仍需佩戴,否则将处以监禁和 1,000 金弗罗林的罚款,这些钱一半供给教宗府,一半供给博洛尼亚政府。[⑦]

与税收政策一样,总有一些犹太人因为教宗受到来自世俗统治者的压力,或者教宗的宽待可免于佩戴标志。教宗何诺略三世在发布了多个要求犹太人佩戴标志的信件后,又于 1220 年书信给塔拉戈纳(Tarragona)主教,同意犹太人不用佩戴特殊身份标识。这一决定基于国王詹姆斯一世的请愿,他有一位犹太医师。[⑧] 波尼法九世(Boniface IX)也于 1399 年确认罗马元老院于 1376 年 4 月 92 日授予已故教宗外科医生兼教宗府成员曼努埃尔(Manuel)之子安杰洛(Angelo)及其后裔的特权,该特权于 1385 年 8 月 8 日得到确认,其中包

---

① Simonsohn, Vol. 1, No. 175, pp. 185 – 86;189, p. 199; No. 192, pp. 192 – 201; No. 203,
p. 209.

② Simonsohn, Vol. 1, No. 211, pp. 215 – 16.

③ Simonsohn, Vol. 1, No. 232, pp. 239 – 40.

④ Simonsohn, Vol. 1, No. 366, pp. 388 – 89.

⑤ Simonsohn, Vol. 1, No. 406, pp. 431 – 32.

⑥ Simonsohn, Vol. 2, No. 599, p. 685.

⑦ Simonsohn, Vol. 2, No. 804, p. 983.

⑧ Simonsohn, Vol. 1, No. 108, p. 111.

括免除对犹太人的征税,为罗马犹太社区减税,以及免于佩戴犹太标志。① 英诺森七世(Innocent VII)于 1406 年下令保护安格鲁斯(Angelus Salomonis)和他的儿子米勒(Mele),并免除佩戴犹太标志。② 欧吉尼四世(Eugenius IV)于 1439 年宣布在意大利的犹太人享有特权,即他们不必佩戴过去必须佩戴的标志以外的标志,其具体细节如下:他们只有在那些通过某种标志很容易被认出是犹太人的地方才可以免于佩戴标志;如果不是,他们就必须佩戴英诺森三世规定的标志。③

除了穿着上的限制,犹太人的出行也受到相应的政策约束。例如本笃十三世(Benedict XIII)于 1415 年对犹太人在阿尔卡尼兹(Alcaniz)或萨拉戈萨(Saragossa)教区内属于卡拉特拉瓦(Calatrava)教团管辖的其他地方的逗留时间做出了规定,在集市日禁止逗留超过十五天,其他时间不得超过三天,以避免与当地皈依的犹太人接触。④ 限制出行中的最重要的一点是犹太人在复活节期间被禁止出现在公共场合,尤其是耶稣受难日,据说这主要是为了防止他们嘲笑基督徒,但这也可能是庇护犹太人的一种方式,因为基督徒很可能会对在复活节期间出门在外的犹太人采取暴力行径。格来孟四世(Clement IV)于 1267 年命令法国普瓦图(Poitou),图卢兹(Toulouse)和普罗旺斯(Provence)领地内的主教们保证犹太人在圣周五(Good Friday)紧闭门窗,且于圣周(Holy Week)期间禁止出行游荡。否则将对违背的人进行严厉惩罚。⑤

与其他政策一样,出台出行限制政策的同时也必然会赋予一些特殊人士出行特许和安全通行证,其有效期短则三个月长则十年,同时还可能给予他们免于刑事起诉等优待。玛尔定五世(Martin V)曾给予犹太人伊利亚(Elia)安全通行证,允许其自由往返罗马和其他教宗领地;于 1422 年给予科里(Cori)的罗马犹太人安格鲁斯(Angelus Salomonis)一年有效的安全通行证,允许他访问罗马和其他教宗领地,尽管他可能已经欠下了债务;于 1424 年给予犹太人莫伊塞(Moyse Habrahe)访问罗马一年的安全许可,包括在此期间免于刑事起诉和报复。但他仍有可能被民事起诉,索要欠款和物品。玛尔定五世

---

① Simonsohn, Vol. 1, No. 487, pp. 518 – 24.
② Simonsohn, Vol. 2, No. 571, p. 637.
③ Simonsohn, Vol. 2, No. 733, pp. 858 – 59.
④ Simonsohn, Vol. 2, No. 530, pp. 585 – 86.
⑤ Simonsohn, Vol. 1, No. 232, pp. 239 – 40.

(Martin V)于 1430 年允许目前在费尔莫的罗马犹太医生加约(Gayo Salomonis)前往罗马和教宗领地的其他地方,给予他有效期为六个月的安全通行证。在此期间,加约及其家人将免于刑事起诉,但不能免于民事诉讼和私人债务。[①] 欧吉尼四世(Eugenius IV)于 1432 年给予罗马犹太人加利鲁斯(Gaiellus de Bonaiuto)前往罗马和教宗领地的安全通行证,有效期至另行通知。在此期间,只要他与罗马的教宗代理达成协议,他将免于一切刑事起诉。[②] 欧吉尼四世(Eugenius IV)于 1435 年给予所有应邀参加博洛尼亚主教之子吉勒穆斯(Guillermus)婚礼的宾客在教宗领地内旅行有效期为三个月的安全通行证。在此期间,他们将免受任何伤害和犯罪,以及民事和刑事索赔的起诉;于 1436 年允许罗马医生艾拉(Elia Sabbati)及其亲属和他的儿子达味(David)、比萨的依撒格(Isaac)等访问耶路撒冷并返回。基督教船长和船主可以运送他们;基督教当局应允许他们自由通行;于 1437 年给康西利乌斯(Consilius)之子从卡拉布里亚(Calabria)到整个教宗领地旅行的安全许可,有效期十年。在此期间,他将免受民事和刑事伤害、犯罪和起诉。[③]

第十一节　宗教书籍政策

犹太教最主要和最原始的宗教经典权威为《塔纳赫》或称《希伯来圣经》,其在内容上很大程度上与基督宗教的《旧约》相一致。除此之外,拉比犹太教,也就是第二圣殿后占主流的犹太教,还信奉口头传统,即有一些口述的律法及律法的解释也由雅威在西奈山上传给了梅瑟,又由梅瑟传给了希伯来人,而后他们又将该口述传统的内容整理成文字,便形成了犹太教另一权威经典文献-《塔木德》。然而对于基督教来说《塔木德》则是犹太人之所以不肯接受基督教信仰,持续顽固不化的根源,并认为该书中充满了诋毁基督教的内容,因此,对《塔木德》的审查甚至是查收成为了教宗们打压犹太教的重要手段。亚历山大四世(Alexander IV)于 1258 年要求并警告法国国王路易九世(Louis IX,1214 年 4 月 25 日—1270 年 8 月 25 日),安茹(Anjou)和普罗旺斯(Provence)

---

① Simonsohn, Vol.2, No.581, pp.665 – 66; No.617, pp.716 – 17; No.627, p.729; No. 628, pp.729 – 30; No.669, pp.788 – 88.

② Simonsohn, Vol.2, No.691, p.813.

③ Simonsohn, Vol.2, No.717, p.840; No.718, pp.840 – 42; No.722, pp.847 – 48.

伯爵以及勃艮第公爵没收其管辖内的《塔木德》文本。① 何诺略四世（Honorius IV）于 1286 年授权坎特伯雷大主教若望·佩卡姆（John Peckham）和他的副手对英格兰的犹太人进行起诉，涉及对《塔木德》的查收。该信件的副本也寄给了约克大主教和埃夫勒（Evreux）大主教。② 亚历山大五世（Alexander V，1409 年 6 月 26 日—1410 年 5 月 3 日在位）于 1409 年委托方济各会士兼阿维尼翁、威内桑县（Comtat Venaissin）、普罗旺斯、多菲内（Dauphine）和法国南部其他地区的宗教裁判官庞斯·费热龙（Pons Feugeyron），根据额我略十二世和本笃十三世发布的命令，打击分裂分子、异端、参与异端活动和使用魔法等的基督徒和犹太人，以及试图诱使皈依基督教的犹太人返回犹太教并用《塔木德》和其他犹太书籍腐蚀思想的犹太人。③

　　除了专门打压《塔木德》之外，对于其他有亵渎基督教内容的犹太文本也必须大力查收。额我略九世（Gregory IX）于 1239 年书信于法国、英格兰、卡斯蒂利亚（Castile）和里昂的主教们，要求他们在 1240 年 3 月 3 日，当犹太人在会堂过安息日时没收所有犹太书籍。之后将这些书交给方济各会和道明会处理。同年，教宗又书信葡萄牙国王桑乔二世（Sancho II），要求他没收犹太书籍，交于方济各会和道明会。书信于巴黎主教及巴黎的道明会与方济各会，要求他们共同敦促法国、英国、阿拉贡、纳瓦拉（Navarre）、卡斯蒂利亚和葡萄牙的犹太人上交他们的书籍，并焚烧那些被判定有冒犯和谋反基督教的内容的书籍。④ 英诺森四世（Innocent IV）于 1244 年要求法国国王路易九世烧毁其境内的《塔木德》文本以及其相关评论书籍；于 1247 年要求并劝告路易九世配合教宗使节和枢机主教沙托鲁的奥多（Odo of Châteauroux，1190 年—1273 年 1 月 25 日）对《塔木德》和其他犹太教文献的再审核，对奥托的判定予以实施。⑤ 格来孟四世（Clement IV）于 1267 年书信至西班牙塔拉戈纳（Tarragona）主教本笃（Benedict de Rocaberti）没收《塔木德》和犹太人的相关评论，其他相关书籍需要认真审查；同时教宗也书信于阿拉贡国王詹姆斯一世

---

① Simonsohn, Vol. 1, No. 211, pp. 215 – 16.
② Simonsohn, Vol. 1, No. 255, pp. 262 – 64.
③ Simonsohn, Vol. 2, No. 583, pp. 658 – 60.
④ Simonsohn, Vol. 1, No. 163, pp. 172 – 73; No. 164, pp. 173; No. 165, pp. 174.
⑤ Simonsohn, Vol. 1, No. 171, pp. 180 – 82; No. 187, pp. 196 – 97.

没收《塔木德》和其他希伯来语书籍,并要求国王协助本笃完成他的工作。① 若望二十二世(John XXII)于 1320 年授权法国布尔日(Bourges)、图卢兹和巴黎的大主教们及其下属警告基督徒反对《塔木德》和其他犹太影响,因为这些影响不利于基督教信仰。要没收犹太人的《塔木德》和其他希伯来文书籍,并烧毁那些被发现含有亵渎和其他错误的书籍。引用了格来孟四世和奥诺里乌斯四世以及沙特鲁的奥多的类似指示。② 额我略十一世(Gregory XI)于 1373 年授权塔拉戈纳(Tarragona)大主教伯多禄(Peter Clasqueria)和阿拉贡宗教裁判官、道明会会士尼各老(Nicholas Eymerich)检查已故道明会会士、犹太改教者雷蒙德斯(Raimundus de Tarrega)所写的书。如果书中包含异端邪说,他们将烧毁这些书。③

第十二节　犹太会堂政策

关于犹太人进行宗教活动的最基本和最主要的场所,即犹太会堂,教廷也有诸多限制政策。首先,根据《犹太人庇护训谕》我们知道犹太人应有的权利不能被剥夺,但是他们也不能享有法律规定之外的自由,其中的一项就是他们的宗教实践,例如祈祷活动不能打扰(无论是在规模上、数量上还是在声音上)其周围的基督教邻居,否则便会将其赶走或者摧毁会堂。由于收到来自科尔多瓦(Cordoba)副主教和神职人员的抱怨,英诺森四世(Innocent IV)于 1250 年命令科尔多瓦主教古特尔(Gutierre Ruiz Dolea)对当地犹太会堂"不必要的高"这一问题采取行动。④ 格来孟四世(Clement IV)于 1265—1268 年之间发表的一篇训谕列出了波兰犹太人的一些罪证,其中包括犹太人在一个地区建造一座以上的会堂,且这些建筑物过高过奢华。⑤ 本笃十二世(Benedict XII)在 1335 年接到布拉斯伯格(Pressburg)的熙笃会教团的院长和修道院抱怨犹太会堂的祈祷声干扰了他们之后,授权格兰大主教詹德兰(Chanadin de

---

①　Simonsohn, Vol.1, No.228, pp.233-35; No.229, pp.235-36.
②　Simonsohn, Vol.1, No.309, pp.321-23.
③　Simonsohn, Vol.1, No.430, pp.456-57.
④　Simonsohn, Vol.1, No.191, p.200.
⑤　Simonsohn, Vol.1, No.221, pp.225-26.

Telega)，如果事实得到证实，则摧毁布拉斯伯格犹太人建造的会堂。① 玛尔定五世(Martin V)于 1427 年批准卡斯蒂利亚的凯瑟琳王后(Infanta Catherine of Castile)提交的申请，将奥卡尼亚(Ocaña)两座犹太会堂中的一座改建成教堂。在弗拉(Fra Vincente)传教后，奥卡尼亚的犹太人数量因改教而减少，他们不再需要两座犹太会堂。②

　　在大多数的情况下不可新建犹太会堂，只能在有必要的时候进行维修，且如前文所说，其高度或者奢华程度不可超过基督教堂。例如格来孟四世(Clement IV)于 1267 年命令法国普瓦图(Poitou)，图卢兹(Toulouse)和普罗旺斯(Provence)领地内的主教们保证犹太人不建立新的会堂，否则将对违背的人进行严格惩罚。③ 当然，为了公平和社会安定，后期也有教宗为了安顿犹太人而允许建立新犹太会堂的记录。本笃十三世(Benedict XIII)于 1404 年授权萨莫拉(Zamora)主教阿方索(Alfonso de Illescas)允许托罗的犹太人在他们被驱逐出托罗，他们的两座犹太会堂被改建为教堂以及卡斯蒂利亚和莱昂国王亨利三世允许他们返回托罗之后修建一座犹太会堂。④ 欧吉尼四世(Eugenius IV)于 1440 年批准美因茨镇提交的未经该镇同意不允许犹太人返回的请愿书。如果犹太人返回，美因茨镇将负责为他们提供会堂，以弥补会堂被改建成小礼拜堂的问题。⑤

　　另外，我们在教宗的通讯中还发现了许多犹太会堂被改建成基督教堂的案例。它们或者是被直接征用，或者由于犹太人都改教基督徒或者被驱逐而废弃后被征用。若望二十二世(John XXII)于 1317 年给予马略卡岛(Majorca)主教威廉·比拉诺瓦(William de Villanova)的委托和授权，要求他帮助转移犹太人被驱逐后在当地犹太会堂的位置上建立的小教堂。由于犹太人的返回，有必要将该小教堂搬到一个基督教区。⑥ 于 1323 年宣布在新堡(Châteauneuf)建立一个小教堂以取代犹太会堂。又于 1331 年重复宣布该计划。⑦ 格来孟七世(Clement VII)于 1379 年批准方济各会(或道明会)的申请，

---

① Simonsohn, Vol.1, No.351, p.369.
② Simonsohn, Vol.2, No.647a, p.756.
③ Simonsohn, Vol.1, No.232, pp.239-40.
④ Simonsohn, Vol.2, No.515, pp.566-67.
⑤ Simonsohn, Vol.2, No.737, pp.862-63.
⑥ Simonsohn, Vol.1, No.294, pp.302-03.
⑦ Simonsohn, Vol.1, No.321, pp.337-38; No.344, pp.362-63.

在纳瓦拉国王查理二世（Charles II, king of Navarre）赠与的桑圭萨（Sangüesa）前犹太会堂地址上重建该会的修道院和教堂。① 本笃十三世（Benedict XIII）于1414年授权莱里达（Lerida）官员允许莱里达教区塔马里特（Tamarite）的卢多维库斯·贝内迪克蒂（Ludovicus Benedicti）将当地的犹太会堂改建为小教堂，并将其附属的一些房屋改建为穷人医院。由于塔玛里特的大多数犹太人都皈依了基督教，因此这处房产已被遗弃。② 本笃十三世（Benedict XIII）于1415年授权韦斯卡（Huesca）官员将巴巴斯特罗（Barbastro）的犹太会堂改建为教堂，并将邻近的空间改建为墓地。③ 欧吉尼四世（Eugenius IV）于1440年授权（如果事实成立）美因茨的圣若望学者允许该镇将被驱逐的犹太人的前犹太会堂改建成一座小教堂。④ 尼各老五世（Nicholas V）于1451年批准滕迪利亚（Tendilla）领主提出的将瓜达拉哈拉（Guadalajara）的犹太会堂改建为小教堂的请愿。⑤

会堂被征用后所遗留的犹太人的财产往往都被划归为新教堂的建设费用。若望二十二世（John XXII）于1321年宣布在贝达里德（Bedarride）建立一座小教堂，地点是犹太人居住在该城时使用的会堂，列出从犹太人那里获得的用于维护的财产。教宗又于1328年重复宣布该计划。⑥ 在犹太人被驱逐和犹太会堂被夷为平地之后，若望二十二世于1323年5月27宣布在卡彭特拉斯（Carpentras）建立一个圣玛丽小教堂，以取代犹太会堂，并分配财产，其中一些属于犹太人的财产用以支持小教堂的建设及其教士的供养。7月1日和9日分别为该教堂任命了三位和两位新神父。1326年11月5日宣布为支持该教堂建设分配更多财产。英诺森六世（Innocent VI）也曾提到过该教堂。⑦ 本笃十三世（Benedict XIII）于1414年授权莱里达（Lerida）官员在蒙松（Monzon）由犹太会堂改建而成的教堂建成后，利用附属于前犹太会堂的两个

---

① Simonsohn, Vol.1, No.445, pp.474 - 75; No.446, pp.475 - 76.

② Simonsohn, Vol.2, No.523, pp.577 - 78.

③ Simonsohn, Vol.2, No.536, pp.591 - 92.

④ Simonsohn, Vol.2, No.735, pp.860 - 61.

⑤ Simonsohn, Vol.2, No.785, pp.948 - 49.

⑥ Simonsohn, Vol.1, No.312, pp.326 - 27; No.313, pp.327 - 28; No.337, p.353.

⑦ Simonsohn, Vol.1, No.322, pp.338 - 40; No.323, pp.340 - 41; No.324, p.341; No.334, pp.349 - 50; No.377, p.404.

教会捐赠基金的收入设立一个慈善机构。①

第十三节　宗教裁判所

宗教裁判所承担着发现、审查和惩罚异端的责任。例如玛尔定五世（Martin V）于 1418 年确认并批准任命方济各会士庞斯（Pons Feugeyron）为阿维尼翁、威内桑县（Comtat Venaissin）和法国其他省份的宗教裁判官，负责打击异教徒、巫术师、改教后恢复原信仰的犹太人、犹太法典以及声称高利贷无罪的人。于 1427 年批准方济各会士若望·卡皮斯特拉诺（John Capistrano）提交的请愿书，将其作为意大利宗教裁判官的权力扩大到包括所有异端邪说。② 然而在宗教裁判所及里面任职的裁判官在一定程度上也成为了迫害犹太人的"刽子手"。教宗一方面给予他们无限的审查权限，让他们尽最大可能帮助教会清除各种阻碍。最具代表性的材料便是格来孟四世（Clement IV）于 1267 年 7 月 27 日发布了一份名为《怀着一颗不安的心》（*Turbato corde*）的训谕，旨在将宗教裁判官的审讯权扩大到犹太人，因为教会怀疑犹太人鼓励他人皈依犹太教。教宗命令宗教裁判官，道明会和方济各会修士想办法抵制犹太化基督徒的现象，惩处犹太基督徒和那些引诱基督徒过犹太式生活的人。③ 尼各老四世（Nicholas IV）于 1288 年重新发布了该训谕抵制犹太化基督徒的现象。又于 1290 年向罗马的主教重复发布了该训谕。④

另一方面，面对宗教裁判官几乎失控的审查，有时甚至在没有证据的情况下随意定罪，社会稳定严重遭到破坏，大量的抱怨和请愿书被送到教宗那里，因此教宗也频繁发布命令质疑宗教裁判官的结论并限制宗教裁判官的行为。英诺森六世（Innocent VI）于 1360 年批准阿尔勒（Arles）、马赛（Marseilles）以及普罗旺斯和福尔卡尔基耶（Forcalquier）等郡的犹太人的请愿书，请愿书要求宗教裁判官向他们提供指控和证据的副本，并要求他们在没有当地主教或其官员的陪同下不得对犹太人提起诉讼。同时也对宗教裁判官发布了同样的

---

① Simonsohn, Vol. 2, No. 528, pp. 583 – 84.
② Simonsohn, Vol. 2, No. 590, pp. 667 – 69; No. 646, pp. 753 – 54.
③ Simonsohn, Vol. 1, No. 230, pp. 236 – 37.
④ Simonsohn, Vol. 1, No. 260, pp. 267 – 68; No. 266, pp. 275 – 76.

指令。① 额我略十一世(Gregory XI)于 1372 年向阿维尼翁、普罗旺斯、威内桑县(Comtat Venaissin)的犹太人确认波尼法八世(Boniface VIII)发布的公告,禁止宗教裁判所在不指明指控者姓名的情况下对犹太人提起诉讼,并允许犹太人进行正常的辩护程序。② 格来孟七世(Clement VII)于 1383 年批准桑斯(Sens)、鲁昂(Rouen)、兰斯(Rheims)和里昂(Lyons)教区和相关省份的犹太人提出的请愿书,即今后他们不受宗教裁判所的管辖,而受当地教会的管辖;于 1384—1385 年间确认圣西莫里安–德奥松(Saint-Symphorien-d'Ozon)的犹太人不受宗教裁判所管辖。③ 波尼法九世(Boniface IX)于 1391 年授权罗曼迪奥拉(Romandiola)和安科纳(Ancona)行省的主教保护基督徒和犹太人免受宗教裁判官的迫害,除非他们有法律授权或特殊特权;于 1403 年授权卡拉布里亚(Calabria)公国和奥特朗托(Otranto)的大主教和主教,在犹太人,包括从阿拉贡和其他地方移民过来的犹太人提出申诉后,确保由一般法庭审判犹太人,并禁止宗教裁判官的审判。④ 有些地区的基督徒甚至会向教宗请愿庇护犹太人不受宗教裁判所的迫害。例如,玛尔定五世(Martin V)于 1418 年批准阿维尼翁基督教社区的请愿,即每当宗教裁判官希望对犹太人提起诉讼时,应让教宗代理的代表在场,并接受犹太商人就价值不超过 25 弗罗林(florins)的交易进行的宣誓,但必须有一名基督徒证人作证,以及让犹太人在三年后拥有或出售未赎回的典当品的权利。⑤ 本笃十三世(Benedict XIII)于 1408 年委托塞戈贝(Segorbe)的教长贝尔纳多斯·福蒂斯(Bernardus Fortis)审理阿斯特鲁加一案,阿斯特鲁加(Astruga)是塔拉戈纳省(Tarragona)瓦伦西亚(Valencia)教区的犹太妇女,她是所罗门·阿本马鲁韦兹(Salomon Abenmaruetz)的遗孀,她被裁判官和其他法官以异端罪起诉。⑥ 玛尔定五世(Martin V)于 1421 年 12 月 1 日在阿维尼翁的犹太人提出控诉后,更新、确认和批准教宗前任的声明和指示:在宗教裁判所控告他们的案件中,必须通知他们证人和控告者的姓名,犹太人应有权要求辩护律师。除宗教裁判所受理的

---

① Simonsohn, Vol.1, No.384, pp.410-11; No.385, pp.411-12.
② Simonsohn, Vol.1, No.422, pp.448-49; No.423, p.449; No.424, p.450.
③ Simonsohn, Vol.1, No.458, pp.486-88; No.463, p.493.
④ Simonsohn, Vol.1, No.479, pp.510-11; No.502, pp.547-48.
⑤ Simonsohn, Vol.2, No.593, pp.673-74.
⑥ Simonsohn, Vol.2, No.518, pp.570-71.

案件外,犹太人的唯一法官是临时法院的法官、教宗内侍或教宗在阿维尼翁的总主教或他们的副手。①

除此之外,由于宗教裁判所做为相对独立的审判机关,对犹太人的处罚不仅会影响到世俗统治者的利益,也会与当地教会间产生冲突。他们将犹太人的钱财没收,犹太人就无法再上交国王或者当地主教他们的收入税,这便影响了皇室和教会的财政收入。若望二十二世(John XXII)于1328年禁止意大利南部的宗教裁判官在未经特拉尼(Trani)当选大主教巴塞洛缪(Bartholomew Brancaccio)许可的情况下对犹太人或改教者进行诉讼审判,有效期为三年。因为大主教抱怨宗教裁判官正在压迫犹太人和改教者,因此他的教会的财政利益受到了影响。②

本章小结

根据前文的举例分析,我们可以将教宗的总体犹太政策总结如下:

1. 与基督徒和犹太人的交往相关政策

首先,在社会交往中,基督徒需与犹太人分开。但考虑到完全分开并不现实,犹太人需要依靠基督徒作为其生意的顾客,不准与基督徒接触则成为了教会威胁或者惩罚犹太人的一种手段。其次,政策上的要求分离与人们私下的频繁交往冲突,因此很多犹太人与基督徒在身份认同上很模糊,尤其是很多基督徒会被犹太仪式所吸引,这便导致了"犹太化基督徒"的出现,以及改教后的犹太人仍继续原有犹太教仪式和律法的现象,对于这两种情况,所有的教宗都采取了零容忍的态度,坚决打压。

2. 与受洗和改教相关政策

首先,原则上,中世纪所有教宗都一遍遍地强调反对强迫受洗与暴力改教。但一般认为,改教后不可再恢复原有信仰,无论是否自愿。但也存在少许教宗批准取消强迫受洗的记录。然而,尽管反对强迫受洗,强迫犹太人参加改教布道的命令比比皆是。教宗们应该认为通过强迫参加改教布道后的受洗并非出于自愿。其次,教宗们会采取一定的激励政策鼓励基督徒帮助犹太人改

---

① Simonsohn, Vol.2, No.610, pp.700-03.
② Simonsohn, Vol.1, No.336, pp.352-53.

教,最常见的就是给予他们特赦。同样的,教宗也会通过保证改教后的犹太人享有与基督徒同样的权利而使他们没有后顾之忧。许多改教后的犹太人都会得到一定的生活补给甚至获得圣职。最后,像教宗反对"犹太化基督徒"一样,对于那些改教后又重新恢复犹太信仰的人,要像对待其他异教徒或异端一样严厉。

3. 与指控和迫害相关政策

首先,教宗们命令禁止对犹太人的虚假指控和由此而产生的迫害行径。他们基本都明确知道"血祭诽谤"与"宿主亵渎"发生的概率极低,因为这样的行为是犹太人的律法所禁止的。因此教宗往往纠正因此产生的不公,发布保护性训谕,充当保护者。其次,为了保护更有效力,教宗会对实施虚假指控和迫害犹太人的罪犯进行惩处。然而,当犯罪者是神职人员时,教宗往往赦免他们的罪过。我们仅找到了一例相关惩罚,其余都是对神职人员犯罪后的赦免。

4. 与债务和十字军相关政策

关于放债问题首先我们需要明确的是,借款行为不仅仅发生在犹太人身上,基督徒也会担任债主,借给他人高利贷。然而,教宗们明令禁止高利贷行为,又因从事高利贷的犹太人居多,这便成为了他们在基督教社会中最严重的罪责之一。但教宗们一般会保证借款人,其中既有基督徒也有犹太人,借出去的本金得到按时归还。但当教宗收到请愿请求延期归还本金时,他们经常给予同意,延缓的时间不定。其次,少有的教宗会根据地区发展的需要,给予一定的放贷许可。第三,对于没收的高利贷,教宗常会派遣神职人员指导世俗统治者合理利用这部分钱财,例如做慈善或者为教会提供资金。

关于十字军。首先,免除高利贷的利息,或者延缓本金的归还,是教宗们号召和吸引十字军的重要手段。其次,面对十字军在沿途的迫害行径,教宗们多次发布命令禁止伤害无辜的犹太人。

5. 与财产问题相关政策

首先,犹太人一旦改教,他们的财产原则上便归属于教会。但为了吸引更多的改教者,保证他们改教后的生活,教宗一般会批准那些请求保留自己财产的犹太人的请愿。其次,教会严禁毫无理由地掠夺犹太人的财产,但教宗也多次赦免这样做的神职人员和世俗统治者。第三,当涉及教会财产时,任何典当的或者犹太人因其他手段获得的教会财产都必须归还。

6. 与税收问题相关政策

首先,犹太人需与基督徒一样缴纳什一税。其次,除了常规的什一税之外,教会和世俗统治者还会以各种名目向犹太人征税,以支持国家、教会和军队等的发展。向犹太人征税是获得军费的重要手段。第三,面对犹太人对高昂税收的抱怨,若教宗收到相关请愿,他们一般会派遣神职人员进行调查,若事实确凿,则试图纠正不公。第四,拥有特殊身份的犹太人,例如医生,曾获得过特权的犹太人以及为教廷和皇室工作的犹太人,也会得到免税的特赦。

7. 与职业问题相关政策

首先,犹太人不能担任公职,尤其是作为基督徒的领导者或者与财务相关的工作。但对于改教犹太人则应与基督徒一样可以担任任何职务。其次,虽然一般来讲不准许犹太人为基督徒治病,但鉴于他们在理疗领域的天赋,很多犹太人可以在获得教宗的特许证后行医。第三,一些犹太人因其特殊才能也可供职于教廷和皇室,甚至获得一定的优待。

8. 与雇佣基督徒相关政策

所有犹太人严禁雇佣基督徒作为奴隶、仆人或者乳母,违者将受到教廷的惩罚,那些为了自身利益而允许其境内犹太人这样做的世俗统治者将会得到教宗的严厉批评。

9. 与婚姻相关政策

首先,基督徒与犹太人不可通婚。但教宗也会对一些特殊案例给予特赦。其次,原则上讲,基督徒的婚姻受到圣礼的见证,不可离婚,即便是婚姻一方陷入异教信仰后,也不可离婚。但若一对异教夫妇的一方改信基督教,那改信一方有权利申请离婚。第三,如果这个家庭有孩子,那么无论任何情况,孩子都应该归信仰基督教的一方抚养。

10. 与穿着和出行相关政策

在穿着上,首先为了将犹太人与基督徒区分开来,犹太人必须佩戴特定的标志,那些不按照此规定行事的世俗统治者会得到教宗的批评和谴责。其次,对于一些有特殊能力和特殊贡献的犹太人,教宗会给予他们一定的特权免除佩戴标志。

在出行上,首先在一些特定的时期,例如耶稣受难日,犹太人被限制出现在公共场合。其次,对于一些有特殊能力和特殊贡献的犹太人,教宗也会给予他们一定的特许证和安全通行证,但实效不同。

11. 与犹太书籍相关政策

首先,教宗们一致主张大力审查与没收《塔木德》和相关犹太书籍,它们被认为是犹太人拒绝基督耶稣的罪魁祸首。其次,宗教裁判所在这方面扮演了重要的角色,尤其是方济各会和道明会的会士们。

12. 与犹太会堂有关政策

首先,犹太会堂的祈祷活动不能打扰到附近的基督教社区,否则就要被移走。其次,一般不允许新建犹太会堂,只能维修,除非有特殊需求,且犹太会堂不得高于基督教堂。第三,大量的犹太会堂被改建成了基督教堂。第四,会堂被征用后所遗留的犹太人的财产往往都被划归于新教堂的建设费用。

13. 与宗教裁判所相关政策

首先,宗教裁判所起初是教会审查和惩罚异端的机构,随后其职权还扩大到了异教信仰。教宗一般会给予他们无限的审查权限,让他们尽最大可能帮助教会清除各种阻碍。其次,在冤案频出,教宗收到大量抱怨请愿后,他们也会出台相应政策遏制宗教裁判官过分的行径。例如,宗教裁判官在审判时必须提供适当的证人,其中既要有基督徒也要有犹太人;必须向民众提供证据的副本,以示公开透明;允许犹太人按照正规程序申请辩护律师等。

在以上13项事件中,我们可以看到1、8、11、12以限制为主,2、3是以庇护为主,4、5、6、7、9、10、13中既有庇护又有限制。似乎在数量上限制性政策多于庇护性政策,但若我们分析具体条目的内容,则不是如此。以庇护为主的2、3项分别是"禁止强迫受洗和改教"以及"禁止虚假指控与迫害",这两点几乎涵盖了中世纪犹太人受迫害的90%甚至以上的缘由,中世纪犹太人之所以生活在黑暗之中,主要是因为他们被要求改教基督教,他们被威胁、被压迫、被掠夺的最根本原因就是他们是异教徒,且是要在末日之前皈依的异教徒,因此暴力改教几乎是所有犹太人都曾经受过的。除了改教之外,对犹太人的虚假指控,例如血祭诽谤,宿主亵渎,黑死病等又是犹太人个人、团体乃至整个社区被迫害的最主要缘由。犹太人似乎成了一切罪行的替罪羊。而反观以限制为主的四项,"禁止与基督徒交往","禁止雇佣基督徒","查收犹太经典书籍"和"禁止修建新的犹太会堂",它们原则上并不会威胁到犹太人的生命,主要是在社会交往和宗教文本及仪式上的限制。加之我们在第一章介绍过的全程以庇护为出发点的《犹太人庇护训谕》,我们认为,教宗的总体犹太政策是以庇护为主,限制为辅,所以称为"教宗的犹太庇护政策"。

第四章　教宗的异端与异教政策、世俗政权的犹太政策

　　我们在第二章细致地研究了中世纪最有权势之一的教宗英诺森三世的犹太政策，包括其犹太政策的具体内容、文本来源、神学及社会根源和落实情况。接着在第三章，在教宗英诺森三世的犹太政策的基础上，结合原始资料，整理总结出中世纪时期罗马教宗们的普遍犹太政策。然而，犹太人并不是中世纪基督教社会中的唯一"异教徒"，伊斯兰教也是该时期重要的信仰模式之一，在面对犹太教带来的挑战的同时，教宗们也要处理与伊斯兰教相关的问题。另外，除了犹太人和穆斯林这样被称为异教徒的宗教团体或人士之外，基督教社会中还存在着大量的"异端"，即脱离正统基督教思想的教会团体。教宗们对这些异端团体的成员也采取了各种打压和控制手段。为了体现教宗犹太政策的程度与趋向以及教宗对待各类异教和异端人群的感情色彩的异同，本章将首先聚焦教宗的其他异教政策，主要集中于教宗对伊斯兰教的态度与政策，然后再扩展到教宗的异端政策，以期与教宗的犹太政策做对比。通过对比试图分析出，教宗们对犹太群体的普遍政策是否与教宗的异端和异教政策相等同，犹太人在教宗们心中究竟是否是一种特殊的存在，以及教宗是否对犹太人采取了某种程度上的"优待"。

　　尽管教宗是中世纪基督教社会中的至高存在，但是他们与世俗统治者之间的博弈却从未停止过。虽然"凯撒的，就应归还凯撒；天主的，就应归还天主。"(《玛窦福音》22：21)，即教宗与世俗统治者分管不同的领域，但真实世界中政治、经济、文化、宗教等因素是无法明确地区分开来的，它们复杂地纠缠在一起，因此，关于犹太人的问题也无法明确划归于教宗或者世俗统治者。宗教上的分歧或许可以由教宗处理，但是教宗们又会委任当地世俗统治者查找或

者审判危害教会利益的异教徒或异端。而在经济利益上的不同考虑又会导致教会和政府以不同的态度对待犹太人,教宗们认为犹太人放贷会消耗教会的财产进而要严厉禁止,王公贵族们则需要犹太人的经济手段和头脑为其提供源源不断的财富,因此双方对待犹太人的态度和政策有时会有着明显的不同。更重要的是,世俗统治者没有一个统一的处理犹太人问题的标杆,全凭自身利益和好恶,需要他们时便处处宽待,不需要时则大力迫害甚至驱逐出境。为了更好地了解教宗犹太政策的偏向与感情色彩,我们在将教宗的犹太政策与教宗的异端异教政策进行横向比较后,再简单阐述同时期世俗统治者的犹太政策,以期纵向比较中世纪时期不同的统治阶级,即教宗和世俗统治者根据自身利益而采取的不同犹太政策。

第一节　教宗的异端或异教政策

虽然很多教宗在承认犹太人需受到应有的保护的同时,还要求他们过着离散、被征服和卑微的生活,因为这表明了他们在上帝眼中的堕落,但总的来说,这些政策比教会对其他异教徒或基督教异端的政策要宽容得多。

一、教宗的异教政策

教宗亚历山大二世(Alexander II,1061年10月1日—1073年4月21日在位)认为,对待撒拉逊人,即阿拉伯人,要与犹太人有所不同,若前者骚扰基督徒,对他们发动战争是合法的,然后要把他们驱逐出去,但对于后者却不可这样,因为他们正准备为上帝服务。[1] 就拿医生这个职业来说,事实上,一些历史学家认为,到13世纪,犹太人在几个欧洲国家的医生中约占50%。[2] 他们在法国南部、意大利和西班牙似乎特别常见。这一大量占比的原因也许是因为基督徒更有可能容忍犹太人当医生而不是穆斯林,也许是因为犹太医生

---

[1]　拉丁全文及英文翻译参见 Amnon Linder, *The Jews in the Legal Sources of the Early Middle Ages*, pp. 452 - 53;又见 B. Blumenkranz, "The Roman Church and the Jews", in *Essential Papers on Judaism and Christianity in Conflict: from Late Antiquity to the Reformation*, Jeremy Cohen, ed., New York: New York University Press, 1991, pp. 199。

[2]　Joseph Shatzmiller, *Jews, Medicine, and Medieval Society, Berkeley*, Los Angeles, London: University of California Press, 1994, p. 1。

愿意得到比基督徒同行更少的报酬。亚历山大二世在 1063 年致信于致纳博讷大主教维弗雷多，表扬并支持他庇护犹太人的行为，同时还强调撒拉逊人作为天主教敌人的身份："所有的法律，无论是教会的还是世俗的，都谴责杀人流血，因此因这种原因审判犹太人需慎重，除非对真正的罪犯进行审判并惩罚，或者审判穆斯林，因为穆斯林一直对我们怀有敌意和愤怒。因此，你们应该进行协商，并做出值得称赞的行为，因为你们没有让犹太人无缘无故地承受负担。如果有必要，我们也建议你们从现在起也这样做。"①

　　我们在第三章归纳的关于犹太人的限制政策几乎都适用于穆斯林。例如，何诺略三世（Honorius III）于 1225 年写给匈牙利国王安德烈二世（Andrew II，1177 年—1235 年 9 月 21 日）以及当地神职人员的信中勒令停止任命犹太人和异教徒公职的行为，穆斯林拥有基督徒奴隶的现象是不可容忍的。② 格来孟四世（Clement IV）于 1266 年左右书信至阿拉贡国王詹姆斯一世（James I，1208 年 2 月 2 日—1276 年 7 月 27 日），表扬他攻打撒拉逊人的行为。③ 1285 年，何诺略四世（Honorius IV，1285 年 5 月 20 日—1287 年 4 月 3 日在位）批准了《西西里王国组织宪法》（Constitutio super Ordinatione Regni Siciliae），这是一套针对王国的规定和条例，包括规定对杀人犯的罚款，对基督徒不应超过 100 奥古斯塔尔（augustales），对犹太人和穆斯林不应超过 50 奥古斯塔尔。④ 由于犹太人的生命被认为比基督徒的价值低，因此犹太人的工作同样被认为价值低廉，而且犹太人相比穆斯林似乎更愿意接受这种不公。

　　与此同时，很多教宗对穆斯林的限制比犹太人多。额我略七世（Gregory VII）认为犹太人、穆斯林和异教徒们对拯救灵魂毫无用处。⑤ 额我略八世强调穆斯林不像犹太人和基督徒一样拥有同一个上帝。⑥ 他在 1311 年维埃纳公会议（Council of Vienne）颁令：在基督教的国土上不再允许宣礼员（muezzin）敲钟召唤穆斯林祈祷。之后又在 1360 年的托尔托萨教职会议，1371 年的巴

---

　　① Simonsohn, Vol.1, No.36, p.35.

　　② Simonsohn, Vol.1, No.117, pp.120 – 21.

　　③ Simonsohn, Vol.1, No.226, pp.230 – 31.

　　④ Grayzel, Vol.II, pp.155 – 57.

　　⑤ Simonsohn, Vol.1, No.41, pp.39 – 41.

　　⑥ Jessalynn Bird, Edward Peters, James M. Powell, eds., *Crusade and Christendom: Annotated Documents in Translation from Innocent III to the Fall of Acre, 1187 – 1291*, Philadelphia: University of Pennsylvania Press, 2013.

伦西亚会议重申该教令。① 额我略九世（Gregory IX）于 1231 年命令格兰
（Gran）主教罗伯特（Robert）对匈牙利境内涉及以下违反教会规章的基督徒、
犹太人和穆斯林进行教会审判：压榨基督徒穷人；任命穆斯林和犹太人处于高
于基督徒的职位；撒拉逊人与基督徒间的通婚；穆斯林购买基督徒奴隶；因贫
穷以及其他原因改教伊斯兰教；在公职部门晋升犹太人和穆斯林；收税、向神
职人员和教堂收费；剥夺教会财产；世俗法庭判定离婚案件。② 于 1233 年书信
警告匈牙利国王安德烈二世（King Andrew II，1177 年—1235 年 9 月 21 日）
改正主教罗伯特曾提到的那些错误行径，包括犹太人和穆斯林的权利高于基
督徒；穆斯林与基督徒间的性行为和婚姻；穆斯林购买基督徒奴隶并使其改信
伊斯兰教；引诱基督徒改信伊斯兰教；对教堂和神职人员的非法收税等等。教
宗威胁道，如果国王仍坚持这些行径不改正，他将被逐出教会。③ 可以看到，
涉及犹太人的限制条例必然涉及穆斯林，反之却未必。另外，伊斯兰教在某些
地方会成为基督教在政治上的敌人，必然会引发狂热的反伊斯兰教布道。

　　总的来说，教宗们对犹太人的态度是"又爱又恨"，犹太人对于基督徒并不
完全是陌生人，他们在尽自己最大的努力劝诱犹太人改教，采取的各种迫害行
为从根本上讲是希望犹太人放弃错误的信仰，做跟随真正的上帝的子民。而
对穆斯林却不是如此，伊斯兰教被当作完全的异教信仰，是错误的是需要整体
被取缔的，是竞争对手，因此对待他们也就更为严格。对于基督徒来说，撒拉
逊人（Saracens）与敌人相等同。④ 这种感情色彩甚至持续至今，在当今天主教
会的组织机构中，处理天主教与犹太教关系的部门隶属于"促进基督教合一
部"，而与伊斯兰教有关问题则属于"宗教间对话部"的职能范围。

二、 教宗的异端政策

　　异端则是指与正统基督教神学相违背的各种宗教信仰派别。英诺森三世
在召开第四次拉特兰大会后颁布了明确的关于如何处理异端分子的相关法
令，其第三条规定"已判处异端的分子，严加刑罚，没收其财产，如有世俗领主

---

　　① ［英］罗伯特·诺布尔·斯旺森著：《欧洲的宗教与虔诚，1215—1515》，龙秀清，张日元译，上
海三联书店，第 310 页。
　　② Simonsohn, Vol.1, No.126, pp.130 - 32.
　　③ Simonsohn, Vol.1, No.138, pp.147 - 49.
　　④ Simonsohn, Vol.7, History, p.13.

不遵教会要求,应由大主教对其革除教籍,如该领主一年内不悔改补过,则由教宗宣布解除其侍臣誓约,将其土地转赠给其他众教徒……",①也就是说,教会把裁定有罪的异端分子交给世俗政权惩罚(具体刑罚没有明确规定),封建领主要把他们领地内的异端分子驱逐出境,主教要强迫信徒告发所认识的异端分子,然后传唤异端分子至教会特别法庭受审,最后对异端分子实施教会法规裁定。另外,那些履行职责稍有怠慢的主教将被解除教职。② 相比之下该条令非常全面、强硬且严格,主教与世俗政府相合作,且由上至下层层监督,力求对异端进行全面的镇压。又因以革除教籍作为世俗领主不服从规定的惩罚,世俗统治者基本都会惟命是从,极力镇压异端分子。

额我略九世写信给贝拉四世国王(King Béla IV, 1206 年—1270 年 5 月 3 日)说,虽然异教徒是残忍的,但他们只折磨和惩罚基督徒的身体;犹太人背信弃义,杀害了基督,但他们只是错误地信仰着上帝;异端分子、分裂者和那些离开真信仰的人对基督徒比犹太人更危险。③ 我们可以换一个角度理解额我略的话,即异端分子偏离了正统信仰,而犹太人却不接受该信仰,作为另一种信仰持有者原则上与本信仰无关,比那些在信仰内部,破坏原本正确教义的异端分子更容易被原谅。由于犹太教在中世纪的西欧并不是一个由基督教改变而来的宗教,教宗并不会像对待纯洁派(Catharism),或者瓦勒度派(Waldensians)等其他各种异端团体那样,将犹太人视为一种直接的威胁。④

第二节　世俗政权的犹太政策

世俗统治者与犹太人的关系以及他们的犹太政策态度时时刻刻是与经济利益挂钩的。王公贵族们致力于犹太人改教并不仅仅是为了信仰,更重要的

---

① 刘明翰著:《罗马教宗列传》,北京:东方出版社,1995 年,第 82—83 页。The Fourth Lateran Council, No. 3 On Heretics. https://www. papalencyclicals. net/councils/ecum12-2. htm last accessed date July 10,2023.

② [英]爱德华·伯曼著:《宗教裁判所-异端之锤》,何开松译,辽宁教育出版社,2001 年 7 月,第 17 页。

③ Grayzel, Vol. I, pp. 206 - 11; Nora Berend, *At the gate of Christendom: Jews, Muslims and "Pagans" in Medieval Hungary, c. 1000 - c. 1300*, Cambridge: Cambridge University Press, 2010, p. 199.

④ Rebecca Rist, *Popes and Jews, 1095 - 1291*, p. 102.

是一个犹太人改教意味着他将失去对自己财产和收入的控制权。因此,犹太人的皈依会导致世俗统治者没收他的财产,但统治者们有时也会把这些财产交还给皈依者的犹太亲戚,这并不是来源于他们善心,而是为了让这些犹太人继续劳作,以便自己从中获利。通常情况下,世俗王子们不会反对宗教裁判所对皈依者的怀疑和审查,因为他们并没有失去什么。但是他们会极力反对裁判官指控、逮捕、并对未受洗的犹太人处以重金罚款,因为这将会直接影响世俗统治者的经济利益。这也是教宗与统治者在犹太人问题上常常产生分歧的主要原因之一。我们将分别对中世纪早期和中晚期以及不同国家世俗统治者的犹太政策进行简单的讨论与分析。

一、 中世纪早期世俗统治者的犹太政策

在古代晚期,世俗统治者对犹太人的态度相对宽容。例如,393 年罗马皇帝狄奥多西一世(Theodosius I, 347 年 1 月 11 日—395 年 1 月 17 日)曾发出法令惩罚任何攻击和破坏犹太会堂的基督徒。公元 438 年颁布的《狄奥多西法典》就曾申明过犹太人应有的权利,同时也对其行为进行了一定的限制。例如,16.8.1 规定犹太人不得攻击基督徒;16.8.2 规定犹太领袖或拉比与基督教神父享有同样的特权,即可以免除强制性的公共服务;16.8.9 规定基督徒不得破坏犹太会堂;16.8.20 规定基督徒不得私自占有犹太会堂的财产,不得打扰犹太人过安息日;16.9.1 规定犹太人不得拥有基督徒奴隶。[①] 当热那亚(Genoa)的犹太人在 501 年向狄奥多里克大帝(Theodoric, 454 年—526 年 8 月 30 日)求助,要求保护他们的权利不受侵犯时,他回答说:"我们很高兴批准你们的请求,古代的先见之明赋予犹太人的所有特权都将重新赋予你们。"狄奥多里克补充说:"在收到请求时,我们愿意给予你们公正的许可,我们不愿因我们的好恶而破坏了法律,特别是在我们认为与神圣的崇敬有关的事宜上。"[②]这与编写了中世纪权威性教规集《教会法汇要》的格兰西观点一致,在格兰西看来,非基督徒分为两部分,"犹太人与其他不信教者",尽管这二者都拒绝《福音书》上的拯救教导,但他们还是互有区别的。犹太人作为第一个被

---

① 参见 David M. Gwynn, *Christianity in the Later Roman Empire: A Sourcebook*, London·New York: Bloomsbury Academic, 2015, pp.172 - 75。

② Amnon Linder, *The Jews in the Legal Sources of the Early Middle Ages*, Detroit: Wayne State University Press, 1997, pp.202 - 03。

上帝选中理解神法的民族,在拯救史上占有一个特殊的地位,这是他们不同于其他异教徒的地方。①

在进入中世纪后,尽管中世纪早期的统治者对犹太人仍相对宽待,但相较于古代晚期已有明显的收紧。教宗圣额我略一世曾称赞西哥特国王雷卡雷德(Visigothic King Reccared,约 559 年—601 年 12 月)拒绝了犹太人为减轻国王对他们的严酷态度所提供的贿赂。② 在雷卡雷德统治时期,国王有三次颁布了限制性法令,分别是在 588 年,589 年托莱多举行的第三次教会会议上,以及同年在纳博内(Narbonne)举行的会议上。588 年的皇家法令涉及犹太人的基督教奴隶问题,它略微加强了《阿拉里克教规》(*Breviary of Alaric*,506 年)中制定的西哥特式立法,该教规是西哥特王国对《狄奥多西法典》的修订。③ 第三次托莱多会议处理了犹太人和基督徒之间的通婚以及这种结合的洗礼问题,犹太人的基督教奴隶,禁止犹太人担任公职,以及犹太人改信他教的相关问题。同样,这主要是对法律的有限收紧,但混合婚姻的后代问题除外,会议规定这些孩子必须受洗。④ 纳博内会议(Council of Narbonne)禁止犹太人在周日工作或在葬礼上唱诗,它还禁止基督徒咨询犹太算命师。⑤ 因此,我们看到西哥特王朝对犹太人的政策相较古代晚期更加严厉。

在 610—620 年间,西塞布特国王(King Sisebut,约 565—621 年 2 月)制定了一系列的侵略性迫害政策,他要求在伊斯帕尼亚(Hispania)和塞普蒂曼尼亚(Septimania)内禁止任何犹太教的存在,导致了大量没有改教受洗的犹太人的逃亡。⑥ 这是第一次出现在全国范围内禁止犹太教的案例。而且,雷卡雷德的收紧政策以及西塞布特及其继任者对犹太人的迫害并不是孤立事件。在六、七世纪的西欧,无论犹太人生活在哪里(西班牙、法国和意大利),都发生过这样或那样的迫害。574 年,克莱蒙特的阿维图斯(Avitus of Clermont)主教迫使当地的犹太社区在接受洗礼和被驱逐之间做出选择。582 年,墨洛温国王奇尔佩里奇(Merovingian King Chilperic,约 539 年—584 年 9

---

① 彭小瑜:《格兰西〈教会法汇要〉对非基督徒法律地位的解释》,《北大史学》,2001 年,第 170 页。

② Ibid, pp. 441 – 42.

③ Ibid, p. 217.

④ Ibid, pp. 484 – 85.

⑤ Ibid, pp. 476 – 78.

⑥ Joseph Hacohen & The Anonymous Corrector, *The Vale of Tears*, translated plus critical commentary by Harry S. May, p. 5.

月)在其控制的高卢地区进行效仿。631 年，东罗马皇帝赫拉克利乌斯（Emperor Heraclius，约 575 年—641 年 2 月 11 日）下令让其领地内的所有犹太人皈依，包括西欧的犹太人。这项法令与夺回耶路撒冷和圣墓有关，也与基督世界将被受割礼的民族摧毁的占星术预言有关。据说赫拉克利乌斯曾说服法兰克国王达戈贝尔特（Dagobert，602 年—639 年 1 月 19 日）在他的王国里发布相似法令。653 年至 686 年间，伦巴第国王阿里伯特和佩塔里特（Kings Aribert，653—661 年在位；King Pertarit，661—662 年，671—688 年在位）也采取了同样的措施。另外，圣额我略一世也提到的在意大利和法国南部发生的迫害，以及七世纪在西班牙发生的迫害。[①] 因此，我们在这里看到了席卷西欧的漫长而广泛的迫害犹太人的浪潮的开始。据我们所知，教宗只参与了其中的几个，而且主要是扮演保护者的角色。迫害是由神职人员或是由出于宗教原因或利益动机的世俗统治者实施的，由国王和教会成员密切合作。由于资料匮乏，我们无法评估这些措施对这些国家的犹太人产生的影响。但是到了八世纪，当这股浪潮消失时，这些国家中仍有犹太人，只是他们在这些事件前后的人数变化情况无法估计。

二、 中世纪中晚期世俗统治者的犹太政策

总的来讲，自中世纪开始，犹太人便处于二等甚至三等公民的地位，通常没有土地，在政治上没有权力，经常受到侮辱，并被剥夺了在基督教欧洲存在的任何固有权利。他们所获得的特权完全取决于授予者的权力和心血来潮。[②] 一旦犹太人对王公的效用降低，有时是来自教会的压力，犹太人的生命则被剥夺或者财产被没收。而且，随着教会权势的增强，自中世纪中期起，犹太人的境遇可以说是每况愈下，犹太人的黑暗时代逐渐来临。

犹太人经常寄居在某属地，该地区受某皇室掌控，当他们偶尔和基督徒出现冲突时，皇室会将罪责算在次等公民犹太人身上。例如英诺森四世在 1253 年写给维尔茨堡（Würzburg）的神父的信中就提到，当该市爆发市民暴动时，统治者得出的结论是犹太人参与到了暴力组织中并计划挑起争端。[③] 另外，

---

①　参见 Amnon Linder, *The Jews in the Legal Sources of the Early Middle Ages*, p.418。

②　David Biale, *Power and Powerlessness in Jewish History*, New York: Schocken Books, 1987, p.64.

③　Grayzel, Vol. I, pp.153 – 55.

世俗政权驱逐其领地中的所有犹太人的事件频繁发生。反犹暴乱活动的多发生地布列塔尼（Brittany）的公爵在神职人员的说服下将犹太人驱逐出他的公国，并承诺不起诉任何谋杀犹太人的人。[①] 西班牙的国王和女王曾给犹太人四个月期限做出决定，要么离开西班牙，或者留下改信基督教。在某些时候，面对性情多变的皇室及世俗政府，教宗则成为了犹太人活命的最后一根稻草。[②] 由于世俗犹太政策并不是我们研究的重点，仅作为比较研究的一部分，因此我们选取了三个最具有代表性的国家地区，其中的犹太人数量相对较多，且相对活跃，即法国、英国和西班牙[③]，解释分析各国家地区最具代表性的统治者的犹太政策，以便与教宗的犹太政策作对比。

（一）法国

腓力二世·奥古斯都（King Philip Ⅱ Augustus，1165 年 8 月 21 日—1223 年 7 月 14 日）在位期间，法国犹太社区的生存状况极度恶化。他在位仅四个月后就监禁了其王国里的所有犹太人，并要求缴纳一定赎金后才可被释放。随后在 1181 年，他废除了犹太人向基督徒提供的所有贷款，以便获得一定比例的利润，第二年，他又没收了犹太人的财产，并将犹太人赶出了王室领地。[④] 值得庆幸的是腓力二世仅影响到今天法国的一个相对较小的地区，因为当时国王的权力还仅限于该国的中部地区、法兰西岛（Ile-de-France）和周边地区。他的动机主要是敛财，而神职人员的反应则被描述为"无以复加的喜悦"。在统治初期，腓力二世批给犹太人可提供价值 15,000 马克牛奶的奶牛，这在当时是一笔非常可观的收入。然而在 1182 年，他决定宰杀这些动物，并没收了被驱逐的犹太人的主要资产和房产等。犹太人的会堂被他捐给了教会，改成了教堂。[⑤] 可见统治者的好恶可决定一切。

奥古斯都的王室传记作者圣丹尼斯的里高德（Rigord of Saint-Denis）认

---

① Grayzel, Vol. I, p. 79.

② Kenneth Stow, "The '10007 Anonymous' and Papal Sovereignty: Jewish Perceptions of the Papacy and Papal Policies in the High Middle Ages", in *Pope, Church and Jews in the Middle Ages: Confrontation and Response*, Kenneth Stow, Burlington, VT: Ashgate Publishing Company, 2007.

③ 不列举意大利的原因在于意大利为教宗所在地，该地受教宗政策影响相对于其他地区更大，若分析该地区的世俗统治者的犹太政策，可能会不客观。

④ Simonsohn, Vol. 7, *History*, p. 46.

⑤ Robert Chazan, *Medieval Jewry in Northern France: A Political and Social History*, Baltimore and London: Johns Hopkins University Press, 2019, pp. 63f.

为国王早期的反犹太运动植根于奥古斯都对基督教的关注,国王对犹太人放高利贷这一行为本身的愤怒,皇室对犹太人亵渎基督教圣所的愤怒,以及犹太人无理由谋杀他人的新指控的频繁出现。与此同时,他对犹太人采取的早期措施为他带来了急需的财政资源。[1] 16 年后,即 1198 年,国王重新允许犹太人进入他的王国,但这只是作为对大量赎金的回报,也是为了给王室带来更多收入,让犹太人继续提供金融服务。[2] 相比来讲,路易七世(Louis VII of France,1120 年—1180 年 9 月 18 日)对待犹太人相对友善,他曾请求教宗亚历山大三世放宽其境内关于犹太人的管辖,允许犹太人雇佣基督徒,并希望能在无人使用的土地上建一座犹太会堂。然而,教宗拒绝了他的请求。[3] 但这种积极态度却是十分短暂的。1223 年,路易八世(Louis VIII,1187 年 9 月 5 日—1226 年 11 月 8 日)将犹太人赶出了诺曼底,1253 年,他的儿子路易九世(Louis IX,1214 年 4 月 25 日—1270 年 8 月 25 日)再次将他们完全赶出了皇家领地。为了不让高利贷的污点玷污王室的声誉,1230 年,路易九世颁布了《梅隆条例》(Ordinance of Melun),规定基督徒不应支付贷款利息。然后在 1235 年,他命令犹太人以自己的劳动或商业为生,不得放高利贷,并在 1254 年重复了这些禁令,并宣布那些继续放高利贷的人必须离开王国。[4] 在法国的其他地区,贵族们将犹太人从布列塔尼(Brittany)、普瓦图(Poitou)、圣东日(Saintonge)、安茹(Anjou)和缅因(Maine)驱逐出去。[5]

根据以上的案例,我们发现法国王室和各地领主最主要的关注点是高利贷问题,无论是驱逐出境还是重新回到领土内,都与金钱往来息息相关。

(二) 英国

自 12 世纪末起,英国犹太人的处境每况愈下。其原因主要来自以下两个方面:其一,西欧十字军东征运动与宗教热情波及英国,犹太人遭遇到越来越多的敌视,宗教冲突愈演愈烈。其二,国王与犹太人的特殊关系逐渐瓦解。国王对犹太人的剥削转为残酷的压榨,犹太人逐渐不堪重负,普遍的贫困使他们无法向

---

[1]　Robert Chazan, *The Cambridge History of Judaism, Vol. VI, The Middle Ages: The Christian World*, Cambridge: Cambridge University Press, 2018, p.224.

[2]　Anna Sapir Abulafia, *Christian-Jewish Relations 1000－1300: Jews in the Service of Medieval Christendom*, London and New York: Routledge, 2011, p.65.

[3]　Simonsohn, Vol.1, No.59, p.62.

[4]　Abulafia, *Christian-Jewish Relations 1000－1300*, pp.78-9.

[5]　Simonsohn, Vol.7, *History*, p.57.

国王提供足够的财政支持。最终,势利的国王抛弃了对犹太人的政治保护。

1181 年,第一个正式涉及犹太人的《军事武装令》(*Assize of Arms*)出台。第七款规定:"任何犹太人不得持有锁子甲。如有则需卖掉,或者赠送与人,或者处理好它们以便为国王服务。"[①]此后,涉及犹太人的不公正法律不断出台,掠夺、迫害和屠杀犹太人的事件不断发生。显然,当英国犹太人在被规定不得拥有武装之后,他们没有自我防卫的武器,其安全也就得不到保障。在《军事武装令》颁布后的 1189、1190 年英国人对犹太人的屠杀中,他们也就只能束手就缚了。[②]

1189 年—1190 年间的大规模迫害行动拉开了英国犹太人悲惨历程的序幕。1189 年,理查一世(Richard I,1157 年 9 月 8 日—1199 年 4 月 6 日)继位,这位有着狂热宗教热情的国王对犹太人持有基督徒固有的偏见。他拒绝犹太人参加在威斯敏斯特大教堂举行的加冕典礼,带着礼物、以谦恭姿态觐见新国王的犹太人被粗暴地赶出来。[③] 国王排斥犹太人的态度向全国释放了一个公开的信号,即犹太人并不受欢迎。英国狂热的基督徒借此掀起了一波迫害犹太人的浪潮。伦敦的犹太社区遭到洗劫,许多普通犹太人被屠杀。迫害很快蔓延到全国的犹太人社区。

次年,理查一世为参加第三次十字军东征而离开了英国,留在国内的基督徒将满腔宗教热血发泄到无辜的犹太人身上。诺维奇(Norwich)、巴里(Bury)、林恩(Lynn)、斯坦福德(Stamford)等地的犹太社区遭到洗劫。约克镇暴乱的血腥程度最高,据记载,一些逃往城堡避难的犹太人在城破之前全部被迫自杀。对于反犹暴行持续的原因,除了纯粹宗教上的因素外,还有经济上的考量。诚如学者西塞尔·罗斯所说:"这次暴行的头目都是曾同犹太人做过金融生意的小贵族阶层的成员,他们金钱上的负债即使没有引起,肯定也增强了他们的宗教狂热。"[④]

---

① Joseph Jacobs, *The Jews of Angevin England, Documents and Records*, London: G. P. Putnam's Sons, 1893, p.75.

② 陈建军:《英国社会是如何对待犹太人的(1066—1656 年)?》,《经济社会史评论》,2015 年第 4 期,第 85 页。

③ Joseph Hacohen & The Anonymous Corrector, *The Vale of Tears*, translated plus critical commentary by Harry S. May, p.35.

④ [英]塞西尔·罗斯著:《简明犹太民族史》,黄福武、王丽丽等译,济南:山东大学出版社,2004 年,第 223 页。

1194 年,理查德一世颁布了《犹太人条例》(*Ordinances of the Jews*),其中规定:犹太人所有债务状况、抵押物、土地、住房、地租和其它财产都应该登记;犹太人需手按自己的卷档,发誓不隐匿上述任何东西。如果某个犹太人知道其他犹太人隐藏东西,需秘密揭发。[①] 通过这一条例,英王进一步加强对犹太人的控制,对其财产了如指掌。鼓励告密,为国王随后的勒索、治罪犹太人又开方便之门。

无地王约翰(John Lackland,1166 年 12 月 24 日—1216 年 10 月)和亨利三世(Henry III,1207 年 10 月 1 日—1272 年 11 月 16 日)统治时期,犹太人的处境也未改善。犹太人被以捕风捉影或捏造的罪名迫害和驱逐,沉重的经济压榨也使得愈益贫困的犹太人无法承受。1253 年 1 月 31 日出台的《皇家法令》(*Royal Ordinance*)是对英国犹太人更为沉重的打击。这一法令共计 13 条。法令开篇说道,犹太人如果不为国王服务,就不允许继续生活在英国。除特殊情况之外,犹太人不得离开他们居住的城镇。[②] 其他内容也重申了种种限制犹太人的措施,该法令的内容与《犹太人庇护训谕》成为鲜明的对比:

> 任何犹太人都不得留在英格兰,除非他为国王提供某种服务。任何犹太人,无论男女,在出生后都应尽快以某种方式为我们服务;
>
> 在英格兰不得有犹太会堂,除非是在约翰王时期就存在的那些会堂;
>
> 犹太人应在他们的会堂里以低沉的语调做礼拜,其方式应使基督徒无法听到他们;
>
> 凡犹太教徒,须为其所属教区的所有教民和其教区的教区长负责;
>
> 基督徒妇女不得哺育任何犹太儿童,基督徒男子或妇女不得成为任何犹太男子或妇女的仆人,也不得在他们家里吃饭或与他们同住;
>
> 任何犹太男人或女人在大斋期不得吃或买肉;
>
> 任何犹太人不得诋毁基督教,也不得在公共场合与基督徒进行争论;
>
> 任何犹太人不得与任何基督教妇女发生性关系,任何基督教男子也不得与犹太妇女发生性关系;
>
> 每个犹太人都应展示他的身份标志;

[①]　Joseph Jacobs, *The Jews of Angevin England, Documents and Records*, pp.156-58.

[②]　Albert M. Hyamson, *A History of the Jews in England*, London, New York: Macmillan, 1907, pp.80-1.

犹太人不得进入任何教堂或礼拜堂，即便是顺便进入，也不得在那里停留、蔑视基督；

任何犹太人不得以任何方式阻碍其他希望皈依基督教的犹太人；

没有国王的特别许可，任何犹太人不得进入任何城镇，但犹太人习惯居住的城镇除外。

并责成那些被指派照顾犹太人的法官确保以上要求得到执行和持续遵守，否则将没收违反上述法令的犹太人的财产。①

在大迫害之下，1254 年，犹太人监察长老伊利亚斯（Elias）不得不代表一部分犹太同胞向国王请求允许他们离开王国。因此至 13 世纪末，在迫害下忍受了一个世纪之久的犹太人面临被驱逐的命运。1275 年，爱德华一世（Edward I，1239 年 6 月—1307 年 7 月 7 日）响应教宗额我略十世关于消灭高利贷的号召，在其王国内禁止犹太人放高利贷，并强迫犹太人从事手工业、农业和商业，以"转变他们的经济职能和生活方式"。这种"头脑一热"的试验不可能在短期内取得成效，在犹太人的信仰自由和人身、财产安全均得不到保证的情况下，他们的"转行"几乎是不可能的。这一不切实际的试验在不可避免地遭遇失败之后，1290 年，爱德华一世选择了一种彻底根除犹太问题的办法——将所有犹太人驱逐出英国。根据 7 月 18 日颁布的《驱逐法令》（*Edict of Expulsion*），所有犹太人必须在万圣节前离开英国，滞留者将被处死。② 爱德华一世还算体现了一点人道主义精神，他允许犹太人携带能带走的财物，并承诺在截止日期前庇护犹太人的安全。除了极少数通过改变信仰、隐姓埋名的方式留在英国外，其他犹太人全部被迫分批搭乘停留在泰晤士河口的船只，等待他们的又是一段未知的、流散的命运。据统计，离开英国的犹太人总数多达 16000 人。

相较于法国，英国统治者对犹太人的关注点不仅限于高利贷问题，还涉及他们生活的方方面面。这一方面说明，英国的犹太人对社会影响很大，他们的产业涉及国家的各地区；另一方面也说明，英国政府对犹太人的管理更加成熟

---

① D'Blossiers Tovey, *Anglia Judaica, or, A history of the Jews in England*, Elizabeth Pearl, ed., London: Weidenfeld and Nicolson in association with M. Green, 1990, pp. 84 - 5.

② Albert M. Hyamson, *A History of the Jews in England*, London: Macmillan, 1907, pp. 98f.

和全面。此外,由于犹太人的巨大经济价值,历代英国国王一般都比较重视对犹太人商业和金融活动的保护。首先,在 12 世纪末,英国各主要城市建立了记录和存放犹太人借贷契约副本的档案柜制度。这一制度"大大方便了国王根据档案柜中的借贷契约来评估犹太人的财产和征税,同时也加强了对犹太借贷活动的管理"。其次,在伦敦设立了犹太财务署(Jewish Exchequer),作为管理各地档案柜体系、核算和监督犹太人纳税以及处理犹太人案件的综合机构。该机构的负责人最初由两名犹太人和两名基督徒共同担任,后来全部改为基督徒。第三,设置"犹太监察长老"(Presbyter Judaeorum)职务,由国王直接任命,其主要职责是"在英国各地的犹太社区之间分摊赋税和各种罚金",作为国王管理和压榨犹太人的代理人。①

(三) 西班牙

随着基督教统治者从穆斯林手中逐渐抢回对西班牙的控制权,犹太人的情况开始好转。托莱多的征服者阿方索六世(Alfonso VI, 1040 年 6 月—1109 年 7 月 1 日)对他们持宽容和友好态度。他甚至向犹太人提供了与基督徒完全平等的待遇和赋予贵族的权利,希望吸引富有和勤劳的犹太人离开摩尔人(Moors)。为了表示他们对国王给予他们的权利的感激和对阿尔摩哈德王朝(Almohads)的敌意,犹太人自愿在国王的军队中服务。有 4 万名犹太人服役,他们以黑黄相间的头巾与其他战斗人员区分开来。国王对犹太人的偏爱非常明显,导致教宗额我略七世(Gregory VII, 1073 年 6 月 30 日—1085 年 5 月 25 日在位)曾警告他不要允许犹太人统治基督徒。②

在阿拉贡国王詹姆斯(King James of Aragon, 1208 年 2 月 2 日—1276 年 7 月 27 日)统治时期,西班牙君主开始对犹太哲学和宗教感兴趣,可能是为了更好地了解犹太人并说服他们改教。1263 年,詹姆斯国王召集了一个由道明会会士和犹太教神职人员组成的特别会议,就三个关键的神学问题进行辩论:弥赛亚是否已经出现,弥赛亚是神的还是人的,以及哪种宗教才是真正的信仰。这就是著名的巴塞罗那论争(Disputation of Barcelona)。结果与其他论争一样,以犹太人失败告终。

然而当亨利二世(Henry II of Castile, 1334 年 1 月 13 日—1379 年 5 月

---

① Ibid, pp. 50f.
② Simonsohn, Vol. 1, No. 40, p. 38.

29 日）于 1369 年再次登上王位时，犹太人开始了一个痛苦和被迫害的新时代。他制定了一系列法令，在政治上、经济上和身体上削弱了犹太人的力量。他下令让犹太人远离宫殿，禁止他们担任公职，不能骑骡子，必须佩戴明显的标志以表明他们是犹太人，并禁止他们携带武器和出售武器。[1]

1379 年，在约翰一世（John I of Castile，1358 年 8 月 24 日—1390 年 10 月 9 日）的统治下，犹太人的处境进一步恶化，因为政府开始对犹太教其宗教本身提出要求。犹太人被迫改变被认为是冒犯教会的祈祷词，非犹太人被禁止皈依犹太教。1390 年国王约翰一世去世后，混乱在西班牙蔓延，基督教暴徒趁乱对犹太社区采取攻击，犹太会堂被摧毁，数以万计的犹太人被杀害。6 月 6 日，暴徒从四面八方袭击了塞维利亚（Seville）的犹太教，杀害了 4000 名犹太人。许多犹太人选择皈依基督教，因为这是逃避死亡的唯一途径。[2]

在立法方面，反犹太法律通过，犹太人陷入贫困和被奴役的命运，这会导致他们出于绝望而皈依基督教。根据这些法律，犹太人禁止行医，禁止出售面包、酒、面粉或肉，禁止从事手工业或任何形式的贸易，禁止担任公职或充当货币经纪人，禁止携带武器或雇佣基督徒仆人或赠送礼物或访问基督徒，禁止修剪胡须或剪发。最后，他们还被绝对禁止离开西班牙，寻求可能结束他们困境的其他出路。尽管这些法律旨在羞辱犹太人，但整个西班牙王国却受到了极端的负面影响。这些规则在不知不觉中阻止了几乎所有的商业和工业，并动摇了国家的财政基础。

斐迪南国王（King Ferdinand，1452 年 3 月 10 日—1516 年 1 月 23 日）和伊莎贝拉王后（Queen Isabella，1451 年 4 月 22 日—1504 年 11 月 26 日）作为支持克里斯托弗·哥伦布（Christopher Columbus，1451 年—1506 年 5 月 20 日）发现美洲的君主而被人们所铭记。然而，在犹太人的历史上，他们是驱逐整个犹太社区的统治者。1469 年，阿拉贡的斐迪南五世和卡斯蒂利亚的伊莎贝拉一世的婚姻统一了西班牙，并将其从一个省份的组合转变为一个强大的王国。具有讽刺意味的是，这桩皇家婚姻是由一位富有和博学的犹太领袖老亚巴郎（Abraham Senior，1412—1493）安排的，他因在 1492 年皈依了天主教

---

① Joseph Hacohen & The Anonymous Corrector, *The Vale of Tears*, translated plus critical commentary by Harry S. May, pp. 53 - 4.

② Yitzhak Baer, *A History of the Jews in Christian Spain*, Vol. I, trans., Louis Schoffman, Skokie, Illinois: Varda Books, 2001, pp. 191 - 92.

而没有被驱逐出西班牙。伊莎贝拉是一位狂热的基督徒,她与教宗合作,于1478年成立了宗教裁判所,以寻找和打击基督教世界的异端。随着宗教裁判所的不断发展,逐渐开始寻找和惩罚那些通过秘密坚持犹太信仰和遵守犹太实践而触犯基督教律法的犹太教皈依者。事实上,这种情况十分常见,因为大量的犹太人改教并非出于真心,而是因暴力威胁或生活所迫,因此基督教徒会称皈依的犹太人为"新基督徒",以区别于"旧(正宗)基督徒"。另外,皈依基督教的犹太人也被称为 conversos,意思是"皈依者",或者更糟的是,被称为"马兰诺"(Marranos),意思是"肮脏的猪"。

1483年,道明会的多玛斯·德·托克马达(Thomas de Torquemada,1420年10月14日—1498年9月16日)被任命为大裁判官。从这时起,宗教裁判所因其残暴性而臭名昭著。托克马达制定了宗教裁判所的程序,在一个新的地区设立法庭,并鼓励居民报告有关改教犹太人遵守犹太习俗的信息。可被接受的证据包括:周六没有烟囱冒烟(这是家庭可能秘密守安息日的标志),在逾越节前购买许多蔬菜,或从一个会说话的屠夫那里购买肉类。然后,法庭会采用肉体折磨来获取口供,并将那些不愿意屈服的人烧死在火刑柱上。

相较于法国和英国,中世纪西班牙统治者对犹太人的态度更加复杂多样。从阿方索六世最初对犹太人的宽容与友好,到约翰一世统治下的进一步恶化,直至最后被彻底驱逐出境,西班牙境内的犹太人与世俗统治者间的关系日渐恶化。

当然,并不是所有的世俗当局都热衷于迫害犹太人,尤其是中世纪早期,有些王公贵族也给予了犹太人一定的特权。例如,如果将加洛林王朝(Carolingian dynasty,8世纪中叶—10世纪)的犹太政策与加洛林王朝的撒克逊人在宗教问题上的政策相比较,就会发现其中的巨大差距。撒克逊人被要求成为基督徒并放弃他们的异教神。不皈依是死罪,叛教也会被处以死刑。加洛林王朝推行其撒克逊政策的力度导致了史诗般的流血事件,尽管宗教不是这场运动的唯一动机,但它肯定占有突出的地位。相比之下,加洛林王朝的犹太政策,就像大多数中世纪早期统治者的犹太政策一样,允许犹太人自由地追求他们的宗教,当基督教占绝对优势时,这种宽容对任何群体都是独一无二的。[1] 相

---

[1]　Bernard S. Bachrach, *Early Medieval Jewish Policy in Western Europe*, Minneapolis: University of Minnesota Press, 1977, p.136.

比于犹太教,世俗统治对待伊斯兰教更为残暴和严厉的情况与教宗等同,他们都基于信仰的偏好,将犹太人当作潜在的"兄弟姐妹",而穆斯林则是彻彻底底的敌人。

　　但总的来讲,世俗统治者对犹太人的驱逐与迫害不绝于耳。单就整个十三世纪来说,西欧的许多城邦将犹太人驱逐出境:1182 年腓力二世奥古斯都(Philippe II Auguste,1165 年 8 月 21 日—1223 年 7 月 14 日)驱逐了其领地内的犹太人;1223 年,路易八世(Louis VIII,1187 年 9 月 5 日—1226 年 11 月 8 日)将犹太人从诺曼底(Normandy)驱逐出去;1240 年的布列塔尼(Brittany),1287—1288 年的加斯科尼(Gascony),1289 年的安茹(Anjou)和缅因(Maine),1291 年的尼奥特(Niort),1294 年的内韦尔(Nevers),以及 1290 年的英格兰(England)都发生了驱逐犹太人的事件。[①] 驱逐和迫害同样也发生在德国:1012 年,皇帝亨利二世(Henry II,1133 年 3 月 5 日—1189 年 7 月 6 日)将犹太人从美因茨(Mainz)驱逐出去;1235 年,有人在富尔达(Fulda)提出仪式谋杀的指控,这导致 1236 年腓特烈二世(Friedrich II,1194 年 12 月 26 日—1250 年 12 月 13 日)进行调查,并发表了有利于犹太人的调查结果。它驳斥了指控,禁止重复指控,并指出犹太人作为"我们房间里的仆人"受到皇帝的特别保护,从而将保护范围扩大到整个德国。这种保护包括对信仰自由、旅行自由、财产处置自由的保障,防止非法征收,以及防止儿童和仆人被强迫皈依基督教。[②] 在 1247 年,法国的瓦莱亚斯(Valréas)镇又发生了一起针对犹太人的仪式谋杀指控,而在西班牙,1250 年萨拉戈萨(Saragossa)的一名唱诗班男孩在可疑情况下死亡,引发了另一起指控。1253 年,路易九世(Louis IX,1214 年 4 月 25 日—1270 年 8 月 25 日)再次下令将他们从所有皇家领地驱逐出去。在十三世纪下半叶,犹太人逐渐被重新接纳到王室领地,但在 1306 年和 1321 年再次被驱逐。在许多情况下,法国的犹太人只是从一个地区越过边界来到另一个地区,并在勃艮第(Burgundy)、多芬尼(Dauphiné)和普罗旺斯(Provence)等地区找到了临时避难所。正如我们将看到的,这些并不是最后一次从法国被驱逐的事件。1285 年,慕尼黑(Munich)的一项血祭诽谤指控导

---

　　① 　William Chester Jordan, "Jews, Regalian Rights and the Constitution in Medieval France", *AJS Review*, Vol. 23, No. 1(1998):2.

　　② 　Jeffrey Richards, *Sex, Dissidence and Damnation: Minority Groups in the Middle Ages*, New York: Barnes & Noble Books, 1996, pp. 98 - 9.

致 180 名犹太人在该镇的犹太会堂被活活烧死,而在另一项仪式谋杀指控之后,1287 年,上韦瑟尔(Oberwesel)的一群暴徒杀死了 40 名犹太男子、妇女和儿童。1289 年,西西里国王安茹的查尔斯(Charles of Anjou,1266—1285 在位)将犹太人从他在法国和意大利南部的所有领地驱逐出去。① 1290 年从英国的驱逐是全面的,之前还有从不同地方的地方性驱逐。这些驱逐事件只有一次获得教宗的批准,即 1253 年,维也纳(Vienne)的大主教请求英诺森四世允许将犹太人从他的省份驱逐出去,声称基督徒的灵魂因与犹太人的交往而受到威胁,而且后者已证明不服从教廷颁布的法规。这可能是 1247 年瓦尔雷阿(Valréas)仪式谋杀指控的后续行动,但无论如何,这次驱逐只是短暂的。② 但是驱逐仍持续发生着:犹太人离开了萨克森(Saxony,1432)、斯派尔(Speyer,1435)、美因茨(Mainz,1438)、奥格斯堡(Augsburg,1439)、维尔茨堡(Würzburg,1453)、布尔诺和奥洛穆茨(Brünn and Olmütz,1457)、萨尔茨堡(Salzburg,1498)和符腾堡(Württemberg,1498)和乌尔姆(Ulm,1499)。③

在爆发迫害和驱逐的同时,也有相对平静的时期,这使得犹太社会和文化得以发展和繁荣。例如,从 11 世纪开始,西欧的犹太社区产生并传播了大量的希伯来语作品:编年史、年鉴、拉比对答、圣经评论和争议文学等。④ 在法国北部有重要的塔木德研究中心,特别是在法兰西岛(Ile-de-France)、香槟区(Champagne)和卢瓦尔河谷(Loire valley),而在南部的朗格多克(Languedoc)和普罗旺斯(Provence),犹太人社区蓬勃发展,他们对语法、语言学、哲学和科学作出了重大贡献,并将许多阿拉伯和拉丁文本、宗教和其他文本翻译成法文。

本章小结

在中世纪时期,基督教发展过程中的首要敌人便是各种异端思想与组织,

---

① Robin R. Mundill, *England's Jewish Solution: Experiment and Expulsion, 1262 - 1290*, Cambridge: Cambridge University Press, 1998, pp. 299 - 302.

② Simonsohn, Vol. 1, No. 200, p. 207; Vol. 7, *History*, p. 42.

③ Jeffrey Richards, *Sex, Dissidence and Damnation: Minority Groups in the Middle Ages*, pp. 98 - 9.

④ Peter Schäfer, "Jews and Christians in the High Middle Ages: The Book of the Pious", in *The Jews of Europe in the Middle Ages (Tenth to Fifteenth Centuries). Proceedings of the International Symposium held at Speyer, 20 - 25 October 2002*, ed. C. Cluse, Turnhout: Brepols, 2004, p. 24、30.

这种从内部而来的异议与破坏是教宗和教会寻求统一和最高统治权的最大敌人。因此教会在打击异端分子上从不手软,也会尽最大可能和力度预防基督徒被异端思想腐蚀。在不同宗教间的竞争中,基督教对犹太教有着特殊的情感,作为自己的"老大哥",作为"好橄榄",教会从未放弃过寻求犹太人的皈依,软硬兼施。相比来讲,伊斯兰教作为完全的异教信仰,无论是在宗教上、人口上还是政治上,都是基督教会的决定性竞争者和敌人,教宗在打击撒拉逊人上从未手软。

对于世俗政权来说,自己领地里的犹太人就是他们的"私人财产",一切犹太政策都与利益和自身好恶挂钩,教会的影响仅作为参考。"犹太人不能拥有任何属于自己的东西,因为无论他得到什么,他都不是为了自己,而是为了国王;所以他们不是为自己,而是为别人而活。"①西塞尔·罗斯的比喻形象地表达了犹太人之于国王的意义:"犹太人似乎就是一块吸满了王国流动资本的海绵。每当国库空虚时,就要去挤这块海绵。"②当这块海绵有价值时,国王们会变相地利用与压榨,当海绵变得无用或者与更重要的利益冲突时,除了强迫改教和迫害之外,还会经常采取一种一劳永逸的办法,即将犹太人驱逐出自己的领土。

由此可见,教宗对待异端和其他异教的严厉性要远远超过犹太教,而世俗统治者的犹太政策不但缺乏统一的标准,也远没有教宗的犹太政策"积极"。

---

①　Frederick Pollock and Frederic William Maitland, *The History of English Law before the Time of Edward I*, Vol. 1, Cambridge: The University Press, 1903, p. 468.

②　［英］塞西尔·罗斯著:《简明犹太民族史》,黄福武、王丽丽等译,第 246 页。

第五章　教宗犹太庇护政策的多种根源

　　根据第四章的分析我们可以看出世俗政权的犹太政策主要是根据犹太人所能带来的价值和利益而决定的,"可利用性"成为了世俗政权如何对待犹太人的最主要甚至是唯一标准,宗教动机相对来说似乎并不是那么重要。然而,中世纪教宗的犹太政策的根源则是多种多样,且复杂交织在一起的。尤其是考虑到犹太人在基督教社会中的特殊地位和作用,教宗基于神学根源、法律根源、社会根源和经济根源对犹太人采取了一定的庇护政策。

第一节　神学根源

一、　圣奥斯定神学传统

　　希波的圣奥斯定(Augustine of Hippo, 354 年—430 年)可谓是教父中对犹太人和犹太教最有影响力的思想家。圣奥斯定留给欧洲西方社会的关于犹太人的最重要教诲也许就是他坚信犹太人在拯救世界的过程中对教会有着三重作用,同时还与教会有着共生的关系。首先,尽管犹太人与上帝的契约被认为是不可逆转的,但他们对基督作为弥赛亚的无知与不接受使他们不再是上帝的选民。相反,教会将通过耶稣基督成为新以色列,而犹太人将被置于基督教统治的"枷锁"之下,这至少是为了让他们有皈依的可能。第二,圣奥斯定和保禄同样认为犹太教是拯救整个世界的工具,尽管现在这一目的最终是通过教会而实现的。最后,一些学者们将圣奥斯定的思想整合后准确地提出了"见证人说",或者说相信犹太人"见证"了教会作为新以色列的胜利,"见证"了《希伯来圣经》的真理预示了基督的降临,因此仁慈的上帝虽然让他们饱受苦难的煎熬,但仍要使他们留存下来。[1] 他们将在世界末日到来时接受基督。

圣奥斯定的《上帝之城》中有两卷专门讨论了这个问题。首先,在第 18 卷第 46 章中,圣奥斯定毫不怀疑犹太民族要对自己在罗马人手中的命运负责:

> 但是杀害基督的犹太人不会相信他,也不相信他会死后复活,他们在罗马人手中受到更加不幸的毁灭,他们的王国被连根拔起,而在这个王国中他们已经处在外国人的统治之下。他们散布到全世界(犹太人确实无处不在),所以,按照他们自己的圣经,他们为我们作了见证,因为我们并没有虚构关于基督的预言。[2]

然而,关于保禄在《罗马书》11:11 中所言,他认为犹太人的罪并没有将所有后来的犹太人置于毁灭之中,事实上,他认为犹太人的散居,或分散,是上帝意志的一部分,是为了他们和基督徒的利益。圣奥斯定首先引用了《诗篇》59:

> 我的主要以慈爱迎接我,要叫我看见我仇敌遭报。你不杀他们,恐怕他们忘记你的律法,用你的能力使他们四散。[3]

圣奥斯定"允许"犹太人在上帝拯救世界的计划中扮演一个角色,从而避免暴力甚至灭绝。他继续写道:

> 因此上帝已经在教会的敌人犹太人身上显示了对教会的仁慈,因为如宗徒所说,"因他们的过失,救恩便临到外邦人。"这就是上帝不杀他们的原因,也就是说尽管犹太人被罗马人征服和压迫,但他们并没有完全灭绝,免得他们忘了上帝的律法,不能为我们现在讲的事情作见证。因此,如果不加上"使他们四散",那么诗篇作者光是说"你不杀他们,恐怕他们忘记你的律法"是不够的。但若圣经的证言仅仅存在于犹太人自己的土地上,而不存在于各地,那么遍布四方的教会就显然不会为这些很久以前

---

[1]　参见 Edward Kessler and Neil Wenborn, *Dictionary of Jewish-Christian Relations*, p.42。
[2]　[古罗马]奥古斯丁著:《上帝之城》,王晓朝译,北京:人民出版社,2006 年 12 月,第 878 页。
[3]　同上,第 879 页。

做出的关于基督的预言作见证。①

圣奥斯定和其著作的巨大威望确保了至少到 12 世纪为止,没有直接的压力要求将犹太人从基督教社会中清除出去,或积极努力使他们改变信仰。同样,《上帝之城》也指出了将要采取的政策。在第 20 卷第 29 章中,圣奥斯定评论了犹太先知玛拉基(Malachi)的一段文字:

> 看哪,上帝大而可畏之日未到以前,我必差遣先知以利亚到你们那里去。他必使父亲的心转向儿子,儿女的心转向父亲,免得我来咒诅遍地。②

这位希波的主教以一种对他自己时代的犹太人最正面的方式解释玛拉基的话:要有传教士深入到犹太人当中,为了最后他们的全部皈依,所有人心向基督而努力,最终在末日到来之前完成。在讨论了关于这段文字的各种早期评论后,圣奥斯定写道:

> 以利亚这样做肯定不是由于他能使圣父爱圣子,而是通过他关于圣父爱圣子的教导,使犹太人也能爱这位圣子,而犹太人最初仇恨这位圣子,他就是我们的基督。③

据此,在整个中世纪,因受到圣奥斯定神学思想的约束,教宗们总体上是允许犹太人在基督徒中存在的,甚至认为他们的存在是必需的,并呼吁庇护犹太人免受骚扰和迫害。几个世纪以来,教会和世俗的统治者和个人都遵循该神学思想。因此犹太人自己经常向"万国之王"教宗申请帮助,同时罗马的犹太社区为他们在其他地方的弟兄姐妹们说情。英诺森三世在其《庇护训谕》中便引用了《诗篇》来说明庇护犹太人的神学必要性。

当然,圣奥斯定的意图不是让犹太教作为一个独立的宗教永远继续下去,

---

① [古罗马]奥古斯丁著:《上帝之城》,王晓朝译,北京:人民出版社,2006 年 12 月,第 878 页。
② 同上,第 1018 页。
③ 同上,第 1018—9 页。

而是让"见证人"在充分的时间里领悟真理,因此整个"见证人说"对犹太人的态度是负面的,只是"不得不"需要犹太人存在,只要他们存在即可,至于生活条件等问题并不在圣奥斯定的考虑范围之内。

二、 圣伯尔纳铎神学思想

就十二,十三世纪的基督教世界来说,圣伯尔纳铎(Bernard of Clairvaux,1090 年—1153 年 8 月 20 日)无疑是该时期最伟大的精神榜样和历史人物之一。[1] 他是教会最受尊敬和最有影响力的教士,是拉丁教会的领袖人物,是教会最伟大的作家和传教士,是强大而著名的本笃会的改革者,是教宗英诺森二世(Innocent II, 1130 年 2 月 23 日—1143 年 9 月 24 日在位)的知己,是教宗欧吉尼三世(Eugene III, 1145 年 2 月 18 日—1153 年 7 月 8 日在位)的老师,和同时期的教宗们一样,伯尔纳铎认为宗教应该控制社会的各个方面。但是在对待犹太人的问题上,他坚持强调基督徒不能迫害犹太人。在 1146 年为第二次十字军东征布道时,他告诫整个西欧社会不要迫害犹太人。他在写给英国人民并分发给法国东部和巴伐利亚的教权阶层的一封信中说道:

> 犹太人不可受逼迫……问那些懂圣经的人。(犹太人)是活的经文,因为他们时刻提醒着我们天主所遭受的苦难。他们分散在各个地区,这样,当他们为这样的罪行(弑神)受到适当的惩罚时,他们到处见证我们的救赎……在基督教王子的统治下,他们忍受了艰难的囚禁。然而……当时机成熟的时候,所有的以色列人都将得救……如果犹太人被彻底消灭,他们所承诺的救恩和最终的皈依会变成什么样子?"宽恕服从的人"……这是基督教虔诚的表现,尤其是当我们有律法和应许是从他们而来的,我们的祖宗是从他们而来的,又有基督的肉体是从他们而来的。[2]

---

[1] Robert Michel, *Holy Hatred: Christianity Antisemitism and the Holocaust*, New York: Palgrave Macmillan, 2006, p.68.

[2] Bernard of Clairvaux, *The Letters of St. Bernard of Clairvaux*, Bruno Scott James, trans., Kalamazoo, MI: Cistercian Publications, 1998, Letter 391, pp. 462 – 63; Frederich Schweitzer, "Medieval Perceptions of Jews and Judaism," *Jewish-Christian Encounters over the Centuries*, Marvin Perry and Frederich Schweitzer, eds., New York: Peter Lang Publishing, 1994, pp.135 – 36.

　　伯尔纳铎选择的词语显示了他对传统基督教教义和教父文本中关于犹太人在基督教世界中的地位的了解。在这封信中,他对犹太人不应遭受暴力的关注也是显而易见的,尽管是在一个上级对下级讲话的范式中。这段话的复杂性也表明了他当时对犹太人态度的复杂性:伯尔纳铎写到了杀害耶稣的"他们的罪行",但也指出耶稣是犹太人。[①] 在我们试图确定教宗对犹太人的态度时,必须时刻牢记这样一个复杂、冲突和多面的观点的存在。

　　伯尔纳铎是圣奥斯定"见证人说"的坚定信徒。他在 1146 年底前往德国,既是为了宣扬十字军,也是为了让臭名昭著的熙笃会隐修士罗多尔夫(Radulf the Cistercian)闭嘴。罗多尔夫在第二次十字军东征期间,未经上级许可,擅自离开法国的修道院,前往莱茵河地区,在那里宣扬"犹太人应该作为基督教的敌人被杀"等反犹言论,他的言论极具煽动性,导致大量反犹事件发生,当地主教眼看反犹事件频发却难以控制,便向伯尔纳铎求助。伯尔纳铎在布道时与信徒们说到:"你们去攻打以实玛利人(土耳其人)是好事。但凡碰触犹太人以夺取其生命的人,就像碰触了耶稣的眼珠一样,因为(犹太人)是他的骨肉。我的弟子罗多尔夫说错了,因为诗篇中说:'不要杀他们,恐怕我的民忘记。'(《诗篇》59:11)"[②]这也是圣奥斯定在他为犹太人开的"见证人"处方中反复强调的经文。由于伯尔纳铎在基督徒中十分受尊重,十字军听从他的话,遏制自己的怒气,尽量不再迫害犹太人了。[③]

　　伯尔纳铎明确拒绝对犹太人的暴力行径,但他并不是因为怜悯、慈善或人类的体面才试图拯救犹太人的生命。他告诉美因茨的大主教,罗多尔夫对犹太人的谋杀性说教是他的三种罪行"未经许可的说教,对主教权威的蔑视,以及煽动谋杀"中最轻的一种。[④] 他在建议教宗欧吉尼三世平衡他的职责,不要让自己的负担过重,以免影响他的修道使命时,将教宗职位的巨大职责与犹太

　　① Marie Therese Champagne, "The Relationship Between the Papacy and the Jews in Twelfth-century Rome: Papal Attitudes toward Biblical Judaism and Contemporary European Jewry", PhD Dissertation, 2005, p.155.

　　② Robert Michel, *Holy Hatred*, p.68.

　　③ Joseph Hacohen &. The Anonymous Corrector, *The Vale of Tears*, translated plus critical commentary by Harry S. May, p.22.

　　④ Bernard of Clairvaux, *The Letters of St. Bernard of Clairvaux*, Bruno Scott James, trans., Letter 393, p.465; Robert Chazan, *Church, state, and Jew in the Middle Ages*, Springfield: Behrman House, INC., 1980, pp.104 - 05.

人的"奴隶状态"相比较："没有什么奴役比犹太人的奴役更令人厌恶或有压迫感，他们无论走到哪里都要拖着自己的奴役状态。他们到处冒犯他们的主人。但你，像他们一样，告诉我你在哪里可以自由、安全或属于自己？到处都是混乱和嘈杂，你的奴役的枷锁，压在你身上。"①在这个与犹太人的简单比较中，伯尔纳铎表达了圣奥斯定的一个传统观点，即犹太人被判处流散和限制在基督教社会中的生活是因为他们对基督犯了罪。

在伯尔纳铎的眼中，就像在圣奥斯定的眼中，犹太人是不应该被谋杀的，因为他们的痛苦要为基督徒服务，不断提醒着犹太人的罪恶和基督的救赎。伯尔纳铎向他的英国听众解释道，犹太人必须"时刻提醒我们，我们的天主所遭受的痛苦"。犹太人是基督教救赎的"活证人"，这就是为什么他们分散在世界各地，这就是为什么他们受苦。伯尔纳铎还指出，在基督再来时，未受洗的犹太人将与基督徒一起得到救赎，那些在这一事件之前死去的犹太人将留在地狱中。②伯尔纳铎呼吁的不是犹太人的毁灭，而是他们最终的皈依，他相信犹太人会在末日被拯救，他们的存在是上帝的约存在的必要条件。

由此可见，伯尔纳铎对犹太人持有复杂的情感：尊重、保护、宽容、贬低和限制。这与教宗们的犹太政策态度十分相似。

三、　圣多玛斯·亚奎纳神学思想

中世纪最有影响力的神学家、13 世纪的道明会神学家多玛斯·亚奎纳（Thomas Aquinas，约 1225—1274 年）关于基督教该以何方式对待犹太人的教导，对中世纪犹太人与基督教关系中某些最黑暗的事件产生了直接的影响。他认为犹太人会被容忍到世界末日，然后他们会改信基督教：

> 从前犹太教徒的礼仪，成为我们信仰真理的预象，这件事也引导出以下的这件善事：正是我们的敌人，给我们的信德作证；也可以说，我们的信

---

① Marie Therese Champagne, "The Relationship Between the papacy and the Jews in Twelfth-century Rome: Papal Attitudes toward Biblical Judaism and Contemporary European Jewry", PhD Dissertation, 2005, p.154.

② Bernard of Clairvaux, *The Letters of St. Bernard of Clairvaux*, Bruno Scott James, trans., Letter 391, pp. 462 - 63; Robert Chazan, *Church, state, and Jew in the Middle Ages*, Robert Chazan, pp, 101 - 04.

德被一种预象表现出来了。就是为了这个缘故,容许他们举行他们的宗教仪式。①

但他也认为,犹太人是教会和基督教王公的奴隶。② "犹太人本身就是教会的臣民,"亚奎纳写道,"犹太人是君王和王侯的奴隶,所以他们的子女也是奴隶。为此国君和王侯对于犹太教徒的子女,有权可以为所欲为。"③然而这种地位上的贬低并不代表亚奎纳要求犹太人的灭亡,相反,他认为西班牙宗教裁判所对待犹太人的残暴行为中所表现出来的教会和基督教徒的态度,必须被视为教会中的恶性肿瘤,是基督身体中的癌症。亚奎纳认为实施宗教裁判所的不是真正的教会,而是一个不同的机构,一个伪装在天主教名义下的机构,不仅对犹太人的生存构成威胁,而且对教会本身也构成威胁。④ 他的观点极大地影响了修道院、宗教裁判所,以及此后的整个教会发展。虽然他认为犹太人可以保留足以生存的财产,但他在给布拉邦特公爵夫人(Duchess of Brabant)的信中说,"犹太人由于他们的罪孽,现在或将来注定要成为永久的奴隶,"因此,王公们可以把犹太人的财产当作自己的财产。⑤ 不知这种建立在整体贬低态度上的留存究竟是对犹太人有利还是致命。

道明会第五届总主理人亨伯特(Humbert of Romans, c. 1190—1277)是多玛斯·亚奎纳(Thomas Aquinas)的上司。他是一位多产的作家,他的论文影响了他的修会和整个教会。他积极参与教会政治,教宗额我略十世利用他所撰写的著作《三部论》(*Opusculum Tripartitum*)为第二次里昂会议(Second Council of Lyons, 1274)制定议程。该文第一部分涉及十字军东征。一些反

---

① 〔意〕托马斯·阿奎那著:"不信者的宗教仪式是否应予容许",《神学大全》,第七册:论信德与望德,胡安德,周克勤等译,中华道明会/碧岳学社,2008年,第165页。

② Alexander Broadie, "Medieval Jewry through the Eyes of Aquinas," in *Aquinas and the Problems of His Time*, Mag. G. Verbeke and D. Verhelst, eds., Louvain: Leuven University Press, 1976, pp. 57 – 68.

③ 〔意〕托马斯·阿奎那著:"犹太教徒以及其他不信者的幼小子女,是否应该相反他们父母的意思而给他们付洗",《神学大全》,第七册:论信德与望德,胡安德,周克勤等译,中华道明会/碧岳学社,2008年,第168页。

④ Alexander Broadie, "Medieval Jewry through the Eyes of Aquinas," in *Aquinas and the Problems of His Time*, G. Verbeke and D. Verhelst, eds, p. 57.

⑤ Thomas Aquinas, "Letter to the Duchess of Brabant," in *Church, State and Jew in the Middle Ages*, Robert Chazan, p. 200.

对者争辩说,如果基督教徒应该在世界范围内清除穆斯林,为什么不对我们中间的异教徒,如犹太人,或其他不信教者,如鞑靼人,给予消灭?亨伯特回答说,有人预言,犹太人的余民最终会改变信仰。与穆斯林不同,犹太人受制于基督教,不能像穆斯林那样危害基督教徒。亨伯特写道,如果犹太人被消灭,他们拒绝的结果就不会像现在这样明显。因此,犹太人的存在支持了基督教信仰,消灭他们将是残酷的,而这反过来又是非基督教的。在这里,亨伯特重复了克莱沃的伯尔纳铎在第二次十字军东征时表达的观点。①

总的来说,在传统基督教神学上,犹太人处于一个特殊的地位,他们不像其他异教徒和异端一样,是基督教世界的死敌,需要被彻底毁灭,而是一群活的"见证人"。他们需要散落于世界各地,因为自己不识得且杀害救世主而受苦,被剥削,但是又要在苦难中存活,为的只是见证基督教的胜利。这一全面贬低犹太人却又要留存他们的性命的神学原则是所有教宗"庇护"犹太人的最基础也是最重要的根源。

第二节　法律根源

中世纪错综复杂的政治环境要求教宗不得不顾及世俗统治者的地位与话语权,两者都在尽自己最大的努力保证自身的利益,同时避免与对方发生直接的冲突。因此,教宗们在围护教会传统的同时,也尽可能地要求信徒们遵守世俗法律法规。而且很多教宗都是法学专家出身,他们不仅精通教会法也是世俗法研究学者,十分强调法律的重要性和优越性。在犹太人问题上也是如此,教宗们对犹太人的政策很大一部分是在遵循既定法律提出的要求。

教会发展历来讲求尊重传统,甚至"以史为尊",除非明文规定的改革,一般都保证不违背教父们的教诲,遵守历届大公会议的章程以及按照教会权威律法中的规定行事。在制定关于犹太人的规则和法令时,中世纪教会的法律教科书《教会法汇要》是必须要参考且遵守的教会权威。

一、世俗法根源

在早期的罗马帝国,犹太教一直是"除了官方宗教之外唯一在法律上被认

---

① Jonathan Riley-Smith, "First Crusade and Persecution of the Jews", *Studies in Church History*, Vol.21,(1984):71.

可的崇拜形式,每一位继位的皇帝都赋予了它一些特别的权利,保护它的崇拜仪式,甚至免除其信徒在安息日出庭"。① 教宗们的犹太政策在一定程度上依据于罗马法中对犹太人的规定。《狄奥多西法典》(*Codex Theodosianu*,公元438 年颁布)就曾申明过犹太人应有的权利,同时也对其行为进行限制。例如,16.8.1 规定犹太人不得攻击基督徒;16.8.2 规定犹太领袖或拉比与基督教神父享有同样的特权,即可以免除强制性的公共服务;16.8.9 规定基督徒不得破坏犹太会堂;16.8.20 规定基督徒不得私自占有犹太会堂的财产,不得打扰犹太人过安息日;16.9.1 规定犹太人不得拥有基督徒奴隶。② 可见,教宗在《庇护训谕》中要求基督徒不得破坏犹太会堂和占有犹太人财产、不得拥有基督徒奴隶的命令,与《狄奥多西法典》相一致。中世纪最伟大的教宗之一圣额我略一世认为《查士丁尼法典》(*Codex Justinianus*,公元 529 年颁布)内关于犹太人的法律应宽松、富于人道地加以实施。他在法律允许的范围内放宽了犹太人与基督徒之间专业性交往的限制范围,还公开、激烈地反对侵犯犹太人应有的剩余权利。③ 另外,很多教宗也非常地尊重世俗统治者,视其为基督教国度唯一合法的世俗权威,而把自己视为民政事务的公仆。虽然有的是发自内心,有的是迫于压力,但大多时候教宗都是千方百计地在保证法律尊严的同时捍卫宗教信仰。

然而法律既让教宗维护犹太人应有的权利,也让他们对犹太人进行严格的限制。就拿对犹太人态度最友好的圣额我略一世来说,591 年他写给副执事安特米乌斯(Anthemius the Subdeacon)的信中谈到了一名犹太人购买了教堂器皿的事,他要求强制收回这些被卖的器皿,并且惩罚卖掉它们的神父。④ 泰拉奇纳(Terracina)的主教最初因为两次将犹太人从他们所选择的礼拜地点移走而受到教宗的谴责,但当发现犹太人的歌声搅扰了附近的教堂时,额我略则指派另外两位主教帮助他解决这些犹太人造成的困扰。⑤ 如果喧闹

---

① [英]塞西尔·罗斯著:《简明犹太民族史》,黄福武、王丽丽等译,济南:山东大学出版社,2004 年,第 165 页。

② 参见 David M. Gwynn, *Christianity in the Later Roman Empire: A Sourcebook*, London·New York: Bloomsbury Academic, 2015, pp.172 - 75.

③ 参见[美]戴维·M·克罗著:《大屠杀:根源、历史与余波》,张旭译,上海:上海人民出版社,2018 年,第 25 页。

④ Amnon Linder, *The Jews in the Legal Sources of the Early Middle Ages*, p.420.

⑤ Ibid, p.422.

的犹太会堂庆祝活动干扰了附近教堂的礼拜活动,按照法律规定,这个犹太会堂要搬离这个地方,但是可以为犹太人社区寻求其他居所。[①] 这也就是说,法律赋予犹太社区和个人的权利要受到保护,保证他们的财产不被肆意没收,保证他们不受官吏、主教或平信徒的骚扰或其他不公正待遇,但与此同时,教宗们同样坚决地要求他们遵守相应的法律限制,不能容忍任何逾越的行为发生。

二、 教会法根源

《教会法汇要》(*Decretum Gratiani*)是 12 世纪由被称为格兰西(Gratian)的法学家编撰的教规集,是一本法律教科书。它研究了有关教会纪律的问题,收集了权威性的文本,包括教会会议的教规、早期教父的意见和教宗的声明等,并提供了一个可以解决相关问题的知识框架。《教会法汇要》在塑造教规专家、高级教士和教宗的态度方面具有很大的影响力。它包含了来自教父和早期教宗的重要资料,它们涉及为以正义事业为目的的暴力行径的辩护,以及犹太人、穆斯林、和异端分子在基督教社会中的地位等。[②] 在教宗额我略九世(Gregory IX, 1227 年 3 月 21 日—1241 年 8 月 22 日在位)于 1234 年颁布的《教会法》(*Decretals*)获得法律效力之前,它一直是罗马天主教会的主要法律来源,此后它成为《教会法大全》(*Corpus Juris Canonici*)的基石,一直有效至 1917 年。学者大卫·诺尔斯(David Knowles)对其评价道:"格兰西根据各法律条例的标题和主题精心组织了法律的精华,组成了一个总体上结构优良的总集。"[③]

《教会法汇要》是通过在很长一段时间内逐渐在文本的各个部分持续添加新教规而编纂而成的,最终版本的成书时间约为 1140 年。[④] 格兰西只在最终版本中处理了犹太人的法律地位问题。这便提出了一个问题,为什么格兰西

---

① Robert Austin Markus, *Gregory the Great and His World*, Cambridge: Cambridge University Press, 1997, p. 77.

② Rebecca Rist, *The Papacy and Crusading in Europe, 1198 – 1245*, London: Bloomsbury Academic, 2009, pp. 6 – 7.

③ David Knowles, *The Evolution of Medieval Thought*, Second Edition, New York: Longman, 1988, pp. 160 – 01.

④ Melodie H. Eichbauer, "From the First to the Second Recension: The Progressive Evolution of the *Decretum*", BMCL 29(2011 – 2012):119 – 67.

在 1140 年左右对犹太人感兴趣？目前还没有一个令人信服的解释。在第 45 条教规第 3、4 和 5 点中，格兰西提出了胁迫犹太人皈依的有效性问题，以及更广泛的基督教统治者，特别是教会当局应如何对待他们。① 第 54 条教规第 13、14、15 点确立了犹太人不能有或拥有基督徒仆人，他们不能担任公职，皈依基督教的犹太奴隶可以获得自由。② 在《教会法汇要》中，格兰西在问题 2 中指出犹太人不能在法庭上对基督徒提起诉讼，犹太人的证言不可信。③ 在问题 17 中重复了犹太人不能担任公职的准则。④ 关于婚姻的条例中也讨论了禁止宗教间婚姻的问题。⑤ 并规定与基督教妇女结婚的犹太人必须改变信仰。此外，必须将基督教儿童与犹太父母和亲属分开。而且基督教徒在任何情况下都不得与犹太人结婚。⑥

在十二和十三世纪，教宗试图控制十字军对犹太人的人身虐待的部分原因是，根据《教会法汇要》，教会应该容忍"异教徒"，如果他们是犹太人。其原因是他们与基督教社会分离，不受基督教法律的约束：

> 至于那些不属于我们律法的人，宗徒在给格林多的第一封书信中说：审断教外的人，关我何事？教内的人，岂不该由你们审断吗？教外的人，自有天主审断他们。你们务要把那坏人从你们中间铲除！⑦

在格兰西看来，非基督徒分为两部分，"犹太人与其他不信教者"，尽管这二者都拒绝《福音书》上的拯救教导，但他们还是互有区别的。犹太人作为第一个被上帝选中理解神法的民族，在拯救史上占有一个特殊的地位，这是他们不同于其他异教徒的地方。⑧

---

① DIST. XLV. cc. 3 - 5. 参见 Aemilius Friedberg, *Corpus Iuris Canonic* 1. *Decretum magistri Gratiani*, Akademische Druck-U. Verlaganstalt, 1955, pp.160 - 62。

② DIST. LIV. cc.13 - 15. Ibid, p.211.

③ CAUSA II. QUEST. VII. c.23. Ibid, p.488.

④ CAUSA XVII. QUEST. IV. c.31. Ibid, p.824

⑤ CAUSA XXVIII. QUEST. I. cc.10 - 14. Ibid, p.1088.

⑥ Kenneth Pennington, "Gratian and the Jews", *Bulletin of Medieval Canon Law*, Vol.31 (2014):114.

⑦ Walter Pakter, *Medieval Canon Law and the Jews*, Ebelsbach: Rolf Gremer, 1988, pp. 46 - 7.《格林多前书》5:12—13。

⑧ 彭小瑜：《格兰西〈教会法汇要〉对非基督徒法律地位的解释》，《北大史学》，2001 年，第 170 页。

但就《教会法汇要》本身而言,其中很多内容也会使基督徒可以在基督教法令与文献中找到对待异教或异端采取暴力行径的合法理由。例如,《教会法汇要》中的问题 23 讨论了暴力是否可以被看作是公正的这一问题,它与教宗授权对那些被视为教会敌人的人进行军事行动特别相关。① 该条例讨论了这样一个假想的案例:某些异端主教开始在酷刑威胁下强迫邻近的天主教徒支持他们的信仰,教宗的反应是命令忠诚的主教保护这些天主教徒并强迫异端教徒回归信仰。随后,天主教主教们派士兵围捕异端分子,然后将他们处决,剥夺他们的财产或教会任命,或将他们囚禁起来,直到他们悔改。该案的复杂性、所提出的"问题"的数量,以及许多为武力提供基本理由的答案摘自教父的著作,尤其是来自圣奥斯定的书信。人们一般用该案例证明战争在本质上不是罪恶的,一些战争比其他战争更符合道德。因此,该案强调了与授权在教会认为是正义的事业中使用暴力有关的复杂问题。这就为以武力的形式攻打异端或异教分子的行径提供了正当性。

《教会法汇要》中的下一个案例研究,即对第 24 号案例的分析②对于十字军东征,尤其是针对异端和教宗的政治敌人而发起的十字军东征十分重要,因为它涉及教父关于对异端的管辖权的著作。它详细介绍了另一个虚构的案例,这次是一个主教,他剥夺了一些神父的职务并宣布他们被逐出教会,但在他死后,他自己也被指控为异端,并和他的追随者一起被正式定罪。在问题一中,格兰西问异端分子本身是否有权剥夺他人的职务或宣布他们被逐出教会,问题二是某人死后是否可以再被逐出教会,问题三是一个人的家人是否应该因为他人的罪过而被逐出教会。他再次引用了传统权威的观点,认为教会必须为自己辩护,但也要抵御异端邪说。

《教会法汇要》所强调的从敌人手中捍卫教会的必要性,早在 11 世纪就为神学家、教会律师和教宗所熟悉。尼各老二世宣布,任何试图夺取基督所赋予的罗马教会特权的人都属于异端,因为他的行为伤害了基督本身。事实上,在乌尔邦二世授权第一次十字军东征的几年前,卢卡的主教安瑟尔谟二世(Anselm II of Lucca,1036 年—1086 年 3 月 18 日)就编撰了一套法律文件,

---

① CAUSA XXIII, Aemilius Friedberg, *Corpus Iuris Canonic 1. Decretum magistri Gratiani*, pp.889 - 965.

② Anders Winroth, *The Making of Gratian's Decretum*, Cambridge: Cambridge University Press, 2004, Chapter 2 "Heresy and Excommunication: Causa 24", pp.24 - 5.

认可教会有权对敌人、被驱逐者和异教徒使用暴力,《教会法汇要》也广泛借鉴了这套文件,为雇用教会官员惩罚异教徒进行辩护。由此可见世俗法令和教会法令都对教宗犹太政策产生了重要影响,然而它们的功能却不尽相同。在世俗法律试图给予犹太人一定的自由和权利的同时,教会法却在为征讨异端和异教分子的正当性辩护。

关于强迫受洗,格兰西更强调犹太人受洗过程的神圣性而不那么在乎改变犹太人的性质或使用武力的程度:

> 因此,不能用武力诱导他们皈依,而是要用他们的判断力。然而,那些已经被强迫的人——就像发生在非常虔诚的王子西塞布特的时代——因为接受了洗礼的恩典,他们已经与神圣的圣礼有了联系....不管是通过强迫还是出于需要,强迫他们保留他们已经接受的信仰才是正确的,以免主的名字被亵渎,他们所接受的信仰被认为是卑鄙和可鄙的。[1]

1201年阿勒斯主教向教宗英诺森三世提出了一系列关于洗礼的问题:睡着时受洗的人,未经父母同意受洗的婴儿,以及被迫受洗的人应该如何处理。[2] 教宗回答了最后一个问题,与格兰西的观点十分相似。他说,应该区分两种人,一种是在被强迫的情况下,连续大声反对的人,另一种是内心反对或不坚持反对的人:后者的洗礼是有效的,他们必须被强迫继续做基督徒。"毫不含糊的反对总比勉强同意好"。[3]

无论如何,《教会法汇要》和整个西欧中世纪教会法主流传统保持一致,给予犹太人一个独特的地位。[4] 这也是教宗庇护犹太人的主要根源之一。

第三节   社会与经济根源

中世纪早期的欧洲世界已陷入混乱的状态,罗马社会内忧外患。在内深受自然灾害之苦,在外又有劲敌的劫掠与威胁。教宗要忙于处理宗教、社会、

---

① Grayzel, Vol. II, p. 7.
② Grayzel, Vol. II, pp. 7 - 8.
③ 附录一 No. 12。
④ 彭小瑜:《格兰西〈教会法汇要〉对非基督徒法律地位的解释》,《北大史学》,2001年,第172页。

军事和政治等种种复杂事件,因而相较于各种威胁和挑战,宗教间的分歧就显得不那么重要,与犹太人和犹太教有关的事件就被放置于边缘地带。对他们的回应和采取的政策在很大程度上仅是维护社会稳定的需要。只要犹太人还在控制之下,放弃扩张的企图,就可以保证他们的生活。因而我们可以看到,相对于其他问题来讲,中世纪早期,甚至可以说整个中世纪时期,教宗们对犹太人问题的关注是微不足道的。圣额我略一世可算是对犹太人最友好的教宗之一,但他留下的大量文本中只有极少部分是有关犹太人和犹太教,这可能是因为,与圣安博(St. Ambrose)、圣热罗尼莫(St. Jerome)或圣奥斯定等教父们不同的是,额我略的信件在本质上是实用性的,旨在解决具体的问题,而不包含深入的神学分析,其他教宗关于犹太人的信件也是如此,很多都是针对犹太人的抱怨而对某一地点某一事件的回应。对于他们来说维护社会稳定才是最重要的事情,而实现这一目的最好的方式就是保证他们应有的生活和利益,让其心甘情愿做顺民,共同抗击外部势力的入侵。

虽然基督徒一直将犹太人作为"奸商",认为他们从事的工作是低下的,他们放的高利贷是违反神圣教义的,但不可否认的是,犹太人是当时欧洲对内、对外贸易的主要实践者,承担着教会、罗马社会以及整个西欧的商业发展的重任,为西欧提供了对外联系的通道,这样重要的角色必然使得他们在一定程度上得到了善待,尤其是对世俗统治者来说,因为他们相较于宗教因素也许更关注本国的经济发展情况。由于经济是一个社会得以存在与发展的物质基础,教宗也非常重视商贸活动。教会为了维持其庞大的机构正常运转,不但大量消耗其庄园内部的产品,也需要大量的外来的商品。而当时的犹太人则广泛涉猎各种商业贸易领域,例如,手工业、铜铁器制造业、皮革业、金融业、信贷业等。他们是经营丝绸、香料等奢侈品的商业巨子,也是银钱兑换商人。考虑到犹太人在贸易,尤其是在国际贸易当中扮演的重要角色,以及基督徒普遍对商贸的鄙视态度,教宗必然认识到了他们存在的重要性。

本章小结

无论是我们在第一章讨论的《犹太人庇护训谕》还是二、三章分析的各个时期不同教宗们的具体犹太政策,其制定的最原始依据都来自神学、法律、社会和经济这四方面,它们复杂地交织在一起,共同促成了教宗的犹太庇护政策。"见证人说"作为教会处理自己与犹太人间关系的最基本神学原则,被教宗圣额我略一世重视,也被教宗英诺森三世列入《庇护训谕》中。随后被教会的著名思想家和神学家频繁宣传与实践。尽管犹太人的生活备受打压和迫害,但在这个相对被动且消极的神学思想的引导下,犹太人仍在基督教世界中占有一席之地,作为"见证人",他们必须留存,但也必须接受传教,为的是在末日来临之前的全部皈依。

　　法律作为人们行为的最基本约束,作为暴力机关采取行动的准则,一直是制定任何政策的基准线。教宗们在制定相应的犹太政策时,除了要遵循传统的神学思想,教会从始至终必须跟从的律法原则,也会尽最大努力不违背世俗统治者的法律规范。这一方面是避免双方因基本政策的相左而产生不必要的冲突,另一面也是为普通信徒提供便利:作为一国公民必然要遵循本国的法律,作为一教信徒也必然要听从教宗的教导,若二者间的要求或命令相冲突便会使信众处于两难的境地。

　　教宗作为身处神圣与世俗之间的角色,必须在教会发展与社会进步之间找到平衡点。仅仅考虑"神圣的事宜"并不能使教会得到全部的发展资源,教会与其他势力间的政治博弈,对当下社会环境的考量,教会人士与财产的经济供养必然使得教宗要权衡所有利弊后制定出最优的政策,教宗的犹太庇护政策也是如此。

第六章　教宗犹太庇护政策的失败

根据前三章,我们可以看到中世纪的教宗们基本都采取了相对一致的犹太庇护政策,即在犹太人"安分守己"的基础上保护他们应有的权利不受侵害,就连对犹太人负面情绪极高的"大反派"英诺森三世也是如此。通过第四章的比较研究,我们也可看出相较于世俗统治者阴晴不定且残酷的犹太政策,教宗们的一致"庇护"甚至成为了犹太人存活的一丝指望,犹太人有时甚至会将《庇护训谕》当作安身立命的护身符。但即便如此,反犹事件仍不绝于耳,且愈演愈烈。由此可见,面对反犹力量,教宗的保护似乎总显得弱小。无论是面对十字军的屠杀,黑死病时期基督教暴徒的肆意陷害和掠夺,或是通过血祭诽谤和宿主亵渎指控给犹太人带来的迫害,教宗的呼吁和保护总是收效甚微,怒气难平的基督徒总是对教会的官方声音置之不理,导致对犹太人的迫害事件频繁发生。作为统治基督教世界的领导者,作为上帝降在人间的代理人,作为教会乃至整个欧洲社会最高权力的拥有者,教宗的呼吁和保护为何难以见效呢?

第一节　教宗犹太庇护政策的总体落实情况

一、犹太人的诉求

尽管在大多数情况下,教宗的告诫是在迫害发生后才发出的,那些在灾难中幸存下来的犹太人似乎总是对教宗的保护效力保持着某种信心,也许他们只能如此。因此,当阿拉贡的犹太人于 1354 年在巴塞罗那集会时,他们通过了一项决议,要求国王彼得四世(Peter IV of Aragon,1319 年 9 月 5 日—1387年 1 月 5 日)做到以下几点:

他应该以书面形式或通过派遣许多有分量的大使向万国之王——教宗求情，以便他能给予犹太人以下内容的庇护：

1. 颁布法令，禁止每当发生自然事件，例如瘟疫或饥荒发生时，大批的基督徒将罪过降在犹太人身上。他们应该通过善举来寻求上帝的恩惠，而不是通过毁灭犹太人来增加他们的罪过。根据他们自己的信仰，庇护犹太人是他们的责任。

2. 在教宗颁布的法令中，应有一条是禁止基督徒因为所谓的"宿主亵渎"的行为而攻击犹太人。这种情况不久前在塞维利亚（Seville）发生过。被指控的且找到其真正犯罪证据的嫌疑人应受到适当的审判，如果被判有罪，应受到惩罚，但教宗应禁止对犹太社区进行任何全面性的攻击，否则将被逐出教会。此外，他要宣布通常被指称的关于"宿主亵渎"的神迹是不可能的，这些神迹会被用来煽动暴民对犹太人的暴力行径。他要明确指出，任何相信这些东西的人都是异教徒，违背了他们自己的信仰和律法，因为这些律法命令他们在这片土地上将犹太人作为余民留下。

3. 教宗应颁布一项法令禁止在复活节期间将犹太社区置于围困状态。他将宣布，除了法律规定的方式，即"在那一天"他们应留在自己的房子里，闭门不出之外，以任何其他方式使犹太人痛苦，都是一种严重的罪过。

4. 教宗应对宗教裁判所的权力进行限制，宣布犹太人只有在否认自己信仰的某些信条时才犯有异端罪，例如否认上帝的存在，或否认《托拉》的神圣起源。但是，任何犹太人都不应该因为支持与犹太教信仰相一致的基督教异端的观点而被指控为异端。事实上，这样的人可能会受到世俗权力的惩罚，但应免于宗教裁判所的处罚。如果执政官们发现自己无法做到这样的让步，他们就要寻求一项法令，命令宗教裁判所向被指控的犹太人提供一份对他的指控的陈述，并且应该保证犹太人被授予寻找代理律师的权利。通常情况下，宗教法庭会为剥夺被告的两项基本权利进行辩护，理由是担心如果被告是一个有影响力的人，如果他被授予这些权利，他可能逃脱惩罚，但由于在犹太人的案件中不需要有这种担心，因为他们都没有影响力，因此剥夺他们的这种权利显然是不公正的。

5. 此外，如果一个基督徒想要归还他从以色列人那里抢劫或用暴力夺取的赃物，他将有义务把它归还犹太人，可以是手对手，也可以是通过祭司,但他不能因为把它归还犹太债权人而免除自己的罪过。①

我们可以从以上请愿中看到中世纪时期的犹太人期望在哪些方面受到教宗的保护:外在暴力行径、"宿主亵渎"的诽谤、圣周期间的迫害和宗教裁判所的权力以及财务自主权。一个值得注意的点是,他们并没有提到"血祭诽谤"。这可能是由于教宗频繁强调"血祭诽谤"的不可能发生,导致民众无法以此借口蓄意陷害犹太人。

事实证明,聚集在巴塞罗那的犹太人对英诺森六世的呼吁显然取得了预期的效果。萨拉莫(Cresques Salamo)是大会决议的签署人之一,他代表阿拉贡的犹太社区前往阿维尼翁,并获得了有利于犹太人的"一些训谕和教宗令"。其中一份的部分西班牙文译本或摘要保存了下来。②

二、《犹太人庇护训谕》的效用

(一)《庇护训谕》的频繁重复发布

最直观来看,同一位教宗频繁重复发布《犹太人庇护训谕》,或者多位教宗就某一特定事件反复通过《庇护训谕》反复谴责基督徒迫害犹太人的行径,本身就说明教宗犹太政策落实的无力和无效。

首先,教宗们试图通过《犹太人庇护训谕》来谴责基督徒因诽谤犹太人仪式谋杀而频繁爆发的对犹太人的迫害行径。从英诺森四世于 1246 年第一次发布《庇护训谕》起的大约 40 年的时间里,教宗们就发布了近 10 次该训谕,拒绝并谴责有关仪式谋杀的诽谤。频繁的发布证明了欧洲犹太人的无助和他们所面临的日益严重的迫害。它在反面也表明了教宗保护的有效性的低下。例如英诺森四世于 1247 年发布了该训谕,目的是为德国的犹太人辩护,反对仪式谋杀的诽谤。③ 额我略十世在 1272 年发布了该训谕,强调"在对犹太人定罪时,需要包括一名犹太人在内的一组混合证人。对于被指控犯有宗教仪式谋杀罪的犹太人,不能接受一名基督徒的证据,在不太可能发生这种谋杀的情况

---

① 参见 Rabbi Louis Finkelstein, *Jewish Self-government in the Middle Ages*, New York: The Jewish Theological Seminary of America, 1924, pp.336 – 39。

② Simonsohn, Vol.1, No.378, p.405.

③ Simonsohn, Vol.1, No.183, p.192 – 93.

下,只有在被抓到时才可以逮捕一名犹太人。"①然而在该训谕没有起到教宗想要的效果后,他又于 1274 年重新发布了一遍。② 当然,不可否认的是,教宗的《庇护训谕》确实下达到了世俗统治者那里,一些统治者中确认了教宗训谕并部分甚至逐字重新发表,这些统治者包括波希米亚国王奥托卡二世(King Ottokar Ⅱ of Bohemia, 1253 年—1278 年 8 月 26 日)、皇帝鲁道夫一世(Emperor Rudolph Ⅰ, 1218 年 5 月 1 日—1291 年 7 月 5 日)、萨瓦伯爵爱德华(Count Edward of Savoy, 1284—1329)、西西里国王玛尔定和玛丽皇后(King Martin Ⅰ of Sicily,约 1375/1376 年—1409 年 7 月 25;Queen Mary of Sicily, 1363 年 7 月 2 日—1401 年 5 月 25 日)等。在欧洲的档案馆和图书馆里有许多世俗统治者所发布的该训谕的副本。世俗统治者的配合更加说明该训谕成功下达到了许多国家和地区,但反犹暴力的频繁持续发生,以及教宗的多次重复发布也更加说明了该训谕收效甚微。

同样重复发布该训谕的还有教宗格来孟六世(Pope Clement Ⅵ, 1342 年 5 月 19 日—1352 年 12 月 6 日在位),他试图通过颁发《庇护训谕》来保障犹太人不受迫害,尤其是在黑死病爆发期间,然而似乎并没有起到什么效果。1347 年,一支热那亚舰队进入西西里岛的墨西拿(Messina),其船员感染了瘟疫。在不到六个月的时间里,该岛近一半的人口死于这种疾病。在接下来的三年里,意大利其他地区、伊比利亚半岛、法国、英国、低地国家和德国都发生了同样的情况。当瘟疫结束时,西欧三分之一到二分之一的人口死亡。这场灾难的后果是几代人都能感受到的。尽管犹太人和他们的基督教邻居一样受到黑死病的侵袭,但后者指责他们在水井和空气中投毒,造成了传染病。整个欧洲有数百个犹太社区被消灭,尤其是在德国和瑞士。在黑死病和随之而来的迫害之间,欧洲只有不到一半的犹太人在 14 世纪中期幸存下来。这一估计出来的数据得到了大家的公认,然而人们并无法得出确切的数字。③

面对这种情况,格来孟六世试图庇护犹太人,但没有取得多大成功。起

---

① Simonsohn, Vol.1, No.234, p.242-43.

② Simonsohn, Vol.1, No.238, p.246.

③ 关于黑死病的文献非常多,比较有代表性的研究成果有 Robert S. Gottfried, *The Black Death: Natural and Human Disaster in Medieval Europe*, New York: The Free Press, 1983; Richard W. Emery, "The Black Death of 1348 in Perpigna", *Speculum*, No.4, Vol.XLII (October 1967):611-23. 基督教和犹太教的受害者人数可能永远无法准确地确定。只有偶尔的抽样调查才有可能得到一些当地的大致统计数字。

初,他重新发布了标准的教宗庇护犹太人的训谕,即《犹太人庇护训谕》,该训谕已经有半个多世纪没有发表了。但这远远不够,也太晚了。1348 年冬天,黑死病已经到达阿维尼翁和法国南部的其他地区,基督徒因将罪责怪罪到犹太人头上而产生的大规模破坏活动也早已开始,而教宗训谕直到这一年的夏天才发表。① 因此,几周后,格来孟六世命令欧洲教会的所有教长及其下属在祈祷时告诫信徒不要逮捕、殴打、伤害和杀害犹太人,也不要强迫他们劳动,违者将受到开除公职的惩罚。几天后,格来孟六世重复了这一训谕,并作了微小的改动,再次强调不要因瘟疫而迫害犹太人,②但就之后仍频频发生的暴力事件而言,此次《庇护训谕》也似乎没有起到什么效用。

　　在阿维尼翁"流放"和教会分裂的剩余时间里,三位教宗颁布了《犹太人庇护法》训谕:乌尔邦五世(Urban V, 1362 年 11 月 6 日—1370 年 12 月 19 日在位)于 1365 年;波尼法九世(Boniface IX, 1389 年 11 月 9 日—1404 年 10 月 1 日在位)于其在位期间的某个时段;格来孟七世(Clement VII, 1523 年 11 月 26 日—1534 年 9 月 25 日在位)于 1392 年。而《犹太人庇护训谕》是否早在 13 世纪初就已经成为一个空洞而无用的公式,还是直到 14 世纪末仍然有一定的分量(即使正在减少),这是一个有待商榷的问题。如果它变得完全多余,犹太人就不太可能试图让它重新发行。而且十二世纪初和十五世纪初之间不断变化的外界环境也要求教宗采取不同的补救措施来适应特定的事件,也就是在《庇护训谕》上根据当时犹太人的境况添加内容来保护他们不受侵害。但这些在原始公式上添加的内容,例如驳斥血祭诽谤或仪式谋杀,在后来的版本中都被删去了,只有一个添加项自创造开始就一直保留了下来,即英诺森三世添加的那句"我们希望只将那些没有假定阴谋反对基督教信仰的人置于该训谕的庇护之下"。

(二)《庇护训谕》的效用低下

　　在第二章研究英诺森三世的《犹太人庇护训谕》的效用时,我们通过对比其《庇护训谕》发布的前后的反犹事件的数量与频率,得出了"该训谕的真实作用十分有限"的这样一个结论。我们有必要再用同样的对比方法对更多的例子进行研究,以便证明这个结论可代表普遍的教宗《犹太人庇护训谕》的效用

① Simonsohn, Vol. 1, No. 372, p. 396.
② Simonsohn, Vol. 1, No. 374, p. 398-99.

情况,而不是偶然现象。我们另外选取了两份教宗根据当时的情况添加了特殊条例的训谕进行比较。首先是额我略十世的第一份《庇护训谕》,该训谕的与众不同之处在于强调"基督徒对犹太人的指控只有在有犹太人作证的情况下才成立","犹太人基本上不做上述的事情(用人血祭祀),因为他们的法律禁止杀人和献祭,再加上这些错误的指控,他们经常受到不公正的迫害","基督徒不能用血祭来指控犹太人,因此被捕的犹太人应该被释放",[①]这几处内容的增加对庇护犹太人不受恶意指控和不公待遇至关重要。第二份是玛尔定四世的第二份《庇护训谕》,该训谕强调"人若要告犹太人,就必须有确实的凭据,否则告他的人就要受刑","如果任何受洗的犹太人与其他犹太人有联系,但他又不知道这个人是犹太人,他就不应该受到任何惩罚",[②]这两处增加也试图庇护犹太人不受诬告。由此可见,这两份训谕都在原《庇护训谕》的基础上增加了庇护犹太人不受诬告,生命不受侵害的至关重要的内容,相对于其他《庇护训谕》的保护力度应该更强,通过对比其发布前后的反犹事件的频率,我们可以大致了解此两份训谕的效率如何。

　　1. 额我略十世的第一份《犹太人庇护训谕》。教宗额我略十世生于 1210 年,于 1272 年 3 月 27 日至 1276 年 1 月 10 日在位。他的第一份《犹太人庇护训谕》于 1272 年 10 月 7 日发布。由于经常出现对犹太人的恶意指控和虚假指控,额我略十世在他的训谕中增加了一些涉及犹太人生存的关键内容。在他发布该训谕之前,1263 年,在柏林附近的贝利茨(Belitz),大量的犹太人因被指控进行宗教仪式谋杀而被烧死。[③] 1264 年,莱斯特(Leicester)第 6 代伯爵西满·蒙特福特(Simon de Montfort)在伦敦煽动了对犹太人的屠杀。[④] 1267 年,在一位老妇人指控犹太人从她那里买了一个基督教儿童来杀害后,德国普福尔茨海姆(Pforzheim)的整个犹太社区被屠杀和驱逐,社区领导人被杀害。[⑤] 在 1272 年,也就是额我略十世发布其《庇护训谕》的同年,有人向他报告

　　① Simonsohn, Vol. 1, No. 234, pp. 242 - 43.

　　② Simonsohn, Vol. 1, No. 248, p. 254.

　　③ R. I. Moore, *The Formation of a Persecuting Society: Authority and Deviance in Western Europe 950 - 1250*, Victoria, Australia: Blackwell Publishing, 2007, p. 36.

　　④ Oliver D. Harris, "Jews, Jurats and the Jewry Wall: A Name in Context", https://www.le.ac.uk/lahs/downloads/2008/2008%20(82)%20113-133%20Harris.pdf last accessed date March 21, 2023.

　　⑤ https://www.jewishvirtuallibrary.org/pforzheim last accessed date March 20, 2023.

称，一个犹太人拒绝在安息日救另一个犹太人。教宗对此心生厌恶，禁止犹太人继续遵守安息日。[①] 我们无法判断这一事件是发生在训谕发表之前还是之后。然而，无论如何我们仍然可以问一个问题：为什么教宗一方面试图庇护犹太人，另一方面却不相信他们，甚至对他们施加严格的限制？

1274 年，额我略十世重新发布了《庇护训谕》。[②] 然而，犹太人的境遇却似乎仍没有改变。1275 年，国王爱德华一世（King Edward I，1239 年 6 月—1307 年 7 月 7 日）通过一项法律，禁止犹太人放高利贷。[③] 尼各老三世（Nicholas III，1277 年 12 月 26 日—1280 年 8 月 22 日在位）于 1277 年 11 月 25 日成为教宗后，也于 1278 年 8 月 2 日发布了标准的《庇护训谕》。[④] 然而，2 天后，教宗又要求犹太人必须参加皈依布道会。[⑤] 在这里，我们可以看到，仅仅在 5 年内，两位教宗就继续发布了三次《庇护训谕》，这证明了所谓的庇护犹太人的训谕的效力之缺乏。此外，即使在连续三次密集发布庇护法之后，反犹事件的数量也没有减少。例如，在 1279 年，英格兰有 300 多名犹太人被绞死，罪名是剪钱（clippers of the coinage）。[⑥] 同年，英格兰发布公告，指示其境内犯有亵渎基督教教义的犹太人应被处死，或受到其他惩罚，有一个人因这一罪行在诺维奇被烧死。[⑦] 似乎在额我略十世发布诏书后的三年里，反犹事件的记录也有所下降，这与英诺森三世的情况相似。然而后续持续且频繁的反犹事件同样证明了，该训谕的效力是十分有限甚至是低下的。

2. 玛尔定四世的第二份《犹太人庇护训谕》。教宗玛尔定四世（Martin IV）生于 1210 年，于 1281 年 2 月 22 日至 1285 年 3 月 29 日在位。他在 1281 年 8 月 2 日发表了他的第二份《庇护训谕》。从 1275 年起，新的世俗法案开始传播，这些法典赞成排斥和歧视犹太人。[⑧] 1276 年，法国普罗旺斯

① Joseph Hacohen & The Anonymous Corrector, *The Vale of Tears*, translated plus critical commentary by Harry S. May, p.44.

② Simonsohn, Vol.1, No.238, p.246.

③ "Expulsion of Jews from England1290", in The British Library, https://www.bl.uk/learning/timeline/item103483.html, last accessed date April 13, 2023.

④ Grayzel, Vol.II, pp.139 - 42.

⑤ Grayzel, Vol.II, pp.142 - 45.

⑥ Paul Brand, "Jews and the Law in England, 1275 - 90", in *The English Historical Review*, Vol.115, No.464 (Nov., 2000):1148.

⑦ Albert M. Hyamson, *A History of the Jews in England*, p.96.

⑧ Robert Chazan, *The Cambridge History of Judaism*, Vol VI, pp.265 - 66.

(Provence)，宗教裁判官监禁了一些犹太人，向他们勒索罚款，对其中一个人进行了酷刑。[①] 在美因茨（Mainz），犹太人在 1188 年、1281 年和 1283 年受到迫害。在 1286 年，他们又被指控为仪式谋杀。[②]

玛尔定四世于 1281 年 3 月 1 日发布了第一份《庇护训谕》，并于 1281 年 8 月 2 日发布了第二份，一年内两次重复发布训谕，一方面说明了训谕的无效性，另一方面也说明了反犹事件的日益严重性，而这是难以控制的。1282 年，坎特伯雷大主教若望·派克汀（John Pectin）关闭了伦敦所有的犹太会堂，不允许犹太医生为基督徒治疗。[③] 1283 年，在美因茨，10 名犹太人在被指控血祭诽谤后被民众杀害。[④] 1285 年，68 名犹太人因为血祭诽谤的指控在德国慕尼黑被杀，约 180 名犹太人在犹太会堂被活活烧死。[⑤] 1287 年，德国伯尔尼的犹太人被指控谋杀了一名儿童。许多犹太人受到折磨，一些人被驱逐出国。[⑥] 犹太人被驱逐出法国的加斯科尼（Gascony）地区。[⑦] 1288 年，德国波恩的 104 名犹太人被杀。[⑧] 1289 年，犹太人被驱逐出缅因州（Maine）和安茹州（Anjou）。[⑨] 1290 年，最后，国王爱德华一世将所有犹太人驱逐出他的国家。

与英诺森三世和额我略十世相比，反犹事件的发生率并没有在短时间内下降，而是在玛尔定发表诏书后愈演愈烈，这也许与人们反犹情绪的增长成正比。反犹迫害的加剧使教宗在一年内发表了两份保护性训谕，然而，玛尔定的

---

① Grayzel, Vol. II, p. 20.

② Robert Chazan, *The Cambridge History of Judaism*, Vol. VI, pp. 265 - 66.

③ Eli Birnbaum, *Beyond Time Beyond Place: The Jewish People 69 - 1948*, Vol. I 69 - 1800, https://jewishhistory.org.il/history.php?id=3585, last accessed date April 13, 2023.

④ Gotthard Deutsch, Siegmund Salfeld, "Mayence", in Jewish Encyclopedia, https://www.jewishencyclopedia.com/articles/10511-mayence, last accessed date April 12, 2023.

⑤ "History of anti-Semitism", http://www.fact-index.com/h/hi/history_of_anti_semitism.html, last accessed date April 13, 2023.

⑥ Joseph Hacohen & The Anonymous Corrector, *The Vale of Tears*, translated plus critical commentary by Harry S. May, p. 45.

⑦ Ariel Hessayon, "The Persecution of the Jews and Muslims of Portugal. King Manuel I and the End of Religious Tolerance (1496 - 7)", in *Reviews in History* (September 2009) https://reviews.history.ac.uk/review/797, last accessed date April 12, 2023.

⑧ Richard Gottheil, A. Freimann, "Bonn", in Jewish Encyclopedia, https://www.jewishencyclopedia.com/articles/3540-bonn, last accessed date April 12, 2023.

⑨ Ariel Hessayon, "The Persecution of the Jews and Muslims of Portugal. King Manuel I and the End of Religious Tolerance (1496 - 7)", in *Reviews in History* (September 2009) https://reviews.history.ac.uk/review/797, last accessed date April 12, 2023.

反驳和建议并没有达到目的,对仪式谋杀的指控一直持续到现代。①

此外,在我们寻找史料的过程中,我们很少发现有犹太人记录的犹太历史书籍提到《犹太人庇护训谕》。在《泪之谷》(*The Vale of Tears*)中根本没有提到过该训谕,而《剑桥犹太教史》中为数不多的提及也没有赞扬它的积极作用,大多是一笔带过,或者批评它对犹太人的负面评价,比如它说:"教会对犹太人立场的模糊性……　在对《犹太人庇护训谕》版本的评论中凸显出来……"②在《泪之谷》中没有提到《庇护训谕》尤其值得注意。实际上,与基督教相比,由犹太人撰写的犹太中世纪编年史并不多。这本书尽可能地记录了犹太人的受迫害史。作者收集了尽可能多的材料,并对每个事件进行了详细介绍。根据我们的分析,《庇护训谕》作为教会庇护犹太人的最基本官方训谕,犹太人在面对基督徒的迫害时应该多次提到它,然而,约瑟夫·哈科恩(Joseph Hacohen)从来没有记录过犹太人听到、学到或使用该训谕的案例,更不用说他们用诏书来拯救他们的生命。

三、 远未达到预期目标的犹太庇护政策

十三世纪下半叶的教宗在保护或迫害犹太人方面,《犹太人庇护法》贡献了最大的力量,其次就是我们在第二、三章总结归纳的具体犹太政策,然而这些政策中的消极面从未消失,教宗一方面在维护着犹太人应有的权利,另一方面也见证甚至参与了对犹太人的贬低乃至迫害。1288 年,德国犹太人的精神领袖、罗滕堡的拉比梅尔(Rabbi Meir of Rothenburg, 1215 年—1293 年 5 月 2日)在前往巴勒斯坦的途中被皇帝鲁道夫一世(Emperor Rudolph I, 1218 年 5月 1 日—1291 年 7 月 15 日)扣留,教宗尼各老四世(Nicholas IV, 1288 年 2 月22 日—1292 年 4 月 4 日在位)与皇帝进行了交涉,试图替拉比梅尔说情。③ 然而,教宗的干预并没有产生任何效果。拉比梅尔一直被关在监狱里,直到去世。尼各老四世还曾向他在罗马的代理人发出了保护当地犹太人的任务,因为犹太人抱怨神职人员对他们进行不公正的征税,并对他们造成伤害和损害。④ 然而这一时期的教宗们又默许(至少是事后)了世俗统治者的反犹太措

---

① Grayzel, Vol. II, p. 22.
② Robert Chazan, *The Cambridge History of Judaism*, p. 48.
③ Simonsohn, Vol. 1, No. 259, pp. 266 - 67.
④ Simonsohn, Vol. 1, No. 270, pp. 278 - 79.

施,尤其是驱逐。例如,教宗亚历山大四世(Alexander IV,1254 年 12 月 20 日—1261 年 5 月 25 日在位)允许蒂博特二世(Thibaut II,1090 年—1152 年 1 月 10 日)没收犹太人的财产,即使这些财产是用高利贷收入购买的。教宗还补充了一个常见的建议,即努力追踪利息的基督教所有者,如果归还不可行,就把钱用于虔诚的目的。[①] 波尼法八世允许西西里岛的玛格丽特女王(Queen Margaret of Sicily,1250 年—1308 年 9 月 4 日),即国王查理一世(King Charles I,1226/1227 年—1285 年 1 月 7 日)的遗孀,为自己指定一位忏悔者。他赦免了她的各种罪过,包括在她的领土上向犹太人勒索钱财,条件是她要把抢来的钱财分给老弱病残。[②] 同样,格来孟五世在 1305 年赦免了法国国王菲利普四世(King Philip IV,1268 年—1314 年 11 月 29 日在位)的各种罪行,包括敲诈和没收犹太人的钱财。然而,国王要求把所有源于高利贷的钱捐给虔诚的慈善事业。[③]

法国和英国在 13 世纪决定在其领土上清除犹太人的原因引起了当时和现代学者的兴趣。虽然有些学者提出一些个别动机,如犹太人的借贷或王室的贪婪,但情况更为复杂。1253 年的驱逐令不仅仅来自皇室的压迫,也不仅仅是来自英国庄园和资产阶级压力的受害者。还涉及其他的社会、宗教、经济和政治因素。也不仅仅是要求将人口中的一部分人排除在外。神职人员和非神职人员,无论高低贵贱,都叫嚣着要把犹太人从他们中间驱逐出去。一千年来的宣传、敌意和迫害必须达到沸点。这一现象首先发生在法国和英国,随后西欧的其他国家也很快跟进。教廷显然对此无话可说。一位学者对这种情况进行了描述:

> 只有反对他被谋杀时,教会,这个被压迫者的守护者,才会大声疾呼。如果发出驱逐他的命令,教会则会赞成,因为基督教社会没有他会更好;如果他的财产被没收,教会则会高兴,因为他的财产是用违禁的手段获得的;如果他的孩子们被迫接受洗礼,教会会感到后悔,但教义禁止任何试图让孩子回到他父亲的家庭和宗教的企图。[④]

---

① Simonsohn, Vol. 1, No. 209, pp. 213 - 14.

② Simonsohn, Vol. 1, No. 277, p. 285.

③ Simonsohn, Vol. 1, No. 282, pp. 289 - 90.

④ James Parkes, *The Jews in the Medieval Community: A Study of His Political and Economic Situation*, New York: Hermon Press, 1976, p. 102.

由此可见,尽管《犹太人庇护训谕》很重要,尽管教宗的犹太庇护政策试图在多方面保障犹太人应有的权利,但是它并没有结束欧洲的反犹太主义,犹太人在整个中世纪及以后仍然面临迫害和暴力。它的效力即使不能说是没有,也是非常有限的。教宗犹太庇护政策远未达到预期目标。

第二节　失败缘由

一、教宗态度的摇摆不定

从教宗的角度来看,一方面他们的态度总是摇摆不定,另一方面也没有坚决贯彻执行自己发布的训谕。例如在 1063 年,教宗亚历山大二世向那些保护过犹太人的官员发出了表扬信。他把对待政治上的敌人穆斯林和宗教上的敌人犹太人区分开来。但他说得模棱两可的,在赞扬那些庇护犹太人免受法国士兵伤害的官员的同时,他还写道,犹太人"因上帝的恩典而成为奴隶,他们失去了自己的家园和自由,在整个地球上生活在痛苦之中,遭受永久的惩罚,并因洒下救世主的鲜血而受到诅咒。"[①]这种极端贬低的用语与教宗试图庇护犹太人的立场严重对立,势必会让普通信众和神职人员怀疑是否真的有必要不去迫害甚至保护那些要遭受"永世惩罚的罪人们"。总的来说,基本所有中世纪教宗对犹太人和犹太教都有着这种"对立且矛盾"的立场,而在这一方面最具代表性的教宗有三位:玛尔定五世(Martin V, 1417 年 11 月 21 日—1431 年 2 月 20 日在位),欧吉尼四世(Eugene IV, 1431 年 3 月 11 日—1447 年 2 月 23 日在位)和尼各老五世(Nicholas V, 1447 年 3 月 19 日—1455 年 3 月 24 日在位)。

(一)玛尔定五世

玛尔定五世是教宗态度模棱两可最好的例子。

随着教宗玛尔定五世的到来,犹太人在教廷手中的待遇恢复了相对正常。在玛尔定离开康斯坦茨(Constance)之前,西吉斯蒙德皇帝(Emperor Sigismund, 1368 年 2 月 14 日—1437 年 12 月 9 日)为德国的犹太人求得了一

---

① Simonsohn, Vol. 1, No. 37, pp. 35 - 6.

份保护训谕。教宗确认了他的前任给予犹太人的特权,其主要内容涉及教会对帝国犹太人的管辖范围;犹太人需佩戴的标志;举行犹太仪式的自由;以及禁止强迫 12 岁以下儿童接受洗礼等。①

意大利的犹太人也感到,随着玛尔定五世的到来,事件可能会有转机。犹太人在福里(Forli)召开了会议,决定派代表团去觐见正在返回罗马途中的教宗,并在曼托瓦(Mantua)向他请求庇护犹太人法令。他们的努力取得了成果:1419 年初,当玛尔定还在曼托瓦时,他重新发布了《犹太人庇护训谕》。然而,这个版本与以前的版本不同,它是以之前的《庇护训谕》的形式表述的对犹太人特权的确认。但该训谕的适用对象仅是意大利中部和北部的犹太人,博洛尼亚、安科纳和周边地区除外。② 玛尔定五世废除了对立教宗本笃十三世(Benedict XIII,1394 年 9 月 28 日—1423 年 5 月 23 日在位)在 1415 年颁布的反犹太法令。③ 该法令可谓是教廷有史以来对犹太人限制性最强的法令之一。但玛尔定也补充说,对犹太人的行径不应超出其法令中的规定。他们应得到人道和宽容的对待,并应通过爱而不是武力来吸引他们加入基督教。然而,很难想象他打算如何将他的法令与这些原则结合起来。玛尔定五世在废除了该法令后,又允许西班牙的犹太人治疗生病的基督徒,从事中间人和货币兑换商等工作。后来,他确认了犹太人在阿维尼翁(Avignon)的特权。1422 年 1 月,他应维泰博(Viterbo)的犹太人的要求,重新发布了《庇护训谕》。这个版本混合了从其早期版本中摘取的内容,外加一章确认了维泰博(Viterbo)犹太人社区的特权。④

似乎是为了弥补他的一些前任的遗漏,教宗玛尔定五世在 1422 年 2 月发布了另一份《庇护训谕》,发布时间就在为维泰博的犹太人发布该训谕的几周后,该训谕禁止基督教传教士、乞丐、修士和其他人煽动基督教民众反对犹太人,并再次确认犹太人的特权。⑤ 然而这也是不久后被撤销的那份训谕。教宗在 1423 年的训谕中声称自己被误导了,1422 的《庇护训谕》是犹太人向他

---

① Simonsohn, Vol. 2, No. 591, pp. 669 - 71.

② Simonsohn, Vol. 2, No. 596, pp. 679 - 81. 教宗为什么特别将博洛尼亚(Bologna)和安科纳(Ancona)排除在外,训谕中没有说明。也许他为那里的犹太社区单独发布了一份训谕(该训谕未被保存下来),或者这可能与他在这个阶段重新控制教宗国的政治局势有关。

③ Simonsohn, Vol. 2, No. 538, pp. 593 - 602.

④ Simonsohn, Vol. 2, No. 613, pp. 709 - 11.

⑤ Simonsohn, Vol. 2, No. 614, pp. 711 - 13.

勒索来的。① 显然这里所说的被误导并不是指训谕的通常存在的那些条款，甚至不是指禁止诽谤仪式谋杀和在水井中投毒的相关段落，而是指那些禁止修士和其他传教士鼓动基督教民众反对犹太人的内容。这些传教士被指控告诫他们的听众避开犹太社会，不要为他们烤面包、生火或做任何其他服务，并以逐出教会作为威胁。另外有争议的内容是限制了异端裁判官对犹太人的权威。玛尔定五世可能是屈服于来自教士的压力，也可能是来自卡皮斯特拉诺的若望(John of Capistrano，1386 年 6 月 24 日—1456 年 10 月 23 日)和异端裁判官的压力。由此我们看到教宗玛尔定五世迫于教会内部的压力，从最初的"亲犹"开始向"限犹"转变。

　　教宗对他在西班牙给予犹太人的特权也采取了类似的模棱两可的立场。在给塔拉戈纳(Tarragona)大主教达尔马提斯(Dalmatius de Mur)、瓦伦西亚(Valencia)主教雨果(Hugo de Lupia y Bagés)和赫罗纳(Gerona)主教安德烈亚斯(Andreas Bertram)的信中写道，他被告知他给予犹太人的特权在西班牙民众中引起了反对。他指示教长们让犹太人给他们看教宗的训谕，对其进行适当地审查，并删除那些他们认为不合适的条款。② 但是信中没有说明西班牙人反对的是教宗给予犹太人的哪些特权，也许是在 1422 年发布的两份训谕，因此，这些反对者究竟是谁尚不十分清楚。几年后，在 1427 年，玛尔定五世给阿维尼翁(Avignon)和威内桑县(Venaissin)的教宗委员会的负责人方济·康齐埃(Francis Conzié，1356—1431)写了一封类似的信，说他被告知那里的犹太人使用了已被废除的训谕，这里他显然是指发布于 1422 年 2 月的那份被废除的《庇护训谕》。他命令康齐埃没收这些训谕的残存文本并禁止犹太人使用它们。③

　　然而，几乎没有两年时间，玛尔定五世摇摆不定的"限犹"政策就再次出现了向"亲犹"的转换。为了回应意大利犹太人的抱怨，他在 1429 年发表了一份训谕，几乎重复了他在被废除的 1422 年 2 月的训谕中所说的一切。传教士、修士和其他人再次被禁止鼓动基督徒反对犹太人，其中还包括一份被禁止的歧视、贬低和其他亵渎行为的清单。最后，它确认了给予犹太人的所有特权。

---

　　① Simonsohn, Vol. 2, No. 620, pp. 720 - 21.
　　② Simonsohn, Vol 2, No. 624, pp. 725 - 26.
　　③ Simonsohn, Vol 2, No. 648, p. 757.

玛尔定五世自己既没有提到1422年的原始训谕,也没有提到它的撤销,但这分训谕基本上与1422年的训谕是同一个文件,只是增加了一些内容,使其规定更加具有保护性。①

玛尔定五世在其教宗任期即将结束之际,对其领地内的犹太人采取了较为友好的态度。1430年,他确认了波尼法九世于1403年在罗马授予犹太人特权的训谕。② 第二年,他指示他在阿维尼翁和威内桑县地区的总主教弗康齐埃任命两名教会成员,以确保在阿维尼翁授予犹太人的特权得到严格遵守。③ 然而,玛尔定五世却又批准了对犹太人的驱逐,至少是默许的驱逐。在奥地利公爵和莫拉维亚(Moravia)侯爵阿尔伯特五世(Albert V)驱逐犹太人后,他允许伊拉瓦(Ihlava)的人们将当地的犹太会堂改为教堂。④

由此我们可看到,玛尔定五世在位期间没有统一的犹太政策,时而试图庇护犹太人,时而谴责犹太人利用保护他们的训谕过度维权,他一直在"亲犹"和"限犹"两种对立的态度间来回横跳。人们对玛尔定五世性格的评价各不相同,而且不仅仅是在他对犹太人的政策方面,其他一些事务上他也是如此。总的来说,在面对各个层面对他施加的相互冲突的压力下,玛尔定五世试图走一条中间路线,但是他似乎不止一次地以失败告终。

(二) 欧吉尼四世

与玛尔定五世相似的还有欧吉尼四世。他于1436年授予卡斯蒂利亚(Castile)和莱昂(Leon)的犹太人一份保护性训谕,其措辞与传统的《犹太人庇护训谕》相似,但其内容却有所不同。它包含了对犹太人在强制布道、与基督徒交往和皈依等方面的令人惊讶的让步。⑤ 由于它是犹太人通过与教廷直接谈判获得的,因此教会内部再次向教宗施加反压力则不足为奇。由于修士、教士和其他反犹人士仇视犹太人的努力成果,教宗首先于1441年声明,由于莱昂和卡斯蒂利亚的犹太人滥用了给予他们的特许权,这些特许权不能超出普通法的规定,必须与普通法相一致。⑥ 接着又于1442年的《在上帝的羊群中》

---

① Simonsohn, Vol 2, No.658, pp.771 - 72.
② Simonsohn, Vol.2, No.670, pp.789 - 90; Vol.1, No.499, pp.539 - 44.
③ Simonsohn, Vol.2, No.678, pp.799 - 801.
④ Simonsohn, Vol.2, No.643, pp.748 - 50.
⑤ Simonsohn, Vol.2, No.719, pp.842 - 44.
⑥ Simonsohn, Vol.2, No.739, pp.865 - 66.

(*Super gregem Dominicum*)训谕中废除了 1436 年给予他们的特权。① 教宗
所说的撤销理由是，卡斯蒂利亚和莱昂的犹太人误解并滥用了教宗的特权。
据报道，这导致了对基督教信仰的纯洁性的破坏，并在基督教社会中造成了丑
闻。因此，教宗说，这种特权应缩减为普通法律条款，如果它们超出了普通法
律的限制，就不应再适用。"不能超出普通法的规定"是一个新的公式。在莱
昂和卡斯蒂利亚的情况下，它意味着如果一项特许权与 15 世纪上半叶的压制
性世俗立法相冲突，则后者优先。这种与普通法不相容的一揽子定义使教宗
省去了将其法令与普通法的每一个细节进行比较的麻烦。这也使他安全地知
道，如果西班牙有人反对对犹太人的过度宽大，那么这个人只能怪自己不理解
世俗法案，而不是教宗的政策过度偏袒犹太人。实际上，无论教宗的意图如
何，这也剥夺了教宗对犹太人的保护，将犹太人的命运置于世俗统治者的
手中。

　　然而，西班牙的反犹太群体似乎并不满足于此。人们怀疑犹太人试图利
用他们仍然拥有的每一丁点的教宗保护。其中之一是玛尔定五世的训谕，该
训谕于 1422 年公布，随后不久即被废除，但在 1429 年又以不同的标题重新出
现。② 他们的敌人显然认为，需要再次明确地取消 1422 年的训谕。结果是欧
吉尼四世于 1443 年发表声明，再次确认撤销了 1422 年的训谕，他强调该训谕
过分偏袒犹太人，而且玛尔定五世本人也废除了它。③ 而重新废除 1422 年的
训谕并不针对任何特定的国家和地区，因此是普遍适用于所有地区的。至此
教宗欧吉尼四世几乎废除了所有赋予犹太人的教宗特权，并公布了一系列禁
令和限制。我们看到欧吉尼四世起初对犹太人是十分友善的，但迫于教会与
民众的压力，他一步步逐渐剥夺犹太人仅有的权利，直至几乎全部废除。

（三）尼各老五世

　　尼各老五世继续执行欧吉尼四世对犹太人的限制性政策。他于 1447 年
任职教宗后立即重新发布了《在上帝的羊群中》训谕，这次是针对意大利的犹
太人和撒拉逊人。④ 1451 年，他又发布了同一限制性训谕的另一版本。⑤ 尼各

---

① Simonsohn, Vol. 2, No. 740, pp. 866 - 67.
② Simonsohn, Vol. 2, No. 658, pp. 771 - 72.
③ Simonsohn, Vol. 2, No. 745, pp. 881 - 83.
④ Simonsohn, Vol. 2, No. 765, pp. 915 - 17.
⑤ Simonsohn, Vol. 2, No. 783, pp. 945 - 46.

老五世的两次再版只对训谕的措辞进行了微小的改动,如将公布后的等待期从 30 天缩短到 15 天。甚至连在西班牙与犹太人处于同等地位的萨拉森人也保留在意大利的版本中,尽管在 15 世纪该地区几乎没有任何信奉伊斯兰教的人,他们也许仅生活在西西里的偏远角落。卡皮斯特拉诺的若望(John of Capistrano,1386 年 6 月 24 日—1456 年 10 月 23 日)也许是该法令的主要推动者。他在十五世纪上半叶与教宗保持着友好的关系,特别是与尼各老五世和加利斯多三世(Callixtus III,1455 年 4 月 20 日—1458 年 8 月 6 日在位)的关系,他向这两位教宗预言了他们会登上教宗宝座。

尼各老五世在迫害犹太人方面并没有一意孤行。由于雷卡纳蒂(Recanati)的犹太社区的倡议,或其他犹太人的反压力,他发表了一系列的训谕,这些训谕至少有一部分与《在上帝的羊群中》的内容相矛盾。在他第一次重新发布镇压性训谕的几个月后他又批准了西班牙犹太人的请愿,以保护他们不受强迫他们接受基督教的神职人员和平信徒,特别是煽动民众反对他们的传教士的影响与迫害。该请愿书引用了教宗欧吉尼四世的《庇护训谕》。尼各老五世禁止西班牙的基督徒做他的前任所禁止的事情,包括仪式谋杀的相关诽谤,并命令教士们使用他们所掌握的一切手段来庇护犹太人。①

然而仅仅一个月后,尼各老五世便将钟表摆向了相反的方向。在 1447 年发表的一份新的训谕中,教宗确认了 1443 年欧吉尼四世对玛尔定五世发表的 1422 年《庇护训谕》的撤销,该训谕于 1423 年被玛尔定五世本人废除。尼各老五世把他发布确认书的决定归功于方济各会的一位成员,即来自古比奥的方济(Francis of Gubbio)的压力。②

就这样,教宗的态度不断地来回变换。1448 年中期,应费拉拉(Ferrara)侯爵列奥内洛(Leonello d'Este,1407 年 9 月 21 日—1450 年 10 月 1 日)领土上的犹太人的请求,尼各老五世重新颁布了保护意大利犹太人的训谕(他曾在《在上帝的羊群中》中废除了这些条款)。他禁止基督教传教士鼓动民众反对犹太人;限制宗教裁判所对犹太人的管辖权;禁止强迫犹太儿童接受洗礼;允许犹太人与基督徒做生意;并给予犹太人宗教自由。该训谕包含《庇护训谕》标准模式的主要内容,但措辞不同。正规的神职人员被指示庇护犹太人不受

---

① Simonsohn, Vol.2, No.767, pp.919 – 21.
② Simonsohn, Vol.2, No.768, pp.921 – 22.

其他基督徒的伤害，并谨守《庇护训谕》所规定的内容。① 就在同一天，尼各老五世授予侯爵允许犹太人居住在其领土上的权利，并允许从事利息贷款的相关工作，他同样也赦免了列奥内洛和他的前任们在过去犯下的所有罪行。② 1451 年，尼各老再次向列奥内洛的继任者，费拉拉的第一任公爵博尔索（Borso d'Este，1413 年 8 月 24 日—1471 年 8 月 20 日）颁发了类似的训谕。③

尼各老在答复曼托瓦（Mantua）侯爵卢多维科 · 贡萨加（Ludovico Gonzaga，1412 年 6 月 5 日—1478 年 6 月 12 日）于 1449 年的请求时也采取了同样的行动。他授权曼托瓦主教加莱阿佐（Galeazzo Cavriani，1406 年—1466 年 7 月 18 日）（他本人是曼托瓦犹太人放贷的强烈反对者）向侯爵颁发准许其领地内的犹太人放贷的许可。④ 然后，尼各老五世却又委托西西里的裁判官雅各伯 · 夏奇（Jacob Xarchi）对岛上的犹太人的活动进行调查，特别是有关高利贷和其他不端行为的情况。西西里岛国王阿拉贡的阿方索（Alfonso of Aragon，1481 年—1500 年 8 月 18 日）批准了该法令，并授权夏奇采取相应行动。但是，在西西里岛的犹太人提出交涉并向王室国库支付了 3,000 个金币后，国王便制止了审讯活动。⑤

尼各老五世不仅屈服于强大的意大利统治者，如费拉拉的埃斯特家族（The House of Este）和曼托瓦的贡萨加家族（The House of Gonzaga）的压力，而且屈服于那些希望容忍犹太人和犹太银行业务的小镇的压力。索阿维（Soave）就是这样的一个市镇（comune），它请求教宗批准它与犹太银行家的协议，并放宽他们可能因此而受到的教会责难。教宗指示维罗纳（Verona）主教方济 · 康杜尔默（Francis Condulmer，1390 年—1453 年 10 月 30 日）这样做，并让他允许当地犯下罪行的人进行适当的忏悔。⑥ 尼各老五世对奥地利（Austria）、施蒂利亚（Styria）、卡林西亚（Carinthia）、蒂罗尔（Tyrol）、勃艮第（Burgundy）、阿尔萨斯（Alsace）和周边地区的统治者更加宽松。他向他们保证，他们不需要为接纳犹太人进入他们的领土而困扰自己的良心，允许他们有

---

① Simonsohn, Vol. 2, No. 771, pp. 925 – 27.
② Simonsohn, Vol. 2, No. 772, pp. 927 – 29.
③ Simonsohn, Vol. 2, No. 789, pp. 955 – 57.
④ Simonsohn, Vol. 2, No. 774, pp. 932 – 34.
⑤ Simonsohn, Vol. 2, No. 776, p. 938.
⑥ Simonsohn, Vol. 2, No. 790, pp. 957 – 59.

偿借钱,这比让基督徒借钱更可取。他甚至敦促统治者人道地对待他们的犹太臣民。[1] 尼各老五世也向其他基督教政府,如卢卡(Lucca),颁发了类似的许可证。[2]

教宗于1452年同意了腓特烈三世皇帝(Emperor Frederick III,1415年9月21日—1493年8月19日)、班贝克(Bamberg)主教和萨尔茨堡(Salzburg)大主教的请求,以减轻教廷大使枢机尼各老(Cardinal Nicholas of Cusa)对德国犹太人采取的限制性措施。[3] 皇帝获得了将这些措施暂停一年的许可,即使在那之后,这些措施可能也没有得到全面执行。当主教对犹太人的限制性规定超出普通法的范围后,教士便获得了对其的撤销权,这意味着这些规定至少部分被废除了。班贝克枢机主教安东尼·罗滕汉(Anthony of Rotenhan,1432—1459)说,如果这些措施得到执行,犹太人将很难继续存在,尤其是在勃兰登堡(Brandenburg)。如果犹太人被迫离开,主教和世俗统治者之间就会发生严重冲突。因为勃兰登堡在当时仍在发展初期,还不能免除犹太人的经济和行政服务。萨尔茨堡(Salzburg)大主教沃尔克斯多夫(Sigismund of Volkersdorf,1395年—1461年11月3日)也认为,对犹太人使用宗教会议所制定的规章制度会迫使他们离开,而这反过来又会对他的教会不利。尼各老五世在批准该请愿书时说,暂停规章是主教们的讨论和"某些其他原因"的结果。[4]

但当教宗受到相反方向的压力时,他也同样轻易地屈服了。这种压力来自西班牙,主要是来自卡斯蒂利亚和莱昂的国王约翰二世(King John II of Castile and Leon,1405年3月6日—1454年7月20日)。国王对玛尔定五世废除1422年的保护性训谕并不满意,尽管它在1423年被玛尔定自己废除,1443年被欧吉尼四世再次废除,1447年又被尼各老五世再次废除。国王希望逐字逐句地取消原训谕中提到的教会保护,而尼各老五世也这样做了。这似乎可以说明《庇护训谕》在15世纪中叶仍有其作用。而就在同一天,尼各老五

---

① Simonsohn, Vol.2, No.794, pp.966-68.

② Simonsohn, Vol.2, No.810, pp.992-93.

③ Simonsohn, Vol.2, No.805, pp.984-85.

④ Simonsohn, Vol.2, No.812, pp.994-96;No.816, pp.1001-02.尼各老五世在向勃兰登堡发送这封信之前就去世了。他的继任者加利斯多三世(Calixtus III)确认并发送了这封信,但把它交给了维尔茨堡(Würzburg)的主教。可能有两封信。参见 Simonsohn, Vol.2, No.821, pp.1008-09。

世也批准了约翰国王的请求,以确认国王和他的父亲关于隔离莱昂的犹太人并让他们佩戴标志的命令。① 他还批准了坦迪拉(Tendilla)领主门多萨的伊尼戈(Inigo de Mendoza,1424 年—约 1507 年)的请求,将瓜达拉哈拉(Guadalajara)的一座犹太会堂改为小教堂,因为领主认为那里的犹太人已有足够的会堂了。②

　　基于对以上三位具有代表性的中世纪晚期的教宗的分析,我们似乎看到了教宗犹太庇护政策无法取得应有成效的主要原因:作为政策的制定者和发起者,教宗们理论上应该有至高的权力和能力来推行他们对犹太人的"庇护"。然而他们一方面根据神学原因试图维护犹太人的留存,另一方面又迫于各方压力摇摆不定,这种压力不仅仅来源于神职人员和世俗统治者,也来源于犹太人。高高在上的教宗似乎要努力满足任何一个请愿者的需求,这必然导致了哪一方的需求都无法完全满足。这种困境在我们上文提到的三位教宗身上尤其明显,但它也代表着几乎所有教宗的犹太政策的落实困境:面对多方压力,教宗的摇摆不定必然使得其犹太庇护政策无法高效地落实,更何况很多教宗们在推进这些政策时也并未出于真心。在这个等级森严的教会组织中,最上层的教宗的模棱两可的态度也为中下层的神职人员和平信徒释放了一个信号:迫害犹太人并不会有什么实质性的后果。从而导致了中世纪时期的反犹暴力不绝于耳。

二、 教宗权利的区域局限性

　　中世纪有着独特的封建制度,小国林立。领主们宣誓效忠国王,国王赐予领主土地,他们共同遵守与维护双方的权利和义务。中世纪的教宗在一定程度上与庄园的领主一样,直接管辖自己的领地,对自己领地之外的一切有一定影响,但影响程度会因各地区世俗统治者的态度和能力而大不相同,尤其是当世俗统治者的自身利益与教会的政策相左时。例如西里西亚(Silesia)公爵亨利一世(Henry the Bearded,1165 年—1238 年 3 月 19 日)在与布雷斯劳(Breslau)主教关于缴纳十一税的争端中站在犹太人一边。教宗任命了三位教会人士来裁决这一争端。③ 但此时,西里西亚的犹太人正在帮助该国的殖

① Simonsohn, Vol. 2, No. 800, pp. 975 - 77; No. 801, pp. 977 - 78.
② Simonsohn, Vol. 2, No. 785, pp. 948 - 49.
③ Simonsohn, Vol. 1, No. 119, pp. 122 - 23.

民化,因此,公爵很关心他们的财务状况,毕竟他们的境遇会直接关系到公爵所统治的领土内的繁荣与否。

教宗何诺略三世在 1217 年公布了与其前任一样的标准模式的《犹太人庇护训谕》。① 但他也不得不发布额外的训谕来庇护犹太人。第一份相关训谕出现在 1219 年,这是教宗在启动了针对犹太人的教会行动后,不得不又遏制当地神职人员的过度热情的一个典型例子。在给苏瓦松的圣让德维尼修道院院长拉乌尔(Raoul, abbot of Saint-Jean-des-Vignes in Soissons)、瓦尔-塞克特修道院院长康拉德(Conrad, abbot of Val-Secret)和苏瓦松院长盖伊(Guy, dean of Soissons)的信中,教宗何诺略三世指示他们禁止香槟区的教士逾越第四次拉特兰会议关于犹太人的决议。与此同时,香槟区的女伯爵布兰奇(Blanche of Navarre,约 1177 年—1229 年 3 月 12 日)也曾向教宗抱怨说,教士们正在干涉她对其领土上的犹太人的管辖权。② 这是世俗统治者与当地教会之间持续摩擦的一部分,世俗统治者对其领地有着直接管理权,相较于远在罗马的教宗的指示,有些统治者显然以自己的利益优先,而犹太人则成为了双方争论的一个焦点。

在阿拉贡发生了一个类似的案件。阿拉贡国王詹姆斯一世向教宗抱怨说,塔拉戈纳大主教斯帕拉戈(Sparago de Barca, archbishop of Tarragona)和他的下属正在强迫阿拉贡的犹太人按照第四次拉特兰会议的决议佩戴"新"标志,但犹太人已经穿着区别于基督徒的衣服,这样做显然没有必要。教宗何诺略三世批准了国王的请愿,并命令大主教和他的助手们停止行动。③ 有可能是在国王的御医艾萨克·本维尼斯蒂(Isaac Benvenisti)的影响下,詹姆斯国王才向教宗求情,但无论如何,最根本的原因仍然是国王认为他应该是其领土内的最终负责人,教宗的代理人需要按照他的要求来做。

教宗格来孟四世在 1266 年左右给詹姆斯国王写了一封信,其措辞可谓严厉。教宗在回顾了国王从穆斯林手中征服了这么多领土对基督教的巨大贡献后,列举了国王的错误行为:首先是允许被征服的穆斯林享有这么多自由,其次是给犹太人这么多的余地。教宗格来孟明确指出,应由教宗而不是国王来

---

① Simonsohn, Vol. 1, No. 98, p. 102.

② Simonsohn, Vol. 1, No. 103, pp. 106 – 07.

③ Simonsohn, Vol. 1, No. 108, p. 111.

决定犹太人应享有哪些特权,他声称教宗拥有最高权威。① 然而国王并没有按照教宗的要求行事,他的犹太政策是根据国家和自己的需求而定。这便导致仅仅半年之后,教宗又给国王发了一封措辞严厉的信件,这次他又向阿拉贡的教士发出了类似的声音。② 教宗要求国王在其境内对《塔木德》进行更严格的审查,确保里面的内容不会危害基督教信仰,但是没有任何证据可以证明国王按照教宗所说的去做了。

法国国王腓力四世(Philippe IV,1268 年—1314 年 11 月 29 日)一再反对宗教裁判所对犹太人的要求和审查。这并不是说他对犹太人有什么特殊的感情,他曾在 1306 年把犹太人驱逐出其领土。只是因为他非常需要他们被宗教裁判所没收的金钱和财产。1288 年,在特鲁瓦市(Troyes),13 名犹太人被拉到一个教会法庭前,受到酷刑,并以仪式谋杀的罪名被处决,所有这些都是在没有通知国王或他的官员的情况下进行的,国王对此非常愤怒。③ 1293 年,他再次命令他在普罗旺斯(Provence)的参事,不允许在没有世俗当局的同意下审判犹太人。当然,他这样做并不是要充当犹太人的保护者的角色,他对犹太人的兴趣纯粹是经济上的,更重要的是他要维护国王的个人权威和司法权,在他的国家内他的权力要高于教宗的代表人甚至是教宗本人。1306 年,由于与佛兰德人(Flemish)的战争和复杂的货币重估问题,腓力普国王缺钱,为了解决这个问题,国王驱逐法国犹太人并没收变卖了他们的财产。

其他涉及教宗与统治者间的冲突的例子还有:本笃十二世于 1340 年请求阿拉贡国王彼得四世(Peter IV,1319 年 9 月 5 日—1387 年 1 月 5 日)纠正其境内的情况,即犹太人和穆斯林不遵守教会法规,与基督徒自由混合,并侮辱基督教。塔拉戈纳(Tarragona)大主教阿纳尔德(Arnald Cescomes)和萨拉戈萨(Saragossa)大主教伯多禄(Peter Lopez de Luna)以及他们的副手奉命为此向国王施加压力。同时,教宗又命令阿拉贡的市政官员协助国王处理此事。④ 格来孟六世(Clement VI)要求法国国王菲利普六世(Philip VI,1293年—1350 年 8 月 22 日)释放达克斯(Dax)主教伯尔纳铎(Bernard de Lipasse)

---

① Simonsohn, Vol.1, No.226, pp.230–32.

② Simonsohn, Vol.1, No.229, pp.235–36.

③ Isidore Singer, S. Kahn, "Troyes", in Jewish Encyclopedia, https://www.jewishencyclopedia.com/articles/14528-troyes, last accessed date August 15,2023.

④ Simonsohn, Vol.1, No.357, pp.376–77; No.358, p.377–78; No.359, p.378–79.

以及其他被法国人在海上俘虏的人,包括犹太人。[①] 英诺森六世于 1356 年下命令庇护在国王彼得四世(Peter IV)统治下的生活在阿拉贡的犹太人;于 1357 年委托科斯梅丁(Cosmedin)圣玛丽亚的枢机主教执事兼教宗公使威廉(William de al Jugée)对卡斯蒂利亚和莱昂国王彼得一世(Peter I of Castile and Leon)进行起诉,因为他拥有邪恶的顾问团体,里面既有基督徒也有犹太人。[②]

　　这些例子表明,尽管有教宗和教会的政策,一个国家的世俗统治者对其领土上的犹太人的待遇有决定性的影响。我们在第四章分析某些世俗统治者的犹太政策时也发现他们在大多数情况下都是优先国家发展,将教宗的命令置于次要地位。首先,中世纪的教宗和世俗统治者在精神和世俗权力方面有所重叠,双方都给予对方所谓合法的管辖权。统治者有上帝赋予的统治权力,教宗也有上帝赋予的教导、审判、救赎等权力,但这些权力经常存在着错综复杂的冲突。但是,每个司法管辖区的范围究竟有多广?[③] 这是很难说清楚的问题。教宗试图庇护其属地范围内的犹太人的同时,世俗统治者可能会出于自己的利益剥夺他们的某些权利或者将其驱逐。其次,中世纪独特的封建制度使得领主们对其属地有绝对的管辖和控制权。他们也会像国王一样,根据自己的需求保护、利用或者驱逐犹太人。教宗的训谕是一方面,如何施行又是另一样。这就使中世纪的教宗与庄园领主一样,对自己直接管辖的领地有绝对的统治权,对自己领地之外的一切并没有实权,因而教宗虽名义上作为整个天主教会的最高领导人,但在其他地方,其所发布的政策是否实际施行还要倚赖当地统治者的好恶。当收到犹太人的请愿时,教宗们总是写信给当地的神职人员或世俗统治者表达自己的立场,但这些书信并没有不可违抗的力度。甚至教宗玛尔定五世在后期重申《庇护训谕》时直接限定了其仅适用于意大利的犹太人,明显说明对于其他地区的犹太人来说,教宗虽想帮忙,但实在是力不从心。相比之下教宗所在地,例如罗马和阿维尼翁的犹太人的境遇要远远好于其他地区的犹太人。

　　可以看到我们的例子大多来自 12、13 世纪,因为在这个时间段教会与世

---

① Simonsohn, Vol. 1, No. 370, pp. 392 - 93.

② Simonsohn, Vol. 1, No. 378, p. 405; No. 382, p. 408.

③ F. E. Peters, *The Monotheists: Jews, Christians, and Muslims in Conflict and Competition*, Vol I, The Peoples of God, Princeton: Princeton University Press, 2005, p. 250.

俗政权间的权力冲突达到了顶峰。12 世纪和 13 世纪的主要问题之一是管辖
权问题：教会还是国家拥有最高权力？教宗能否对皇帝拥有权威，不仅是在后
者作为基督徒的身份上，而且在他作为民事统治者的身份上？这种情况涉及
的一个复杂方面便是自古代起，基督教就对犹太人或任何其他非基督教徒的
管辖权。① 在第五章我们曾提到《教会法汇要》根据《格林多前书》5：12—13 说
明犹太人作为教会"外面"的人，他们的管辖权属于上帝。教宗英诺森三世在
处理离婚案件时也秉持了这个原则，如果一对异教徒的一方改信基督教，那么
基督教一方可以要求离婚。因为，异教徒的婚姻并未经过圣礼的见证，不是一
种永恒的婚姻，不受教会管辖。如果一对基督教夫妻一方陷入异教信仰，那么
他们不可离婚，因为基督徒的婚姻是经过圣礼的，一旦承认就不会失去它的力
量，使婚姻圣礼具有永恒的约束力，这是教会需要管辖的。这种"外面的人"不
受教会管辖的原则说明，教会不能对犹太人进行干涉。精神事务直接属于这
一类，而物质事务，则是民法和世俗长官们的事。如果一个教士同时又是民事
统治者，他就可以处理非宗教事务，这种情况相当常见。然而，始终存在着犹
太人违反教会规定的问题，如未对曾经属于基督徒的财产缴纳十一税，或对教
士不敬，或未佩戴标志。在这种情况下，如果世俗政府拒绝惩罚顽固不化的犹
太人，教会就会采取间接的惩罚措施，即威胁那些拒绝听从教会要求的基督徒
被开除教籍，并将其驱逐出教会。这便大大加重了教会最高统治者与世俗统
治者间的冲突。

三、 教宗与教士的神学思想差异

　　神职人员和平信徒无法与教宗从同一层面看待犹太人。教宗与教士间神
学倾向的差距导致前者颁布的训谕、法令和要求等总也起不到应有的作用，也
是犹太人仍旧频繁受迫害的重要原因之一。教宗基于圣奥斯定神学思想庇护
犹太人，但很多教士有自己的神学思想。相比来说，传教士比教宗或者法典更
亲近平民。他们不仅有机会直接将自己对犹太人的神学思想直接传给大众，
同时也将他们的个人情绪传播的更广泛。很多教士会因为日常生活中与犹太
人间的不愉快而变得仇视他们，使得传教中带有浓厚的个人感情色彩。教士
在很多反犹事件上扮演了首要角色，且一般来讲，越低级的神职人员的反犹情

---

① Grayzel, Vol. II, p. 12.

绪越浓重,这在一方面可能因为他们接触的神学思想仍比较初级,辨别能力不是很强,另一方面,这些日常游走在普通民众身边的神职人员所接触的犹太人最多,也就有更多的机会可能与他们产生摩擦与冲突。

例如本笃会的历史学家、神学家诺根的吉贝尔(Guibert de Nogent,1055年4月15日—1125年)作为第一次十字军东征的早期历史学家之一,特别喜欢把犹太人与性、巫术和魔鬼联系起来的轶事。在他的自传中就有许多这样的故事。例如,通过一位精通医学的犹太人的调停,一位叛逆的僧侣通过将自己的灵魂卖给魔鬼而掌握了黑魔法,而他对基督教的背弃是通过喝精液来完成的。[①] 在中世纪末,类似的主题成为判定女巫的一个标准。吉贝尔在兜售迷信方面从不落后。这种大量的对犹太人的诋毁,更确切地说是妖魔化的宣传,必然会使人们害怕甚至是憎恶犹太人,也就成为了大量反犹事件的导火索。又如诺维奇的威廉事件的始作俑者本笃会修士多玛斯(Thomas of Monmouth,1149—1172)是西方文化形成过程中一个有影响力的人物。他并没有改变战争、政治或经济的进程,也没有解决任何哲学或神学问题,甚至没有因其生活的神圣性或晋升为僧侣职位而值得注意。然而,在一个名不见经传的皈依犹太人的大力帮助下,他创造了一个神话,影响了十二世纪到二十世纪的西方心理,直接或间接造成的死亡人数远远超过谋杀威廉的凶手所能想象的。[②] 又如,卡拉布里亚(Calabrian)修道院院长乔基姆(Joachim of Fiore,1135年—1202年3月30日)是圣经诠释学家及先知,他的改革启示论(reformist apocalypticism)既影响了他的同时代人,也影响了13世纪后的人们,其中便包括英诺森三世。对于犹太人他似乎有着一种模棱两可的态度,他一方面反驳犹太人信仰和方式的错误,但另一方面也欢迎犹太人在历史尽头时的皈依,他相信基督徒与犹太人将在末日到来之前合一。然而这种末世的弥赛亚期盼自然会导致普通教士们拼命致力于犹太人的改教,又因为犹太人的全部转化为最后救赎的先决条件,所以他们应最先被转化。[③] 再如我们在介绍圣伯尔纳铎神学思想时提到的熙笃会隐修士罗多尔夫(Radulf the

---

① Trachtenberg, *The Devil and the Jews*, p.213.

② Gavin I. Langmuir, "Thomas of Monmouth: Detector of Ritual Murder", in *Speculum*, Vol.59, No.4 (Oct., 1984):844.

③ Jeremy Cohen, *The Friars and the Jews: Evolution of Medieval Anti-Judaism*, Cornell University Press, 1984, pp.247.

Cistercian，1220 年过世），他在第二次十字军东征的宣传中煽动十字军在莱茵河沿岸的城镇迫害犹太人。[①] 圣伯尔纳铎在信中谴责他的三重罪过，"未经许可的说教，对主教权威的蔑视，以及煽动谋杀"。[②] 从 13 世纪下半叶开始，修士们越来越多地迫使法国、英国和西班牙的犹太人参加改教布道。一些来自新成立的修道会的修士们通过宣扬反犹太教神学的布道，直接或间接地鼓励信徒相信对犹太人的诽谤与诬告，从而实施反犹暴力。[③]

随着方济各会（The Franciscans）和道明会（The Dominicans）的发展与完善，他们试图对犹太人实施一种新的基督教意识形态，这种意识形态认为犹太人在欧洲社会中没有合法的生存权。[④] 这些修士在今后的反犹活动中扮演了极其重要的角色，主导了大量反犹事件。他们指责犹太人宣扬异端，吸引基督徒信奉他们的宗教或者说将基督徒犹太化，与回归原信仰的犹太叛教者交往过密，并认同几乎所有异端思想，而这一切都是修士们要负责铲除的。在意识形态上，道明会和方济各会不受修道院隐居生活的束缚，这些人成为了理想的宗教裁判官并主导宗教裁判所长达几个世纪。[⑤] 修士们认为犹太人是基督教真理的故意反对者，他们明明知道什么是真理但却故意和恶意地拒绝。基于这种认识，修士们认为犹太人的选择不外乎是皈依、被驱逐或死亡。我们将通过具体分析三位具有代表性的反犹神职人员，即卡皮斯特拉诺的若望（John of Capistrano，1386 年 6 月 24 日—1456 年 10 月 23 日），特伦特主教约翰内斯·辛德巴赫（Johannes Hinderbach，1418 年 8 月 15 日—1486 年 9 月 21 日），以及与著名的特伦特血祭诽谤事件息息相关的费尔特雷的伯那丁（Bernardino da Feltre，1439 年—1494 年 9 月 28 日）的事迹来进一步说明这个问题。

（一）卡皮斯特拉诺的若望

卡皮斯特拉诺的若望是来自意大利阿布鲁佐（Abruzzo）卡皮斯特拉诺

①　Linda Ray Beckum, "The Fourth Lateran Council of 1215 Church Reform, Exclusivity, and the Jews", Doctoral Dissertation, The Graduate School University of Kentucky, 2005, p. 98.

②　Bernard of Clairvaux, *The Letters of St. Bernard of Clairvaux*, James Bruno Scott, ed., Letter 393, p. 465; Robert Chazan, *Church, State, and Jew in the Middle Ages*, Springfield: Behrman House, INC., 1980, pp. 104 – 05.

③　Robert Michel, *Holy Hatred: Christianity Antisemitism and the Holocaust*, New York: Palgrave Macmillan, 2006, p. 47.

④　Jeremy Cohen, *The Friars and the Jews: The Evolution of Medieval Anti-Judaism*, Ithaca and London: Cornell University Press, 1982, p. 14.

⑤　Jeremy Cohen, *The Friars and the Jews*, p. 45.

(Capestrano)镇的方济会神父。他是反犹教士的典型例子,被称为"犹太人的死敌",被教宗玛尔定五世任命为德国、斯拉夫国和意大利的异端裁判官。① 人们认为他是策划了1423年驱逐犹太人的命令的罪魁祸首。若望将自己的一生献给了反对异端和反犹太的布道工作,他用自己掌握的所有手段进行斗争。他被任命为反对弗拉蒂切利派(Fraticelli)、胡斯派(Hussites)和犹太人的裁判官。在他的众多成就中,具有代表性的便是将犹太人从巴伐利亚(Bavaria)驱逐出去,在布雷斯劳(Breslau)屠杀犹太人,暂时废除犹太人在波兰的特权,以及限制犹太人在西西里岛的权利。

1450年,若望就信仰问题与罗马犹太社区的迦玛列(Magister Gamliel)进行了公开辩论,最终使得迦玛列和其他罗马犹太人一起皈依了基督教。他不约而同地与另一位方济各会士邓斯·司各脱(John Duns Scotus,约1265年—1308年11月8日)的观点相同,即为了遵守圣奥斯定公式,没有必要让犹太人在基督教社会中存在。据说他建议将犹太人装上一艘大船,送往海外。②

若望帮助那不勒斯女王约翰娜二世(Queen Johanna II of Naples,1373年6月25日—1435年2月2日)解决她王国中的各种政治问题。1427年,他担任了奥托纳镇(Ortona)和兰恰诺镇(Lanciano)间纷争的调解人。虽然和平十分短暂,但在和平持续期间,若望设法将一些犹太人从兰恰诺驱逐出去,并将其他犹太人限制在单独的住所内。此后不久,他又唆使王后废除了给予她王国内的犹太人的所有特权,王后委托他实施该法令并严格执行教会关于犹太人的所有规定。同时,他又请求玛尔定五世将他作为意大利异端裁判官的权力扩大到包括所有异端邪说,批准约翰娜女王的犹太法令,并委托他执行该法令。那不勒斯王国的犹太人向教宗施加了反压力。玛尔定五世首先批准了若望的请愿,但他立即改变了主意,与约翰娜女王交涉,让她延长犹太人在王国中的特权,这是教宗对犹太人的政策摇摆不定的又一个例子。③

(二)辛德巴赫与伯那丁

15世纪后几十年特伦特(Trent)所爆发的犹太人大屠杀的基础是由方济各会的伯那丁所奠定的。起初他四处游说,他呼吁在意大利和蒂罗尔(Tyrol)

① Simonsohn, Vol. 7, *History*, p. 71.
② Simonsohn, Vol. 7, *History*, p. 71.
③ Simonsohn, Vol. 2, No. 646, pp. 753–54.

全境驱逐犹太人。[①] 他抨击犹太人的放贷行为，也反对犹太人在基督教社会中的存在。他的游说与宣传引起了大量的骚乱，以至于几个意大利城镇和公国的统治者将他驱逐出境，并禁止他返回。大约在 1473 年，他来到特伦特，像往常一样努力诋毁由大约 30 个家庭组成的当地犹太社区。起初并不太成功，他警告人们，到了复活节，他对犹太人的指控就会得到证实。没过多久，这位修士的预言就成真了。1475 年圣周的星期四，恰好是那年的逾越节前夕，一个名叫西满尼诺(Simonino)的两岁男孩失踪了，三天后的复活节周日，他的尸体出现在犹太社区领导人的院子里。在发现尸体之后，整个犹太社区(包括男性和女性)都被逮捕，并在酷刑下被迫承认谋杀了西满，以使用他的血液进行祭祀，这是典型的血祭诽谤。城市医生对尸体进行了检查，确定西满不是死于自然原因，而是被放血了。在学者哈希亚(Hsia)看来，特伦特的"现在"和犹太犯罪的"历史"都代表了基督教对犹太生活和仪式中固有的描绘，有各种必要步骤的故事代表了仪式性谋杀的官方故事，而 1475—1476 年的审判记录，代表的不外乎是基督教对犹太教仪式的民族志。[②]

到了夏天，西斯笃四世(Sixtus IV，1471 年 8 月 9 日—1484 年 8 月 12 日在位)才得知此事。7 月底，他宣布派遣一名特别使节和专员，并命令特伦特主教约翰内斯·辛德巴赫(John Hinderbach，1418 年 8 月 15 日—1486 年 9 月 21 日)暂停对犹太人的进一步诉讼。[③] 那时，所有的男人(除了一个精神错乱的人没有被审判)都已被处决，而对妇女的审判仍在继续。教宗派遣专员文蒂米利亚(Ventimiglia)主教巴蒂斯塔(Battista de' Giudici de Finario，1428/1429—1484)前往调查，并向他的专员发出了详细的指示。他要审查证据、审判程序和据称由孩子的身体创造的奇迹，将犹太人的财产置于教宗的扣押之下，并从监狱中释放那些他认为无辜的人。教宗还特别补充说，如果专员不能在特伦特执行任务，他将在附近的一个城镇执行任务。[④] 同时，西斯笃四世委托并授权意大利的所有统治者和官员严格禁止对特伦托的男孩西满的尊敬和

---

① Bernard Lazare, *Antisemitism: Its History and Causes*, New York: International Library, 1903, p.114.

② R. Po·chia Hsia, *Trent 1475: Stories of a Ritual Murder Trial*, New Haven: Yale University Press in cooperation with Yeshiva University Library, 1992, p.94.

③ Simonsohn, Vol.3, No.982, p.1226.

④ Simonsohn, Vol.3, No.984, p.1228.

崇拜,并庇护犹太人,直到派往特伦托的教宗专员向教宗报告完结果为止。①

主教巴蒂斯塔从到达特伦特的那一刻起就受到了阻挠。教宗命令特伦特主教释放犹太妇女和她们的孩子,②显然没有什么效果。主教意识到他没有任何进展,在逗留了两星期后,他退到附近的罗韦雷托(Rovereto)。在那里,他进行了第二次审判,最后以被告的无罪释放而告终。虽然这对那些已被处决的人没有任何帮助,但它至少有助于从监狱中释放那些没有死在那里的妇女和儿童。1476 年 4 月初,西斯笃四世向辛德巴赫发布了一项强制性命令,要求停止一切针对幸存者的进一步的迫害行动。他采取了不寻常的措施,威胁主教,如果他不服从的话,将被处以停职的惩罚。③

辛德巴赫在他争取自己利益的斗争中翻开了新的一页。他对教宗专员在罗韦雷托进行的审判的有效性提出了质疑,并要求教宗批准在特伦特对犹太人进行的审判。西斯笃四世任命了一个由枢机主教和大主教组成的委员会来调查这个问题。1478 年 6 月,西斯笃四世宣布,特伦特的原有诉讼程序是合法和正确的:"他们多次聚集在一起,仔细检查了程序的每一部分,最后向我们的主教团报告说,程序已经适当和正确地进行了。因此,与我们同样的兄弟一起,通过上述报告得出了相同的结论,并赞扬你们在天主里的热心和勤奋。"④由此,辛德巴赫胜利了。但同时,教宗也责成主教确保委员会的调查结果不被用来迫害其他犹太人并再次强调禁止了对西满尼诺的崇拜。

这段历史的最后一章是在 1480 年底开始的。西斯笃四世任命费尔特雷的主教安吉洛(Angelo Fascolo, bishop of Feltre, 1426—1490)和卡塔罗的主教伯多禄(Peter de Brutis, bishop of Cattaro)调查在存放西满尼诺尸体的教堂里发生的所谓神迹。虽然他们的调查结果没有任何进展,但对西满尼诺的崇拜直到一个世纪后的额我略十三世(Gregory XIII, 1572 年 5 月 25 日—1585 年 4 月 10 日在位)时期才被批准。因此,最终除了对西满尼诺的崇拜外,辛德巴赫在所有事情上都与教宗达成了共识。西斯笃四世不会承认西满尼诺尸体发生神迹的真实性,因为他的专员已经宣布所谓的神迹是一个骗局,而对

---

① Simonsohn, Vol. 3, No. 986, p. 1231 - 32.

② Simonsohn, Vol. 3, No. 987, p. 1233.

③ Simonsohn, Vol. 3, No. 989, p. 1234.

④ Simonsohn, Vol. 3, No. 999, pp. 1246 - 47; R. Po·chia Hsia, *Trent 1475: Stories of a Ritual Murder Trial*, p. 127.

西满尼诺的崇拜使基督教蒙羞。辛德巴赫被描述为一个训练有素的法学家、学者和作家。他是腓特烈三世皇帝（Emperor Frederick III，1415 年 9 月 21 日—1493 年 8 月 19 日）在加利斯多三世（Calixtus III，1455 年 4 月 20 日—1458 年 8 月 6 日在位）和碧岳二世（Pius II，1458 年 9 月 3 日—1464 年 8 月 14 日在位）任期内的教廷大使，人们认为他的坚持鼓动特伦特民众崇拜西满尼诺并迫害犹太人的动机来自他的政治野心、贪婪以及宗教上的狂热等等。

虽然特伦特仪式谋杀案严格来讲并不在我们的研究时间范围内即 492—1455 年间，但它发生的时间正值中世纪的尾端，极具代表性，且影响深远，几个世纪以来在类似事件中被引用。几乎在同一时间，新的诽谤和随之而来的迫害在拉蒂斯邦（Maiolati Spontini）、恩丁根（Endingen）、拉文斯堡（Neuravensburger）和其他地方涌现出来。西满尼诺的画像和他所谓的在犹太人手中遭受的酷刑的画报被大量地制作出来，并在欧洲各地传播。直到 1965 年，收集西满尼诺的血液的众多容器以及用于此目的的工具都在特伦特的教堂里展出，并且每年都有游行队伍穿过该镇的街道。只是后来，在若望二十三世（（John XXIII，1958 年 10 月 28 日—1963 年 6 月 3 日在位）的时代，对西满尼诺的崇拜被停止了，相关"圣器"也被归入了教堂的地下室。然而教堂旁边的街道仍然以辛德巴赫这位前主教的名字命名。至于西斯笃四世，他在一个他显然不相信的问题上向一个有权势的教士让步，而他本不应该批准辛德巴赫对审判程序质疑而再次开启的调查。

除此之外，在反犹活动中扮演重要角色甚至影响教宗心意的神职人员比比皆是。教宗英诺森四世曾在犹太人的请愿下决定归还没收和要损毁的《塔木德》文本。但教宗的驻法国的代表欧多主教（Odo of Châteauroux，约 1190 年—1273 年 1 月 25 日）表示强烈反对。他说："法兰西王国的犹太教师们向教宗陛下和德高望重的神父们、枢机主教们说：'如果没有这些希伯来语称为《塔木德》的书籍，他们就无法理解《圣经》和他们信仰的其他教规'的话是谎言。"欧多主教可能不会意识到他的言论是多么厚颜无耻，因为他说他比犹太人更了解他们自己的宗教活动所需要的东西。作为教会法学家的英诺森教宗也许更清楚这一点。然而，教宗还是要求国王路易九世落实欧多审查《塔木德》和其他犹太书籍后提出摧毁这些书籍的请求。[①] 教宗似乎也没有意识到，他改

---

① Simonsohn, Vol. 1, No. 187, pp. 196 – 97.

变主意要归还这些书,之后又不打算归还,都是在干涉犹太人遵守犹太教"良好风俗习惯"的权利,这是他们长期以来享有的,也是《庇护训谕》一直授予的。

13 世纪的多米尼加修士多玛斯·亚奎纳被誉为"天使博士",可谓是最伟大的天主教思想家,亚奎纳认为,犹太人的行为不再是由《圣经》的戒律决定的,而是由《塔木德》决定的,《塔木德》是那些"恶毒"的拉比所写的作品,他们曾谋杀了耶稣。他采取的立场是,犹太人不仅是教会的仆人(奴隶),而且他们也是基督教的敌人,同时也是其根源所在。这种观点很好地代表了教士们如何看待犹太人,以及相较于教宗他们为何更"残忍"地对待犹太人。当然,神职人员们绝非都是犹太人的敌人。当梅斯主教阿达尔贝罗二世(Adalbero II, bishop of Metz,约 958 年—1005 年 12 月 14 日)去世时,据说犹太人在他死后哭泣并哀悼了许多天,因为他与犹太人关系友好。同样,在 1012 年,犹太人为马格德堡大主教瓦尔萨德(Archbishop Walthard of Magdeburg,死于 1012 年 8 月 12 日)的死而哀悼,1075 年又为科隆大主教安诺(Archbishop Anno of Cologne,约 1010 年—1075 年 12 月 4 日)的死而哀悼。这类事件可能不是唯一的,也可能是虚构的,因为在标准的犹太历史中似乎从未报道过,但它们也从侧面揭示了中世纪犹太人与基督徒关系的另一面。[1]

(三)神职人员反犹思想的主要来源

诚然,这些神职人员并没有在其短短的一生内改变所有基督徒对待犹太人问题的方式。中世纪的教宗也从未正式呼吁驱逐欧洲犹太人或对其进行人身迫害。[2] 但是从十三世纪初罗马教会中这些最早和最重要的修会的建立,直到中世纪末甚至更久,道明会和方济各会的修士们指导和监督了西方基督教神职人员的几乎所有反犹太活动。正是他们发展和操纵了教宗的宗教裁判所,干预了迈蒙尼德的论争,指挥了焚烧《塔木德》的行动,迫使犹太人倾听和回应他们的煽动性布道,并在西方基督教界的平信徒中积极推动反犹太主义的仇恨。[3] 当然,仅仅依靠修士的反犹太神学并不能将犹太人排除在欧洲社会之外。修士们的工作是一个重要的先决条件,它最终使其他政治、社会和经济上对犹太人的彻底"驱逐"的趋势得以发展。我们试图总结了三点神职人员

---

[1] Norman Roth, "Bishops and Jews in the Middle Ages", *The Catholic Historical Review*, Vol. 80, No. 1 (Jan., 1994):8.

[2] Jeremy Cohen, *The Friars and the Jews*, p.243.

[3] Jeremy Cohen, *The Friars and the Jews*, p.13.

们反犹思想的来源：

第一，由于修士往往来自基督教中产阶级或贫困人口，并对中下层人们的需求作出回应，他们会对犹太人怀有天然的怨恨，因为犹太人长期以来主导着西欧的大部分商业和放款活动，加上他们又是异教徒，无论在经济上还是神学上都必然不可原谅。教宗们在意的是犹太人"正面"的神学价值，即需要他们见证基督教的胜利，而神职人员更在意犹太人"负面"的神学意义，即他们是背信弃义的，杀害耶稣基督的刽子手。尤其是在 13 世纪里及以后，修士们在教会中占据至关重要的地位，也就更能放开手脚对抗自己的"敌人"，即犹太人。

第二，一个刺激因素可能在于人们越来越关注世界末日即将来临的概念，以及世界救赎史上关于连续时代的不同理论。毫无疑问，其中最重要的是乔基姆，他为欧洲大部分基督教国家注入了对即将过渡到最后的完美精神时代的期望。对末日的描述，比如乔基姆所阐述的末日，通常包括所有异教徒皈依基督教。在所有的异教徒中，犹太人应该首先皈依，许多人可能把他们的集体皈依视为一项紧迫的任务，教宗英诺森三世便是如此，以便为最终的救赎铺平道路，这是使基督教世界摆脱犹太教的一种方式。因此，反驳犹太人的错误甚至比基督教内部各派别的争斗具有更积极的意义，且是所有基督徒共同努力的目标。而且因为犹太人传统上被贴上了敌基督的跟从者的标签，认为后者和基督的力量之间的最后战斗即将到来，很可能进一步增加了反犹太人的敌对行动。

第三，经济也是一个动因。不仅贵族、平民与犹太人有债务关系，犹太人也是有些修道院的债主。1190 年 5 月，英国贝里圣埃德蒙兹（Bury St Edmunds）的镇民们屠杀了五十七名犹太人。同年晚些时候，修道院院长参孙（Samson）以一个几乎无法解释的借口将剩下的犹太人驱逐出镇。而其背后的真实原因则是在参孙被选为修道院院长之前，修道院已经陷入了对当地犹太贷款人的沉重债务。这笔债务的一部分原因是前任院长管理不严导致，他允许修道院里的其他人，如祭司，以自己的名义借款，另一部分原因是僧侣们为了"以最宏伟的风格建造和装饰他们的修道院的野心……不得不向谋杀上帝的人借款"。[①] 很显然，比起还钱，给犹太人冠上莫须有的罪名并将他们

---

① Michael Widner, "Samson's Touch and a Thin Red Line", in *Journal of English and Germanic Philology*, Vol. 111, No. 3 (July 2012):339 - 59.

驱逐是一个更好的办法。另外，圣徒的名声和神迹的遗址也会为修道院和教堂创造大量的经济利益。在林肯大教堂里有一个小圣徒真福的祭坛，在很长一段时间内，它颇受朝圣者的欢迎。在 1277 年，该祭坛共收到约 21 英镑的奉献款，1314 年只有 6 便士，1420 年涨到了 10.5 便士。[①] 如果类似的神迹、圣徒和圣坛的数量不断增加，教堂的收益也必然与其成正比。

事实上，教会和神职人员之间的神学和实践上的不统一而产生的问题，直到现在也没有得到解决。教会在向大众传授和传递自己的教义方面仍有困难，而神职人员在这方面至关重要。例如，在梵蒂冈第二届大公会议之后，特别是在 1965 年发表了《教会对非基督宗教态度宣言》(Nostra aetate)之后，天主教会尽力与犹太教和解，试图在天主教徒和犹太人之间建立起健康的关系。然而，虽然发表了许多善意的文件和宣言，如 1974 年的《执行〈教会对非基督宗教态度宣言〉的准则和建议》(Guidelines and suggestions for Implementing the Conciliar Declaration Nostra Aetate)，2015 年的《上帝的恩赐和召唤是不可改变的》(The Gifts and the Calling of God are Irrevocable)，但仍然有大量的神职人员没有阅读这些文件和指示，更不用说教导教友如何正确对待犹太人和犹太教。总之，神职人员对教会颁布的文件的无知和不执行所造成的教会官方教义普及的无力，不仅反映在中世纪的《犹太人庇护训谕》和教会的犹太庇护政策上，也反映在整个天主教会的历史中，直到现在都没有得到很好的解决。

四、 教宗与平信徒间的思想差异

很多教宗在其任职初期都首先采取了对犹太人相对友好的态度和政策。然而，随着民众的不断反对和抗议，教宗们又不得不最终对犹太人施行镇压。例如，教宗尼各老五世在担任教宗之初，对各地包括西班牙在内的犹太人发表了有利的声明。很快，意大利各地开始抗议，认为犹太人破坏了基督徒的经济地位，西班牙人则认为他们傲慢无礼，对基督教构成了威胁。最终教宗不得不改变立场。如前所述，类似的情况也发生在玛尔定五世、欧吉尼四世以及其他教宗身上。

---

① Robin R. Mundill, *The King's Jews-Money, Massacre and Exodus in Medieval England*, New York: Continuum, 2010, p.87.

1147 年 2 月 24 日的德国，有人恶毒地指控犹太人："我们在河里发现了一个基督徒，你们把他杀了并扔进了水里，但通过它他成了圣，看！他创造了奇迹。"于是，不信教的人和基督教暴徒一起不留余地地杀害了犹太人。拉比艾萨克（Rabbi Isaac）和其他 21 名犹太人被残忍地杀害。①

1171 年法国的布罗瓦（Blois），一个犹太人在傍晚时分出去给他的马喂水，他遇到了一个基督徒。犹太人感到恐惧和害怕，他穿在衣服里的毛皮的末端从他的怀里滑落。当基督徒的马在黑暗中看到这一幕时，它也变得同样害怕，向后退了一步，并拒绝去喝水。基督徒生气了，回到他的主人身边，讲了下面的故事："我看到一个犹太人，把一个被犹太人杀死的小男孩扔到了水里。我担心，他也会杀了我，马被水的声音吓坏了。我来向你报告此事。"第二天，这个人骑上马，去见该城的伯爵，告诉他这件事，伯爵非常生气，命令逮捕该城所有的犹太人，约四十个人左右，并把他们全部扔进了监狱。②

同年，慈善家拉比本杰明（Rabbi Benjamin）来到德国科隆，还有托拉卷轴的作者亚巴郎。当他们走过城市的街道时，一个货币兑换商煽动一个女人反对他们，这个女人是该市的居民。她说："看这里！这些犹太人给我们带来了假币！这些犹太人带着假钱来欺骗我们，他们给了我这块假币。"但她说的是假话，因为货币兑换商用钱收买了她，使她诬陷犹太人。随后成千上万的人们聚集了起来，把拉比捆绑起来，折磨他们，把他们的腿用铁链锁住。一些犹太人试图通过贿赂贵族来解救他们，但是没有成功。此后，他们又去找主教，但主教态度粗暴不愿意与他们交谈。第三天，拉比们被带到法庭，他们请求："给我们一个辩护律师。"但没有人愿意听他们说话。但故事的最后，法官接受了犹太人的贿赂，没有使更多的无辜人流血。③

1197 年 1 月 28 日，一个犹太疯子在诺伊斯城（Neuss）遇到一个外邦女孩，在光天化日之下将她杀害，因为他是疯子。城里的居民十分愤怒，杀死了他和该城的其他犹太人，并把他们的财物据为己有，当作战利品。他们把犹太人从家里拖出来，把他们的身体绑在架子上，以虐待他们为乐。在那个月的安息日，即 2 月 1 日，他们还抓住了那个疯子杀人犯的母亲和兄弟，把她活活烧

---

① Joseph Hacohen & The Anonymous Corrector, *The Vale of Tears*, translated plus critical commentary by Harry S. May, p.25.

② Ibid, p.29.

③ Ibid, p.32.

死了，因为她拒绝改信基督教，并把那个兄弟固定在架子上。另一个犹太妇女，连同她的三个女儿，被强行改变了信仰，主教对其他的人处以一百五十盾（Guilders）的罚款。而那些住在周围地区的犹太人的财物也同样被主教和公爵烧毁，并从他们那里勒索了大笔钱财。过了不久，犹太人通过贿赂成功地把其他犹太人的尸体从架子上取了下来，用船把他们运到城下的一个地方，埋在犹太殉道者的坟墓的附近。①

类似的民众自发迫害犹太人的例子比比皆是，他们或单纯憎恨犹太人，或为了抢夺犹太人的财产，或仅是跟从其他基督徒，或是为了宣泄自己生活不顺而产生的愤恨，无论怎样，普通基督徒民众与神职人员一样是反犹事件的主力军。此外，在宗教裁判所致力于审查信仰真实性的时期，常常会收到来自某些社区中犹太人的基督徒邻居的指控，他们会指控犹太人窝藏可疑的客人，宗教裁判官便可根据这些机会要求对犹太人个人，有时甚至是对犹太人所在的整个社区进行审查和惩罚。

（一）平信徒反犹动机的主要来源

教宗英诺森四世和额我略十世都曾在自己的《庇护训谕》中说到"由于偶尔会发生一些基督徒失去他们的基督徒孩子的情况，犹太人被他们的敌人指责为秘密地带走和杀害这些基督徒孩子，并以这些孩子的心脏和血液作为祭品。还有一种情况是，这些孩子的父母或这些犹太人的其他基督徒敌人，偷偷地把这些孩子藏起来，以便他们能够伤害这些犹太人，并通过把他们从困境中解救出来而向他们勒索一定数量的钱。"②由此可知，为了金钱而陷害犹太人的事件之多，多到教宗需要在官方训谕中增加内容来制止这样的行径。但纵观整个中世纪时期，无论是来自《庇护训谕》最后对违反该训谕的基督徒施行的"逐出教会"的"威胁"，还是教宗一遍遍重申对犹太人的保护，在普通基督徒民众之间似乎都没有起到应有的作用。其原因是复杂且多样的：

第一，很多犹太人被杀是基督教暴民对他们施加私刑的结果。他们有着自己的宗教动机，他们认为在上帝面前，信仰和社会必须是纯洁的。例如，那不勒斯的普通信众会认为，如果书店里卖的书是错误而邪恶的，那么这座城市

---

① Ibid, p.37.
② Simonsohn, Vol.1, No.183, pp.192-93; No.234, pp.242-43.

就永远不会繁荣,进而会对类似的场所进行"审查"甚至"破坏",这都是民众基于自己信仰的纯洁性而采取的自发行动。

第二,平信徒对异端分子或犹太人的确认可能不同于教俗当局推行的标准,称某人为"异端分子"是一个笼统的指控,[①]这就容易导致缺乏根据的控告。平信徒通常是社会的大多数人,他们的看法可能受到宗教教育、社会环境和政府政策等多种因素的塑造。对于一位平信徒来说,确定某人是否是异端分子或犹太人可能是一项复杂的任务,因为他们可能不具备深入的神学知识或法律背景。这种情况下,他们可能更容易受到传言和社会舆论的影响,容易随大流对某人进行控告。

第三,当传教士在一群基督徒面前向穆斯林和犹太人布道时,尽管对犹太人毫无作用,却会使得基督徒们怒火中烧,质疑这些异教徒为何如此地冥顽不灵,以至于引发暴乱与其他骚动。13世纪后期已认识到了这种危险,因而布道时力求避开普通基督徒,以免发生危险。[②]而且用简单的语言向普通人介绍复杂的道德观念是危险的。[③]

第四,就像英诺森四世说的那样,大量有关犹太人的仪式谋杀指控,不是源于基督教热情,而是一些贵族和高级教士以及普通民众对犹太人财产的贪婪渴望。[④]这些指控为合法抢劫犹太人提供了机会。"无论在哪里发现了尸体,迫害者们都会把尸体扔到犹太人那里。"[⑤]这类反犹动机已超过了《庇护训谕》的控制范围,人心若被贪婪蒙蔽,任凭怎样的惩罚也无济于事,更何况,人们还从未看到有因为迫害犹太人而被驱逐出教会的事例,即便教宗一遍一遍地重复着《犹太人庇护训谕》。普通民众也是如此,既然上至国王贵族,下至各种官员和教士都可以从迫害犹太人中获利,普通基督徒在得知他们的犹太邻居拥有的比自己多时,更是理所当然地认为应该把那些财产据为己有。出于财政原因,国王试图保护其犹太臣民,而负债的普通民众则试图消灭他们。普遍的混乱使贫穷的债务人有机会通过试图摧毁他们的债权人,即犹太人,以及

---

① ［英］罗伯特·诺布尔·斯旺森著:《欧洲的宗教与虔诚,1215—1515》,龙秀清,张日元译,上海三联书店,第313页。

② 同上,第283页。

③ Jonathan Riley-Smith, *The First Crusade and the Idea of Crusading*, London·New York: Continuum, 2003, p.49.

④ Grayzel, Vol. I, pp.263-65.

⑤ Grayzel, Vol. I, pp.269-71.

约束他们的债券和合同来清偿债务。出于不同的原因,犹太人成为多方的目标。①

第五,普通民众更愿意相信"神话"。因为神迹为他们困苦的物质生活和贫乏的精神生活带来了乐趣和希望。而且一旦神迹被确定,这些受害者就会变成圣徒,当地社区和教会就会更有声望,更显神圣,有更高的声誉,民众也会觉得与上帝更加亲近。"在普遍为文盲和迷信人群的中世纪欧洲人眼中,犹太人及其奇怪的习俗、古怪的宗教活动和神秘的希伯来语祷告,不仅是社会和经济上的局外人,而且是针对人类和上帝的黑魔法的奇怪实践者,甚至可能是魔鬼的代理人。这种态度在血祭诽谤中得到了最充分的体现,人们普遍认为犹太人经常谋杀非犹太人,特别是儿童,以便用他们的血来施展魔法或举行宗教仪式,特别是在逾越节。"②

总的来说,中世纪教宗的犹太庇护政策在理论和实践之间的差距而产生的矛盾使基督教社会的基层人员感到困惑,并使其走向对犹太人更加暴力的处理。"对下列事物的恐惧——疾病、污染、不可见和不可知的事物、不可掌握的力量、魔鬼和妖怪、女巫和术士、自然和超自然的恶毒力量、恶魔和堕落的天使、罪恶、神学的腐朽和假话、正当和抑制的性欲、自我和灵魂、根本的需要和其外在的表现形式、经济方法的竞争和其结果、政治上的失败和征服——还有诸多未列举的都能统统投射到犹太人身上。"③在宗教改革前的欧洲,无论国家是天主教还是新教,都没有一个宗教少数派的成员与占统治地位的多数成员在权利上受到平等的对待。④ 在国教信仰占统治地位的国度,少数派或多或少都会受到一定的不公待遇。

关于 1182 年腓力二世对法国犹太人的大驱逐,圣丹尼斯的修士里戈德(Rigord of Saint-Denis,约 1150 年—约 1209 年)为此列出的理由之一是犹太人对基督徒的"恶意谋杀"。几个世纪以来的宗教宣传将犹太人视为基督、基督徒和基督教的撒旦敌人,在文学和布道中,在艺术和教学中,最终在第十二

① Robin R. Mundill, *The King's Jews-Money, Massacre and Exodus in Medieval England*, New York: Continuum, 2010, p.88.

② Raymond P. Scheindlin, *A Short History of the Jewish People: From Legendary Times to Modern Statehood*, New York: Macmillan, 1998, pp.102 - 03.

③ [德]克劳斯·费舍尔著:《德国反犹史》,钱坤译,第 231 页。

④ Owen Chadwick, *The Popes and European Revolution, Oxford History of the Christian Church*, Oxford: Clarendon Press, 1980, p.431.

和十三世纪取得了成果。这一发展令人惊讶的不是它的出现，而是它发生得如此之晚——经过几个世纪不断的、不屈不挠的洗脑，才最终产生了这些结果！虽然这主要是由神学家和较低级别的神职人员实现的，但教宗也有功劳，还有平信徒的参与。中世纪的群众并不以其文明的辨别力而闻名，他们无法区分教会所描绘的犹太怪物和他们在街上遇到的犹太人，即便是神职人员也无法区分。下层神职人员和修士发现，要平衡理论上的"留存"和现实中的"厌恶"是非常困难的。英诺森三世、额我略九世等教宗所使用的辱骂性语言，有意贬低的政策，犹太人的标志，以及羞辱性的犹太人宣誓仪式——都有助于激起反犹太情绪，成为反犹暴力行径的推动力。

本章小结

无论是以法案形式发布的训谕《犹太人庇护训谕》，还是一条条回应请愿或者直面现实问题的具体犹太政策，似乎都没有起到应有的效果，犹太人如墙倒众人推一般，受世俗统治者的剥削与驱逐，受神职人员的迫害与打压，受平信徒的诬告与诽谤，似乎只有教宗在一遍遍重复着犹太人留存的重要性，一次次试图给予他们应有的公正，然而这些尝试却总是以失败告终。其最根本原因是教宗自身并没有真正地坚持自己的政策，他们在多方压力下频频妥协，在"亲犹"与"限犹"甚至是"仇犹"间摇摆不定。这种来自教会最高层的矛盾观点为神职人员和平信徒释放了一个信号：教宗庇护犹太人的政策并非出自真心。

尽管犹太人与基督徒有着共同的《旧约》遗产，但对中世纪的基督徒来说，他们的犹太邻居的做法和宗教仪式似乎很奇怪。正如我们所看到的，博学的基督徒和犹太人继续在高度复杂的层面上就各自的信仰进行严格的知识讨论，但这种辩论并没有触及普通人的生活。对绝大多数基督徒来说，无论是对于神职人员还是平信徒来说，犹太人和异端一样，仍然是他们中间潜在的危险和颠覆性的"他者"：在遭受挫折和不幸之后，很容易成为目标。随着时间的推移，尽管教宗一再呼吁庇护犹太人，但教宗对十字军东征的呼吁和各种贬低性言语只会助长犹太人作为基督教社会"内部"敌人的想法。在那个时代，教宗的犹太庇护政策因为种种错综复杂的原因，在多方势力的参与下，没有也无法真正地得到落实。

结　　论

本研究以教宗为主角，聚焦他们在中世纪时期的关于犹太人和犹太教的训谕（Papal Bulls）、通谕（Papal Encyclical）、简函（Papal Briefs）、劝谕（Apostolic exhortation）和信件等原始材料，分析并整理了教宗犹太政策的基础文本《犹太人庇护训谕》以及与之相关的具体犹太人政策。我们通过文本比较和比对分析发现，相较于世俗统治者、基督教神职人员和平信徒，教宗们对待犹太人的态度异常友善。在那个时代，在涉及信仰实质的问题上，并没有表达或思考的自由。偏离教会确定的信仰不仅是（据说是）智力上傲慢的表现，而且更是对要求垄断与社会宗教基础有关的所有事项的法定权威的反叛行为。[①] 但即便如此，教宗们还是频繁颁布训谕庇护犹太人的基本权利和财产不受侵害，频繁与世俗统治者、神职人员、平信徒乃至犹太人通信，喝止那些迫害犹太人的行为。由此，本研究认为，中世纪的罗马教宗整体上采取了一系列的"犹太庇护政策"。

教宗犹太庇护政策的根源是多种多样且复杂交织在一起的，与不同时期的社会环境，经济环境，教宗所受到的来自四面八方的压力息息相关。在时代的压力之外，有两种根源始终贯穿于中世纪教宗的犹太政策之中，是所有教宗试图保证犹太人留存的原始根源，即神学根源和法律根源。首先，"见证人说"作为教会处理自己与犹太人间关系的最基本神学原则被教会的著名思想家和神学家频繁宣传，被教宗实践。尽管犹太人的生活备受打压和迫害，但在这个被动且消极的神学思想的引导下，犹太人仍在基督教世界中占有一席之地，作

---

① 　Walter Ullmann, *Short History of the Papacy in the Middle Ages*, London and New York: Routledge, 2003, p.165.

为"见证人"，他们必须留存，但也必须接受传教，为的是在末日来临之前的全部皈依。其次，法律作为人们行为的最基本约束，作为暴力机关采取行动的准则，一直是制定任何政策的基准线。教宗们在制定相应的犹太政策时，除了要遵循传统的神学思想，教会从始至终必须跟从的律法原则，也会尽最大努力不违背世俗统治者的法律规范。这一方面是避免双方因基本政策的相左而产生不必要的冲突，另一方面也是为普通信徒提供便利：作为一国公民必然要遵循本国的法律，作为一教信徒也必然要听从教宗的教导，若二者间的要求或命令相冲突便会使信众处于两难的境地。除此之外还有复杂的社会与经济根源与神学和法律根源交织在一起。

可惜的是，教宗颁布的庇护性训谕和一系列犹太人庇护政策并未起到其应有的效果。《犹太人庇护训谕》的效用低下，犹太庇护政策远未达到预期目标。这一失败的首要原因便是教宗本身，他们的态度摇摆不定，随意屈服于来自不同势力的压力，虽然试图保证犹太人的留存，但实际上并不关心他们的生活条件如何，教宗需要的仅是犹太人的"留存"，至于怎样留存，并不在教宗的考虑范围之内。其次，教宗虽然被称为整个基督教世界的最高领袖，但在与世俗统治者的政治博弈当中，他们就像封建领主一样，实际控制的范围有限，即便是教会的官方文件下达也需要参考世俗领主的好恶，更何况是关于始终处于边缘地位的犹太人的事宜。相比来讲，生活在罗马和阿维尼翁，也就是教宗所在地的犹太人的境遇要远好于其他地区的犹太人。第三，在中世纪的欧洲，基督教占压倒性优势，试图庇护一个被教会在其经典和教义中都贬低和鄙视的人群是不现实的。这种失败也是教宗、神职人员和平信徒们对犹太人的态度的不同反应。传教士和平信徒无法与教宗从同一层面看待犹太人。教宗们试图按照时代和形势的要求庇护犹太人，但即便是知道教会的一般犹太政策（当然，有些神父甚至不看教会的官方文件），神职人员总是根据自己的理解和想法进行宣讲与布道，无法与教会的官方思想达到统一。对于平信徒来说，除了《圣经》的教义和宗教差异导致基督徒憎恨犹太人之外，生活中的冲突和竞争也使犹太人成为最好的替罪羊和受害者。作为庞大且等级森严的组织机构，教会自上而下的不统一，也就是上层教宗、中层教士和下层教徒之间的不统一，一直是其开展各种活动和政策的巨大阻碍，这一问题不仅仅存在于中世纪时期，直至现代也是如此，它也不仅限于犹太人问题，很多教会下达的文件都在教士和平信徒的手里变了样，甚至都无法下达到每一位信众手中。教会

是一个等级森严的机构,它内部的思想不统一,不仅是中世纪教会的犹太政策
得不到有效执行的原因,也是今天许多教会政策不能有效传达和实施的原因。
基于以上三点,中世纪教宗的犹太庇护政策的失败也就不足为奇了。

　　值得说明的是,教宗们虽然总体上试图庇护犹太人,采取了一系列的庇护
政策,但是如果我们认为教宗们当自己是犹太人的庇护者,是犹太人应有权利
的捍卫者,那就错了。西欧国家在中世纪后期第一次对犹太人的大规模驱逐
并没有引起教宗的任何反应,随后的一系列驱逐也没有听到教宗表达任何的
不满。事实上,驱逐令似乎得到了教宗们的默许,随即他们便开始充分利用这
些驱逐的果实。这种漠不关心甚至是默许是因为教宗们不敢干涉统治者的政
治决定吗? 这种说法似乎不可信,尤其是在教宗政治权力处于巅峰的两个世
纪里,犹太人称他们为"万国之王"。① 更主要的原因似乎是教宗们并不觉得
有必要扭转事态的发展。

　　因此教宗的庇护政策并不意味着他们在种种反犹事件中没有责任,作为
教会的最高领袖,他们有着不可推卸的责任。教宗们面对强迫改教的态度有
时并不坚定,他们的行为常出现反复和不一致,这使得人们看到了教宗与犹太
人关系间的不稳定性。他们虽然强调禁止强迫受洗,但几乎从未惩罚过施行
强迫受洗的基督徒,极少给予被强迫受洗的犹太人提供相应的补偿,也从未认
为强迫受洗的结果不算数。教宗尼各老三世在 1278 年写给宗教裁判官的一
封信中要求他们像对待异教徒一样对待那些改教基督教却又回归原信仰的犹
太人。教宗强调说,在死亡威胁下皈依的犹太人不能恢复犹太习俗,因为他们
没有被"绝对和准确地胁迫"。② 教宗波尼法八世也确认改教基督教又重回犹
太教的犹太人应等同于异教徒,任何帮助或教唆那些叛教的犹太人的人都应
受到教会法庭的审判,并要承受与对叛教的犹太人所施加的相同惩罚。③ 根
据我们目前掌握的中世纪相关资料,仅有一例神职人员因为迫害犹太人而失
去圣职或受到处罚,④这便是在助长迫害犹太人的风气。与此同时,被强迫受
洗的犹太人却仍被要求坚决对基督教忠诚,一系列的法案都曾承认过这样变
成基督徒的犹太人是合格的基督徒。然而,对他们信仰真实性的质疑也从未

---

① Rabbi Louis Finkelstein, *Jewish Self-government in the Middle Ages*, p.337.
② Simonsohn, Vol.1, No.241, pp.248 – 49.
③ Simonsohn, Vol.1, No.278, pp.285 – 86.
④ Simonsohn, Vol.1, No.348, pp.366 – 67.

停止过,对犹太改教者的虚假指控也频频发生。实际上,教宗们并没有努力执行他们所承诺的庇护。他们为犹太人辩护的信件通常以恳求结尾,而批判犹太人的信件却通常以威胁结尾。他们一方面发布对犹太人有利的《庇护训谕》,另一方面又频繁书信给各国国王和主教,要求他们严格审查犹太改教者、犹太书籍等。例如 1242 年,一份完整的《塔木德》手稿被带到巴黎大学接受检查,草率地将其判定为内容错误后,一马车的书籍受火刑烧毁。但是《庇护训谕》中明确写道,"在未得到当地权威机关的批准下,任何基督徒不得伤害他们的身体,杀死他们,抢劫他们的财产,或者改变其在居住地享有的好的风俗习惯。"这是否意味着巴黎大学违反了教宗的命令?教宗额我略九世对待犹太人相对来说是比较友善的,他于 1235 年 5 月 3 日发布了标准模式的《庇护训谕》,[①]但又于 1239 年命令法国、英国、阿拉贡、纳瓦拉、卡斯提尔、莱昂和葡萄牙的国王们审查或没收犹太人的书籍,为此他书信三封。[②] 与此类似的是,英诺森四世于 1244 年也要求法国国王路易九世没收并烧毁境内所有《塔木德》手稿及其相关注释文本,[③]但却在 1246 年发布了试图庇护犹太人的《庇护训谕》。[④] 由此可见,教宗们表面上是犹太人的庇护者,但因基本原则的相左,他们无法从根本上肯定地看待犹太教信仰和他们的宗教实践,这种根本性的冲突使得教宗立场频频相冲,也就无法自始至终以《庇护训谕》和"庇护政策"为基准看待犹太人,这必然导致教宗犹太庇护政策的失败。

---

① Simonsohn, Vol. 1, No. 144, pp. 154 - 55.
② Simonsohn, Vol. 1, No. 163, pp. 172 - 73; No. 164, pp. 173; No. 165, pp. 174.
③ Simonsohn, Vol. 1, No. 171, pp. 180 - 82.
④ Simonsohn, Vol. 1, No. 197, pp. 189.

附录一① 英诺森三世关于犹太人的往来通讯

No.1 （十字军在战争期间免除高利贷）

1198.08.17

……致纳波内尔(Narbonne)大主教②和副主教,修道院院长、传教士,教会的其他高级教士,伯爵和男爵,以及纳波内尔省的所有人民……

过去的痛苦告诉我们③……而且,从这些人接受十字架的那一刻起,他们的财产就受圣伯多禄和我们自己,以及大主教和上帝教会的所有高级教士的保护。我们下令,在确定了十字军的死亡或归来之前,他们的财产将保持不变,不受干扰。但如果有人胆敢违抗,他将受教会的责难约束而无上诉的机会。如果那些要出发的十字军中有人被债务缠身,你们,主教弟兄们,主教们,就把他们的债主逼到你们教区去,通过同样的手段,无上诉机会,完全免除了

---

① 该附录内容译自 Solomon Grayzel, *The Church and the Jews in the XIIIth Century: A Study of Their Relations During the Years 1198 - 1254 Based on the Papal Letters and the Conciliar Decrees of the Periods*, Philadelphia: The Dropsie college for Hebrew and Cognate Learning, 1933, pp.86 - 143。该书整理了英诺森三世所有关于犹太人和犹太教的训谕和信件等的拉丁原文,与西满森(Simonsohn)的《圣座与犹太人》中的内容相同,同时还提供了每一份拉丁文本的英译本。考虑到宗教用语的特殊性,该附录中译文整体上以直译为主,以了解信件大体内容为主要目的,不免会有不符合基督教用语习惯以及不准确的地方,还请见谅。信件标号后括号里的内容为译者所加,试图用简单一两句话概括该信件的主要内容,以方便查找和快速浏览。

② 贝伦加尔二世(Berengar II, 1190—1212)。

③ 英诺森三世于 1198 年 1 月当选,他立即开始准备另一场十字军东征。前一年,一支主要由德国人组成的十字军大军前往巴勒斯坦,取得了一些进展,但皇帝亨利六世去世的消息,让他们陷入了混乱,不得不签订三年休战协议。上面是这封信的一部分,开头提醒读者,基督徒有责任从异教徒手中拯救圣地,接着描述了巴勒斯坦十字军的悲惨处境。它给予那些愿意接受十字架的人赦罪的机会,也给予上面所提到的其他特权。

十字军曾经的誓言,并且要求债主不再追究任何高利贷。但如果任何债权人强迫他们偿还高利贷,你应以类似的惩罚,无上诉机会,强迫他归还所收取的高利贷。我们命令犹太人被你们,我的儿子们,首领们,和世俗势力强迫,把高利贷还给十字军;在他们还款之前,我们下令禁止这些犹太人通过商业或其他方式与忠诚的基督徒交往,违反者处以逐出教会的刑罚。

（同样的信件也交付给了里昂(Lyons)的大主教、维也纳(Vienne)的主教、修道院长、修士和其他教会高级教士,以及伯爵、男爵和两个省的全体人民。还有法国、英国、匈牙利和西西里王国的居民。）

No.2 （异教徒夫妇受洗后不可解除婚姻）

1198.11.30

……致提尔(Tyre)大主教①和提尔教会……

您曾向我们寻求过关于皈依的异教徒的建议,这些人在皈依前已经结婚,根据他们自己的古老法律和传统,在教会法律禁止的血缘等级范围内,在受洗后是否可以离婚。② 关于这一点,我们回应您的虔诚,在皈依前缔结的婚姻,在受洗后不可解除,犹太人问主是否有什么原因可以休妻不,主就回答说,"主使谁联合,谁就不可休,"③这就是说他们有一体的意思。

No.3 （婚姻一方成为异教徒后,另一方是否可以再婚）

1199.03.01

……致费拉拉(Ferrara)主教④……

只是因为我们知道您如此精通教会的律法,我们在主里对您博爱的赞美就会更高,因为您在疑惑的事情上转向宗徒的宝座。因为天主这样命定它(就是宗徒的宝座)为一切忠信之人之师。因此,即使您把教会律法的实践教给别人,您对某些事情所持的意见也应该得到宗徒宝座的纠正或

---

① 提尔主教威廉(Archbishop William of Tyre, 1174—1203)。

② 英诺森三世倾向于放宽婚姻法。在第四次拉特兰大会中,他成功地将禁止的关系限制到第四代,而不是在他的时代之前禁止婚姻的第八代。

③ 《玛窦福音》19:3—6;在同样的问题上,格来孟三世在几年前曾给予皈依者额外的特权,可以保留他的妻子或娶另一个他想要的人。

④ 乌戈(Ugo, 1190—1210)。

认可。

你们的兄弟会写信问我们，在婚姻的一方成为异教徒后，另一方希望再婚并生育孩子，他这样做是否合法。对此，我们的建议是，我们的弟兄，回答你的问题要通过以下两种情况进行区别（虽然我们的一些前辈似乎持有不同的观点）：两个异教徒之一皈依基督教，和两个忠实的基督教徒之一陷入异端或异教徒的错误。因此，如果婚姻的一方改信基督教，而另一方希望与他（她）同居，这是一种至少在某种程度上不可能不亵渎神的名的行为，或者以把他（她）拖入不可饶恕的罪为目的，那么他（基督徒）如果愿意的话，可以再婚。在这种情况下，我们才明白宗徒的话："若是不信的人要离开，由他离开；兄弟姐妹在这件事上是不受约束的。"教规说，对造物主的侮辱就会解除剩下者之间的婚姻纽带。但如果一对忠诚的夫妇中的一人陷入异端或异教的错误，我们不相信，在这种情况下剩余的一个会再次结婚，只要另一个还活着，尽管事实上，在这种情况下，对造物主的侮辱甚至更大。因为，虽然真正的婚姻确实存在于异教徒之间，但它并不是一种永久的婚姻；[1]而在忠贞的婚姻中，婚姻是既真实又永恒的，因为信仰的圣礼，一旦承认就不会失去它的力量，使婚姻圣礼具有永恒的约束力，所以只要它持续下去，婚姻就会持续下去。

No.4 （谴责收受礼物而为犹太人服务的神职人员）

1199.05.20

……致孔波斯特拉（Compostellal）大主教[2]和里昂王国的所有主教……

……[3]由于这些地区的神职人员习惯于从这些礼物中找到最重要的支持手段，当这些礼物被收回时，神职人员不仅被迫乞讨而且被迫做卑微的劳动为犹太人服务，这让教会和整个基督教世界蒙羞，要拒绝他们的请求似乎很难……

---

① 因为异教徒允许离婚。

② Peter Munoà IV.

③ 里昂的阿方索九世因为和一个堂兄结婚而被封杀。高级教士们寻求减轻随之而来的罪恶。然而，直到 1204 年，这件事才得到了明确的解决。

No.5　（英诺森三世的《犹太人庇护训谕》）

1199.09.15

犹太人庇护训谕①

虽然犹太人的背信弃义在各方面是该受刑罚的，然而我们自己的真道，在他们身上得了试验，就不至于被忠信的人大大欺压。他们的信心是经过试验的，有信心的人必不至于受太大的欺压。先知这样说："不可杀他们，恐怕他们忘记你的律法。"或者更明确地说，不可灭绝犹太人，叫基督徒绝不能忘记你的律法。你的律法，他们自己虽然不明白，却写在他们的书上，显明给那明白的人看。

所以犹太人不可在会堂里，擅自做律法以外的事，正因为如此，他们也不应该在已经给予的特权上受到削减。正因如此，虽然他们宁愿顽固不化，也不承认先知的话和他们圣经中永恒的奥秘，这样他们就能理解基督教和救赎，然而，鉴于他们恳求我们的保护和帮助，并且按照基督教虔诚所赋予的仁慈，加利斯多、欧吉尼、亚历山大、格来孟和则拉斯定教宗们曾留下美好的记忆，我们追随他们的足迹，同意了他们的请求，并把我们的保护给予他们。

我们颁布法令，任何基督徒都不得使用暴力强迫他们受洗，只要他们不愿意或拒绝，但如果他们中的任何一个人，出于自己的自由意志和真道而在基督徒中寻求庇护（只有在这种情况下），他的意愿已经十分明确，他才能成为基督徒，而不会使自己遭受任何诽谤。因为毫无疑问，如果基督教徒不是自愿的，甚至是违背他的意愿的，没有人会相信他是一个拥有真正信仰的基督徒。

此外，没有国家当局的判决，任何基督徒不得擅自伤害他们的人身，杀害（他们）或掠夺他们的钱财，或改变他们在他们居住的地方迄今为止所享有的良好风俗习惯。此外，在他们庆祝节日时，任何人不得用棍棒或石头以任何方式打扰他们，也不得强迫他们做任何事，除非是他们自古就习惯做的事。为阻止邪恶与贪婪的人这样做，我们命令任何人不得擅自亵渎和毁坏犹太人的墓地，不可侵占被焚烧的尸体的财物。然而，如有人在知道其内容后仍擅自挑战该训谕（上帝禁止他这样做），除非他已为他的放肆作出适当的补偿，否则他将受到逐出教会的惩罚。然而，我们希望只有那些没有假定阴谋反对基督教信仰的（犹太人）才受到这项法令的庇护。

---

①　原标题直译为"支持犹太的法令"（*Constitutio pro Judeis*），没有明确的收信人，似乎表明它被直接交到了犹太人的手中。教宗不会对犹太人讲话，因为那意味着要给他们祝福。英诺森三世颁布该训谕的后继者们，都直接向基督徒们颁布。

No.6　（要救济改教后的犹太人，保证他们的生活）

1199.11.05

……致欧坦（Autun）主教①……

我们通过回顾《宗徒大事录》后得到授权，我们要求你支持 P，也就是这封信的持有者，他曾经是一个犹太人，在基督的启示下，最近受洗。但是他一再的呼吁表明，您应该全心全意地服从这一点，因为像他这样的人应该从所有的信徒那里得到更多的支持，而不是等到蒙受了他们无法忍受的贫穷之耻后，迫使他们再回头寻求那些背信弃义的犹太人的帮助。尤其是那些有主教尊严的人，他们的职责应该是帮助穷人。至少在这种情况下，您应该更倾向于承担这一责任，因为是您自己代表 P 给我们寄了信。因此，如果我们对你们的特别关注并没有减轻精神上的愤怒，如果你们无视我们之前的命令，你们将会受到我们的严厉惩罚而不是再次警告。尽管在其他事情上您表现得很好，然而，您却忽视和蔑视自己去执行宗徒的诚命，按照宗徒的说法，这些诚命包含了今生今世的应许。

因此，为了不让上述的 P 被否认和欺骗，也为了不让你们的忽视继续你们的怠工，我们通过《宗徒大事录》诚挚地教导你们的兄弟姐妹，要注意减轻他的贫穷，这样，上述的 P 和与他一同在洗礼盆中重生的女儿 M，您应该毫不迟延地为您在衣食上的慷慨而高兴。您应该在他们的必需品方面引导他们，使他们能够在不需要任何承诺或分配的前提下就能得到救济，因为捐得乐意的人，是神所喜爱的。最后，请您知道，我们曾谆谆教诲过我们的可敬的兄弟，主教和我们的爱子，也就是讷维尔的圣玛尔定修道院长（Abbot of Saint Martin of Nevers），就是你们若忘了遵行我们的律法，他们必用教会的刑罚，毫无悖逆，毫无恳求，强迫你们去行我们所吩咐你们的事。

No.7

1199.11.01

……致里斯本主教和科英布拉（Lisbon and Coimbra）主教……

……在那之后，她抛弃了自己的家和所有财产，在一个犹太人家里躲了三个星期，又在维伽的圣玛丽教堂里躲了六个星期，即使是出于人类的需要也不

---

① 戈蒂埃二世（Gautier II, 1189—1223）。

敢到户外去……

No.8 （要救济改教后的犹太人，保证他们的生活）

1199.11.05

……致莱斯特的圣玛丽普拉特（Saint Mary de Pratt in Leicester）修道院及其院长……

人们越是被犹太人的盲目所蒙蔽，越是关注《圣经》的表面意义，越是不理解这些精神教义所包含的纯洁的精髓，就越是固执己见，放任自己，直到现在，我们若仍住在黑暗的阴影里，就更该为那些持有并拥抱真道、渴望基督的名传扬的人，在神里面喜乐。感谢圣神的光，如果有谁放弃了犹太教的错误，并转向这光接受了基督教的信仰，必须小心，他们应该得到关怀，以免在其他忠实的基督徒中间，他们因缺乏食物而受到压迫。因为他们中许多人在受洗之后，缺乏生活的必需品，就陷入极大的苦难中，结果他们常常被迫倒退，因为那些拥有美好生活的人的贪婪-蔑视基督徒的贫穷。我们亲爱的儿子 R 就是这样，他是这封信的送信人。他弃绝了自己所有的财富，愿意跟随基督，不愿陷在富足的泥沼中，就在一个贵族的劝说下接受了洗礼圣礼。但是现在，这个供给他生活必需品的人，走了所有人都要走的路，他被贫困压得喘不过气来，没有办法维持他的生活。我们借《宗徒大事录》求你们供给他所需用的，他从那人身上领受真理的光，你们要嘱咐你们所谨慎的，我们也借着他敬重那人，警戒你们，供给他所需用的，使他衣食充足。你们知道，我们肯定地遗憾地、不耐烦地容忍这一局面，如果你们在任何方面没有完成我们的这一命令，我们也不能对你们的离去视而不见。这一命令本身就体现了一种虔诚的行为。

No.9 （十字军在战争期间可以不偿还高利贷）

1199.11.31

……马格德堡（Magdeburg）大主教和副主教，院长，修道院院长，执事，大执事，以及马格德堡省的所有神职人员……

……我们将你们置于保护之下。（之后内容与 No. 1 相同）

（同样内容的信件传遍德国、托斯卡纳（Tuscany）、伦巴第，以及法国王国、英格兰、匈牙利、斯拉夫人领地、爱尔兰和苏格兰。）

No.10　（十字军在战争期间可以不偿还高利贷）

1200.01.04

……致维也纳省所有忠实的基督徒……

……我们将你们置于保护之下。（之后内容与 No.1 相同）

（同样内容的信件传遍德国、托斯卡纳（Tuscany）、伦巴第，以及法国王国、英格兰、匈牙利、斯拉夫人领地、爱尔兰和苏格兰。）

No.11　（改教后的犹太人可以继续行娶寡嫂的习俗）

1201.04.19

……致利沃尼亚（Livonia）主教①……

……所以，虽然我们的仪式和他们的仪式有分歧，因为他们在血缘关系和婚姻关系上没有把我们的规范区分开来，虽然他们习惯了和兄弟的寡妇结婚，但恐怕他们就弃绝那美好的心，像现今一样。因为他们中间有几个人，若我们不宽容他们留下他们弟兄的寡妇就不肯接受那真道，而您却不愿意接受他们的洗礼，除非他们抛弃这样的妻子，因此，考虑到这个民族的新生和弱点，我们同意他们可以继续与弟兄的寡妇所结的婚，如果他们是为了在死者的名下生养后裔，这是根据梅瑟的律法，当一个兄弟死了没有孩子的时候，只要他们在接受基督教信仰后不再进入这种被禁止的关系。为了避免利沃尼亚人民因为害怕我们的严格要求而放弃已经取得的成就，在这个问题上，我们要追随我们的前任额我略教宗的脚步，我们以宗徒的权柄，作以下的特许：他们可以在第四代及以后世世代代订立婚姻，直到人们更初步地扎根于信仰中。我们允许这样做并不是意图准许人们在坚定信仰后进行这样的婚姻结合。

No.12　（一旦洗礼完毕，即便不情愿，即便是强迫受洗也不得悔改）

1201.9/10

……致阿勒斯（Arles）主教②……

……同样的，③关于那些睡着的人或疯了的人的问题。对于他们来说受

---

① 　主教阿尔伯特（Bishop Albert de Buxhoevden, 1198—1229）。

② 　安贝特斯（lmbertus d'Aiguieres, 1190—1202）。

③ 　这封信在教会的基本律法中被接受，作为几个关于在洗礼中的意图问题的回答。第一部分是关于施洗对儿童的效力，在这种情况下，意图是不存在的。教宗比较和对比了洗礼和割礼。

洗的印象是否还在,或者在醒来或治愈时,他们会被重新洗礼吗? 有些人说,既然圣礼是通过本身产生效果的,例如洗礼,就是圣礼,因此,他们的印象,如果不是他们的目的的话,不仅停留在沉睡者或疯子身上,甚至停留在那些不情愿或反对他们的人身上。这样圣礼不仅停留在那些没有表达意图却接受了圣礼的孩子们身上,也停留在那些即使不是在口头上表示异议,也至少在心里表示异议的人身上。对于这样的人,可以允许他们即使是不情愿地浸入圣礼,也属于教会的管辖范围,至少是由于圣礼的缘故,因此可以合理地被迫遵守基督教信仰的规则。可以肯定的是,强迫任何不愿意和完全反对基督教的人接受和遵守基督教,是与基督教信仰相反的。出于这个原因,一些人对不情愿的行为和被迫的行为进行了有效的区分。因此,一个被暴力、恐惧和折磨拖到基督教的人,为了避免损失而接受洗礼的圣礼,他(就像一个假装接受洗礼的人)确实接受了基督教的印象,他可能会被迫遵守基督教信仰,因为他表达了有条件的意愿,当然,他是不愿意的。在这种情况下,应该理解托莱多议会(Council of Toledo)①的法令。在那里,据说那些曾经被迫加入基督教的人,就像在非常虔诚的西斯特(Sisebut)王子时代②所做的那样,因为他们与圣礼的联系已经确立,受洗的恩典也已经领受,他们已经受了圣油的膏抹,已经参与了主的身体,他们也许会被迫坚守他们不得不接受的信仰,免得耶和华的名被亵渎,也免得他们藐视和鄙弃他们所结合的信仰。不过,如果他没有同意,而是完全反对,那么这圣礼的效果和目的他也就没有接受到,所以说毫不含糊的反对总比勉强同意好③…

No.13　(驱逐犹太人后在当地新建教堂,且不可被打扰)

1204.03.23

……致圣克罗伊(St. Croix of Étampe)修道院的院长和神职人员……

　　所有为敬拜上帝而获得自由的地方都应该得到宗徒的保护,并被赋予永恒的自由。但这些地方尤其值得受到这种保护,因为这些地方已摆脱了犹太人对信仰的盲目曲解,并在基督教的名义下接受了恩典之光,因为他们既然选择敬拜上帝,他们就有了自由的灵,就不能再称为奴仆的儿女,反该称为自由

---

　　①　第四次托莱多大会(IV Council of Toledo, 633)。

　　②　612—620.

　　③　结论是:睡眠者或疯子被认为会继续保持他们最后拥有能力时的精神状态,他们的受洗有效。

母亲的儿女。因此，我们亲爱的儿子在主里，按照罗马主教的榜样，卢修斯（Lucius）和乌尔邦（Urban）的幸福记忆，我们的先辈们，我们在圣彼得的庇护下，在我们自己的庇护下，在我们亲爱的儿子，在基督里的法国杰出的国王菲利普的庇护下，接受你们原来所称的教会和属于它的一切，桑斯（Sens）的大主教，决定在他驱逐犹太人的会堂外，建立为了纪念最胜利的十字架。我们命令，正如附近教会的神职人员在犹太人占有此地时没有从这里拿走任何东西一样，他们以后也不得向在此建立的教会强加任何有损其自由的条件或负担，以免教会的地位恶化，如果在犹太人居住时，教会在那些方面是自由的，但因遵守基督教的虔诚而成为奴隶……

No.14　（借贷问题、奴隶问题、基督徒和犹太人证人问题、犹太会堂、公开侮辱基督徒）

1205.01.16

……致法国国王……

流散的犹太人生活在基督教国王和基督教王子的统治下，服事他们，直到他们的余民得救，尽管不讨神的喜悦，但为神所接受，这时"犹大必得救，以色列安然居住"。然而，这些（王子）冒犯了神圣的威严，他们偏爱受难者的儿子，直到今天，他们的鲜血仍在天父的耳中呼喊，他们情愿让犹太人奴隶得自由，不愿人子得自由，好像仆人的儿子能也应当与自由之妇的儿子一同得后嗣。

你们要知道，消息传到我们这里的意思是说，在法国王国，犹太人已经变得如此傲慢无礼，他们利用恶毒的高利贷，通过这种方式，他们不仅行借贷，甚至勒索高利贷，他们挪用了教会的财物和基督教的财产。先知为犹太人的事哀哭说，"我们的产业交在外邦人，我们的房屋交在外邦人。这话在基督徒中间似乎要应验"。此外，尽管拉特兰议会颁布法令，犹太人不允许以任何原因，例如抚养子女或做家务为借口在家中雇用基督教仆人，那些擅自与他们同住的人将被逐出教会，但他们却毫不犹豫地雇用基督徒的仆人和护士，有时，他们和谁一起做的那些可憎的事是应该由你进行惩罚的而不是由我们指出的。

此外，尽管同一委员会决定在双方之间的诉讼中承认基督教对犹太人的证据，因为他们使用犹太证人来反对基督徒，尽管法令规定，在这件事上谁更喜欢犹太人而不是基督徒都将受到诅咒，然而，直到今天，他们在法国领土上被给予偏爱，以致基督教的证人反对犹太人时不被相信，而犹太人却被允许作证对基督徒不利。因此，如果基督徒借了高利贷，让其他基督徒为这件事佐证，而犹太人因为轻率的债务人由于疏忽或粗心留下的文件而比基督徒被给予更多的信任。不仅如此，在这种性质的控诉中，根本没有收到对他们不利的证据，因此，此时，我们羞愧地重复它，他们变得如此傲慢，以至于在桑斯（Sens），他们在一个老教堂附近建造了一座新的犹太会堂，比教堂要高得多。他们在那里举行犹太仪式，不像他们被赶出王国以前那样压低声音，而是按照他们的习惯，大声喊叫。因此，他们毫不犹豫地阻碍教会的神圣服务。

更糟糕的是，他们亵渎上帝的名字，公开侮辱基督徒，说他们（基督徒）相信一个被犹太人绞死的农民。事实上，我们并不怀疑他是为我们而被绞死的，因为他的身体把我们的罪背负在十字架上，但我们不承认他在举止或行业上是一个农民。事实上，他们自己也不能否认，他从身体上来说是祭司和皇室的后裔，他的举止高贵而得体。同样地，在耶稣受难日，犹太人，与古老习俗相反，公开来回跑乡镇和街道，到处都是嘲笑，就像他们习惯的那样，嘲笑基督徒，因为基督徒喜爱的人被钉死在十字架上，并且，通过他们的不当行为，试图阻止他们崇拜。犹太人的门也在半夜向盗贼敞开，若在他们身上发现被偷的财物，没有人能向他们讨公道。犹太人，同样地，滥用皇家的耐心，当他们继续生活在基督徒中，他们利用每一个邪恶的机会，秘密杀害他们的基督徒东道主。因此，最近有报道说，一个穷学者被发现在他们的厕所里被谋杀了。

所以恐怕神的名因此受亵渎，使基督徒的自由不被犹太人奴役。我们奉神的名，警戒并劝勉您，威严的陛下，此外，我们还希望您能赦免罪过，您要制止犹太人在这些类似的事情上的放肆，您要制止法国王国内的这些暴行。你们似乎对神有热诚，也晓得祂。此外，既然世俗法律应该对亵渎上帝之名的人更加严厉，您应该转而反对这些亵渎者，因为对某些人的惩罚应该成为所有人恐惧的根源，而不是轻易获得宽恕作为对做恶者的激励。此外，您还应激励自己，移除法国境内的异端，殿下您也不能允许披着羊皮的狼破坏羊群，扰乱您的领土，要通过压迫他们，表现出殿下您对基督教信仰的同样热情。

No. 15　（基督徒仆人不可服侍犹太人）

1205.01.20

……致圣哥伦巴（St. Columba）的神父伯多禄……

那借着洗礼池在基督里重生，因而被收纳为真光之子的，要和那些凭着硬心肠不能认识真光的人住在一起,是不合宜的,免得那些凭着真道生在光里的人,被别人领进黑暗的阴影里去。我们在主里所亲爱的儿子,似乎为神热心认识他的,我们凭这信授权你们专心祷告,通过逐出教会的判决,并根据教规的规定,排除任何反对和上诉的障碍,阻止胆敢在你的教区和犹太人住在一起的仆人,使他们退出这样的服务,以免犹太教试图把他们从自由的恩典中拉到奴役的耻辱中。

No.16 （向犹太人传教）

1205.01.21

……致主教、修道院院长和君士坦丁堡的其他神职人员……

……①我应当细记耶稣对西满所说的话,免得我因无知过多而羞愧,他说,"不要害怕！从今以后,你要做捕人的渔夫！"他仿佛在说:"你可以绝对确信,在你捉到鱼之后",也就是说,在你把基督徒引回去之后,"从此你要得人了",也就是说,你要使犹太人和异教徒改变信仰。因为"鱼"生活在水里,就代表基督教徒通过水和圣神获得重生;而"人"因为生活在地上,就代表呼吸和依附世间万物的犹太人和异教徒。但是,当所有的基督徒完全归顺宗徒的宝座之后,那时,众多的外邦人也会被吸引到信仰中去,这样,"以色列人能安然居住"……

No.17 （犹太人要缴纳十一税,不可欺压基督徒）

1205.05.05

……致卡斯蒂尔国王阿方索（Alphonso, King of Castile）……

我们为那些犯罪的人痛苦和烦恼,并不比那些因犯罪而受苦的人更少。因为我们听说,殿下对那些应该同情和怜悯的人,总是严峻又严厉的;对那些他应该厚待的人,反而为难了。此外,我们听说,您把您王国的所有神职人员从一切苛捐中解放出来之后,又改变了主意,故意向他们强征苛捐。我们也听说,当犹太人的奴隶,无论是买来的还是在家里出生的,转变信仰的时候,尽管

---

① 在这封信中,英诺森特表达了他对第四次十字军东征的结果,拉丁基督教在东方的建立,以及君士坦丁堡主教的选举,承认罗马至高无上的地位的极大喜悦。《路加福音》第五章中的预言贯穿始终。

他们的代价是神圣固定的，①无论如何，只要犹太人发誓说奴隶对他们是有价值的，您就允许犹太人占有主教辖区的财产。最近在那里，您命令我们可敬的伯尔托斯主教兄弟为一个撒拉逊女人，一个犹太人的仆人，付了两百索尔迪（soldi），尽管主教说她只有还不到十个索尔迪的价值。虽然您不容本国的犹太人和撒拉逊人，从他们的财物中拿出十分之一来，我们已经奉宗徒的书信写给你们，你们不但不肯让他们付十分之一，反倒赐他们更多的机会，叫他们不交什一税，授权他们购买更多的财物。因此，当犹太会堂的权力增长，教会变得虚弱，女仆便会公开表达喜爱……②我在基督里所亲爱的儿，看起来您是将教会的自由减少，为犹太会堂和清真寺而高兴，恐怕您好像是与教会，就是基督的配偶，或是教会的仆人为敌，这些行为会玷污您信仰的纯洁，我们以上帝的名义敦促殿下，您自己改正上述的过失，通过您自己的过失，以及通过委托给您的权力改正他人的过失。不然，我们奉神的名，无论怎样爱你们，因为不愿意，也不应当叫教会继续受欺压，因为这是我们所肩负的任务，我们应当尊敬君王的神，而不是凡人的君王，知道我们已经寄信去命令我们可敬的弟兄们，胡斯卡和特拉斯康（Huesca and Tarrascon）的主教们，以及我们亲爱的儿子特拉斯康修道院的院长，请用教会的惩罚且可不经上诉，迫使你们采取上述所说的行动。

No.18 （犹太人傲慢地侮辱基督教信仰，基督徒乳母问题）

1205.06.15

……致森斯（Sens）大主教③和巴黎主教④……

基督教虔诚地接受了犹太人，他们因自己的罪恶而被判终身为奴，因为他们把上帝钉在十字架上，尽管他们自己的先知预言他将以肉身来救赎以色列人，虽然（基督教的虔诚）允许他们住在基督教中间，由于背信弃义，即使是迫害基督教信仰，不相信犹太人钉在十字架上的基督的撒拉逊人，也不能容忍犹

---

① 581年，梅肯会议（Council of Macon）通过了一项法律，规定了一个犹太人要为一个要求皈依的奴隶支付多少钱，规定为12索尔迪。

② 随后出现了几起国王虐待教会神职人员的事件。

③ 森斯主教伯多禄二世（Peter II de Corbeil, Archbishop of Sens 1199—1223）。当英诺森在巴黎学习时，伯多禄是他的老师。

④ 巴黎主教奥多（Odo de Sully, Bishop of Paris 1197—1208）是法国、英国和纳瓦拉国王的亲戚。

太人,甚至将他们驱逐出他们的领土,[①]我们已经公开承认,我们的救主是被钉于十字架上受苦的,犹太人不应该对我们忘恩负义,不应该以污蔑的方式来报答基督徒的恩宠,也不应该以轻蔑和侮辱来报答基督徒。然而,当他们仁慈地进入我们的亲密关系时,他们却以他们惯于给予主人的报应来威胁我们,正如俗语所说:"就像口袋里的老鼠,就像腰上的蛇,就像胸中的火。"

因为我们听说,因各王子之恩,被接纳进入他们境内的犹太人,[②]已经变得非常傲慢,肆无忌惮地侮辱基督教的信仰,这种侮辱不但在口头上是可憎的,连在心里也是可憎的。因此,无论何时发生,当天主的复活(复活节),犹太人要求基督徒乳母在领圣餐后,连续三天,每天先将多余的奶水丢弃在厕所后再喂奶。此外,他们还做其他可憎的、闻所未闻的事情违背基督教的信仰,因此,信徒们应该担心,如果他们允许犹太人不受惩罚地犯下这些行为,给我们的信仰带来混乱,他们会招致神的愤怒。因此,我们问我们最亲爱的基督的儿子,杰出的法国国王菲利普,[③]我们还下令高贵的勃艮第公爵(Duke Burgundy)[④]和特鲁瓦(Troyes)伯爵夫人[⑤],抑制过度的犹太人,使他们必不敢举起他们的脖子,从而在永久奴役的轭下鞠躬,尊敬基督教信仰。更严厉地禁止他们将来有护士或其他种类的基督徒仆人,以免一个自由妇人的孩子成为一个奴隶孩子的仆人。更因为他们是被神所弃绝的奴仆,他们曾邪恶地密谋杀害这些人,因此,他们承认自己是那些被基督之死释放的人的奴隶,同时基督之死也奴役了他们。因为,一旦它们开始像老鼠一样啃,像蛇一样咬,人们就会害怕自己怀里的火会把咬断的部分烧掉。因此,我们藉宗徒的这封书信吩咐诸位弟兄,要快快小心谨慎地警告前述国王及其他诸王,并代表我们最热忱的心说服他们,从此以后背信弃义的犹太人不得以任何其他方式胆大妄为,但是,在奴隶制的恐惧之下,他们将永远显示他们的罪行的胆怯,并尊重基督教信仰的荣誉。如果犹太人确实不解雇基督徒护士和仆人,我们给您我们的权力禁止任何基督徒在该地区进行任何商业关系,否则将被逐出教会。

---

① 可能是指西班牙和北非的阿莫哈德(Almohades)迫害。

② 指 1197 年回到法国的犹太人。

③ 还可参见 No. 14。

④ 奥多三世(Odo III)非常积极地捍卫犹太人的商业活动,因为他从他们那里得到了好处。

⑤ 布兰奇(Blanche)她在香槟区的地盘上拥有一些最繁荣的犹太社区。她有时会因为保护他们而惹上麻烦。

No.19　（基督徒和犹太人不得阻止手下的仆人皈依基督教，也不可因此向教会索要过度补偿）

1206.08.26

……致巴塞罗那的神职人员……

风暴在这辽阔的大海上猛烈地刮着，人类处于危险之中。于是神的儿子耶稣基督，真约拿，进入深海，让自己被暴风淹没，好叫自己的血来使我们与神和好，使我们成为他的样子，并藉着重生的沐浴，不分性别，不分人，将新的生命倾注到用他的血所圣洁的人身上。他确立了包罗万象的圣礼，通过这一圣礼，无论出身如何，一个人都可以被上帝的儿女接纳……①

你们该知道，我们听说在你们的教会行普遍的洗礼的时候，有许多撒拉逊人跑去，求立刻受洗。这些所有人的主人，无论是犹太人还是基督徒，都害怕失去他们在地上的财物，擅自禁止他们这样做，向教会索要代价以弥补他们的仆人通过洗礼重生后所造成的损失，用暴力夺取你所作的抵押，并另外加上其他费用。既然教会应当接纳任何承认信仰而又离弃了从前的错误的人，既然教会应当向任何敲门的人敞开胸怀，既然南方不应当禁止给北方的孩子施洗礼，我们藉宗徒的书信劝戒你们，吩咐你们的大学，不能不将信仰的圣礼给任何寻求它的人，奉圣父、圣子、圣神的名，为救赎主的荣耀，给谦卑求此的犹太人或撒拉逊人施洗。在给他们警告之后，您必须阻止任何基督徒阻碍（皈依）或向教会索取价格作为回报，要求他们停止这种行径，否则将处以绝罚，没有上诉的权利。至于犹太人，除非他们被我们在基督里最亲爱的儿子，杰出的阿拉贡国王，制止他们的罪孽，您要用教会的权柄剥夺他们与基督教徒做生意的权利，无上诉权利。

No.20　（施洗者与受洗者要区分）

1206.08.28

……致梅茨（Metz）主教②……

当你要求在法律上某些疑点上得到宗徒王座的答复时，你就很好地履行了主教的职责。你们的信上论到一个犹太人，感到自己要死了（他住在犹太人

---

① 信中接着描述了一个基督徒应该如何为皈依信仰的人感到高兴。
② Bertold or Bertrand, Bishop of Metz, 1180－1212。

中间），便将自己浸在水里，说："我奉圣父，圣子，圣神的名施洗"。现在，你问，这个继续献身于基督教信仰的犹太人，是否必须受洗？

我们这样回答你们，因为我们要区分施洗者与受洗者，这是主对宗徒所说的话，既清楚又明白，"给万国施洗，奉父、子、圣神的名，"你们所提到的犹太人，当由别人施洗，因为应有一位受洗者，也有一位施洗者。为了加深这一点，基督自己不想受自己的洗，而是要受若望的洗。

然而，如你所说的这样一个人，若立刻死了，他就可以立刻到父那里去，是因他对圣礼的坚信，却不是因表达信的圣礼本身。因为受洗的时候，才有灵生的荣名，福音说："你们应当重生。人若不藉着水和圣神重生，就不能进天国。"所以正如从肉体是由男人和女人所生的一样，有一位是在肉身生的，又是一个从肉身生下来的人，在圣婴由水和圣神而生的过程中，也是如此，应该有一个生属灵的，而另一个则是属灵的生的。无论是身体受的洗礼，还是心灵受的洗礼，都是要将父亲的身份与儿子的身份分开的，这种职任的分别就与施洗的和受洗的相似。

No. 21 （犹太人需缴纳什一税）

1207.01.04

······致西贡提姆（Seguntium）院长······

为了给我们亲爱的儿子们，教长和托莱多教区的祈祷以答复，我们请求您慎重处理这几封信，要求基督徒免除与不遵从的犹太人的一切联系，且无上诉机会。你需强迫那些地方的犹太人，让他们从基督徒那里购买或通过其他合法途径获得的财产中，全部缴纳十分之一，这位教长和神父分别会从那些财产中收取什一税。

No. 22 （强迫犹太人缴纳什一税；惩罚犹太高利贷者）

1207.05.16

······致奥赛尔（Auxerre）主教①······

你们博爱的洞察力，使你们向宗徒王座请教如何对付那些买下了别墅、农场和葡萄园，却拒绝向教会和神职人员缴纳应缴什一税的犹太人，因为不能强

---

① 欧塞尔主教威廉（William, Bishop of Auxerre, 1207.02—1221）。

迫犹太人遵循他们所轻视的教会纪律的行动并未得到很好的成效。我们回答你的问题如下：必须警告各地的君主使用托付给他的权力，迫使他们支付报酬。但是，如果他不愿遵守这一点，将处以逐出教会的绝罚，同时基督徒也被警告不要与犹太人有任何商业关系，除非他们满足以上要求。

而且，在你的教区里有相当多的高利贷者，究竟是谁都不用怀疑，因为他们是公开的高利贷者，但由于对保护他们的王公贵族的恐惧，对他们却没有提出控告，他们也不是被公众的情绪谴责的，你已经引起了宗徒的异见，被问及你如何能对付他们。① 我们回答你们的兄弟会如下：既然没有指控他们的人出现，如果你通过其他证据证明他们是公开的放高利贷者，你可以自由地对他们使用在拉特兰会议中针对放高利贷的惩罚。

No.23 （谴责偏袒犹太人的世俗领主）

1207.05.29

……致图卢兹（Toulouse）伯爵雷蒙德……

……②你亵渎了基督教的信仰，把公共职务托付给犹太人……

No.24 （批评世俗王子利用犹太人盈利；犹太人高利贷；不交什一税；犹太人不吃基督徒宰杀的牛羊，牛奶、酒的问题；谴责世俗统治者因收犹太人礼物而保护他们）

1208.01.17

……纳韦尔（Nevers）伯爵③……

耶和华使该隐在地上漂流，却在他身上作记号，使他摇头，免得有人遇见他就杀他。这样，那些被耶稣基督之血所攻击的犹太人，④虽然他们不应该被杀死，但基督教徒却忘记了神圣的律法，然而他们应当飘流在地上，直等到脸上蒙羞，寻求主耶稣基督的名。这就是为什么亵渎基督之名的人不应该得到

---

① 参见 No.24。

② 列举了雷蒙德五世的罪行时，即他偏袒异教徒，压迫教会等。用激昂的语言威胁雷蒙德要被逐出教会，还要组织一场反对他的运动。

③ 参见 No.14，这两封信的情况可能相同。还可参见 No.22。

④ 该隐和犹太人之间的类比绝不是英诺森原创的。例如，可敬的彼得（Peter the Venerable）在约 1146 年给法国国王的信中也这样描绘。

基督王公的帮助来压迫主的仆人,反而应该被奴役,当他们举起亵渎的手,反对来赐予他们真正自由的上帝时,他们认为自己应得到奴役,这样他的血就会流到他们自己和他们的孩子身上。

我们得知有些王公贵族没有眼见万物在祂面前都是明净的耶和华,他们正羞耻地取利的时候,就接纳犹太人进入他们的村镇,派他们为取利的代理人,他们也不怕联合上帝的教会,压迫基督的穷人。此外,从犹太人那里借了钱的基督徒,在还了他们的本金之后,常常会发生这样的情况:这些被任命的人(王子们的)和他们权力的仆人,在扣押了抵押品并把这些基督徒关进监狱之后,强迫他们支付高利贷。这样,寡妇和孤儿的产业就被剥夺,教会的什一税和其他常规收入来源也被剥夺,因为犹太人把自己关在被占领的城堡和别墅里,完全拒绝根据教区法律回应教会的高级神职人员。

他们在基督的教会里又制造一件严重的丑事,就是他们自己不吃基督徒所杀动物的肉,当作不洁之物,然而,他们从首领的恩宠中获得了特权,可以把宰杀的牲畜交给那些按照犹太人的仪式宰杀牲畜的人,然后按自己的意愿取多少,把剩下的分给基督徒。

犹太妇女对公开卖给儿童营养的牛奶所做的事情与此类似,另外还有一件事,也是基督徒所憎恶的。每逢收成季节,犹太人脚上穿着亚麻布靴子,踩着酒,按照犹太人的习俗榨出较纯的酒,他们保留一些供自己享用,把他们所厌恶的部分留给虔诚的基督徒,用这些酒完成基督宝血的圣礼。此外,由于受到强者的青睐,他们不承认任何基督徒的见证,无论他们的性格多么好,无论在什么方面优越。的确,不久前,我们德高望重的欧赛尔(Auxerre)主教弟兄①,为了把这样一个令人憎恶的人从他的教区中清除出去,曾与一些谨慎的人商量过,并威胁要处以绝罚,禁止上述国家发生此类事件,庄严的宗教会议命令站在他身边的神职人员禁止此类行为,否则他们的教会也将被逐出教会。

大部分神父虔诚地向他许诺远离上述可憎的事。但某些贵族、王子和他们的大臣,眼见犹太人的礼物玷污了他们的心,就试图用威胁来恐吓他们,受耻辱的影响,那些虔诚的信徒,出于服从和对判决的恐惧,决定放弃这种行为。他们中的一些人被俘虏了,他们(王子)强迫他们赎回自己,并且拒绝释放他

---

① 雨果(Hugo de Noeriis),他对犹太人和高利贷问题非常感兴趣,因此极力反对腓力·奥古斯都在 1206 年颁布的亲犹法令,甚至到罗马去鼓动教宗反对这一法令。但不久他就去世了,没有达到他的目的。

们,除非犹太人满意。这些(贵族),为了不被逐出教会和在他们土地上颁布禁令,试图通过设置障碍阻止人们向宗徒王座申诉从而保护自己,从而逃避教会的纪律。然而,犹太人,如果因为这个,对某些基督徒宣布驱逐或禁止的判决,就会高兴,因为这样,为了他们的缘故,教会的器具被挂在巴比伦的柳树上,教会的神父就被剥夺了他们的生计。

我们听说您既是一个虔诚的人,又是耶稣基督的仆人,您既然敬畏他,就当远离犹太的迷信,十字架的仇敌,就是那被钉十字架之人的仆人。然而,您却喜欢他们,在上述的过分行为中,他们有您作为特别的捍卫者。您的民若帮助你的仇敌,您岂不向他发怒吗?因此,您应更害怕神的愤怒,因为您不害怕给那些敢于钉死神的独生子,直到现在还没有停止亵渎神的人以恩惠。因此,我希望能把这件事在人民中引起的丑闻从他们中间除掉,并且停止这种放肆的狂妄,据说你们是在危害基督和他的教会,我们以主的名义向阁下发出宗徒牧函,请求、警告并敦促阁下,务必改正上述行为,避免其他类似的(罪行),为了表明您拥有正教信仰的热情,我们不应该被迫伸出我们的手来纠正这种情况。我们必须立时惩罚一切不顺从宗徒后继人的人。我们原是神所预定的,叫我们拔出该拔出的,栽植该栽植的。

No.25　(要求地区统治者强迫犹太人免去十字军东征士兵的高利贷且延期偿还本金)

1208.10.09

……致法国杰出的国王菲利普……

上帝的神圣教会,要像一条可怕的战线,对付它最残酷的敌人,铲除邪恶异端的追随者,他们像蛇或溃疡一样,几乎感染了整个省,我们已经从周围地区召集了基督教士兵的守备部队,并任命了我们可敬的弟兄圣里齐尔主教和里耶斯主教(Bishops of St. Lizier and of Riez),以及我们亲爱的儿子熙笃会修道院院长,作为宗徒宝座的代表,委托他们作为领袖,以便那些前去保卫神圣三位一体荣誉的人,可以在这些主的三位一体的指导下取得胜利。因此,我们认为应该劝诫和敦促陛下,为您赎罪,当上面提到的使节请求您时,您应该为这一目的提供建议和及时的帮助,个人名义,并以财产的方式,引导臣服于您的子民,以显示对上帝的忠诚,并为教会提供必要的帮助。因为知道上帝和他的神父们已经赦免了他们的罪,那些燃烧着热情和真正的信仰的人将会为这样的虔诚工作做好准备,这样圣洁的工作可以使他们在工作中得到满足,使他们在真神面前真心悔悟,口里真诚忏悔。但既然世俗权力的强制对那些精神上的强制不能被接受的人会有更大的帮助,我们以上帝的名义恳求您的仁慈,引诱犹太人臣服于您,用您的王权强迫他们,把所有的钱财贷给那些要离开去服侍他们的上帝的人,并且,如果可以的话,适当地推迟原定的偿还本金的时间。这样,您将得到永恒的奖赏,因为您将在如此神圣的事业中给予教会帮助。

No.26 （要求地区统治者强迫犹太人免去十字军东征士兵的高利贷且延期偿还本金）

1209.11.11

……致阿莱斯大主教（Archbishop of Arlesl）①和他的副主教们……

……因此,既然在精神诱惑不可接受的情况下,只有肉体的强制才能成功,你们应当设法引诱那些已知在你们的教区中对犹太人有世俗权力的人,让他们反过来引诱犹太人,并以他们所拥有的权力强迫他们,取消那些已经出发去为上帝服务的人的高利贷,并且,如果可能的话,让少数人适当地延长偿还本金的期限。

No.27 （一个对某位神父动武的犹太人需提供必要的补偿）

1212.06.07

……致朗格勒（Langres）主教②……

您要求宗徒宝座指示您如何对付一个对某位神父动武的犹太人。对于您的兄弟会的这一请求,我们简单地答复,如果上述犹太人生活在您自己的管辖之下,您应该通过金钱支付或任何其他世俗的惩罚来惩罚他,使被击打的人得到适当的满足。否则,您应该威胁并诱导他的统治者,让他强迫（犹太人）对受难者和教会所受的伤害给予适当的补偿。如果他的统治者忽视了这一点,您应该通过教会的惩罚,禁止基督徒与这个犹太人有商业关系,直到他做到令人满意的补赎。

---

① 米歇尔（Michel de Moureze, 1203—1217）。
② 朗格尔主教威廉（William de Joinville, Bishop of Langres, 1208—1219）。

No.28 （犹太人需归还高利贷）

1213.04.22

……致科隆（Cologne）所有忠实的基督徒……

……如果他们的任何债主强迫他们偿还高利贷，他将以同样的惩罚被强迫归还所有收取的高利贷。至于犹太人，我们命令他们在世俗权力的强迫下归还他们拿走的高利贷，在他们这样做之前，犹太人将被判逐出教会，被切断与忠诚的基督徒的一切商业和其他交往。

No.29 （一些犹太人见到神迹后改信基督教的故事）

1213.06.10

……至桑斯（Sens）主教①……

我们已经完成了用一个新孩子充实教会的使命，现在我们把我们亲爱的儿子 N，也就是带着这封信的人，他是犹太人，从你们的地来到我们这里。我们把从他那里听到的故事的内容和先后顺序，也加在本册上，因为叙述上帝的奇妙之处是令人愉快的。

最近，一个基督徒女人住在这个男人的父亲家里，由于犹太人的引诱，她与基督教信仰疏远，然而她经常宣称，当她处于犹太错误的阴影下时，基督不能使她得益，也不能使她受害，从普通餐桌上取下的面包，和在祭坛上取下的基督的圣餐一样有功效。由于担心公开否认基督教信仰会招致惩罚，她和其他基督徒一起，在即将到来的复活节上挤到教堂里，领受了圣餐，并把它藏在嘴里。然后，把它交给上述 N 的父亲。（然后呼唤依撒格），她突然说出这样的话："看我的救主，就像基督徒说的"。正当他想把这些东西放进壁橱里的一个空盒子时，有人把他叫到门口，他害怕有人偶然走进他的屋子，他匆匆忙忙把它放进了另一个装着七个硬币的箱子里。然后他为敲门的人打开了门。之后他匆匆又从门口走回来，又回到了壁橱，他没有把它（圣饼）放在他以为已经放入了的空盒子里，他又看了看装钱的另一个盒子，发现里面装满了——不是硬币——而是薄饼。他又惊又喜，浑身发抖，把朋友们叫到一起，把刚才发生的事情讲给他们听。他开始在他们面前用一根稻草转动饼干，以便看到给他时有点潮湿的那块，他想把这块饼干和其他的分开，希望这块饼干被移走后，

---

① 参见 No.18。

硬币会回到原来的样子。当他无法分辨这块饼干和其他饼干时,站在周围的人觉察到神圣奇迹的伟大,并决定皈依基督教。他把他的妻子和孩子托付给一个贵族,国家的元帅,并请求他让他们所有人受洗,N 和亚巴郎的其他儿子赶忙来到作为旁观者。他们就律法和先知与他进行了大量的讨论,然后他的尊敬的兄弟,图斯库卢姆主教(Bishop of Tusculum)仔细地指导他,并为他洗礼使其加入基督教。

然而,这样一株新植物不仅要靠教条的露水来加强,还要靠世俗的利益来滋养,我们藉着宗徒的著述,命令你的博爱,安排好他和他的家庭的事,那些也改信基督教的人,应该为他们提供生活的必需品。免得他们因缺乏现世的财物,就被迫向后看,也免得因此再去麻烦宗徒的宝座。

在你发现关于上述奇迹的更多的真相后,请忠实地写信给我们。

No.30　(高利贷问题,敦促世俗君主配合教会活动)

1214.05.14

……致杰出的法国国王菲利普……

就像灵魂比肉体更优越一样,精神的东西也比世俗的东西更可取。由此得出的结论是,不应寻求包含精神伤害的现世利益,以免寻求现世利益会给灵魂带来危险。正如福音书所说:"人若赚得全世界,却害了自己的生命,有什么益处呢?"

现在,我们听了您和您的一些贵族写给我们的关于各种事情的信,其中包括对我们亲爱的儿子 R,①科埃洛蒙特(Coelo-Monte)圣斯得望大教堂名义上的枢机主教,宗徒代表。于是,我们详细地向你们介绍了对这位使节的不满和他的答复。在某种程度上有规定,现随信回复这些事项。我们简单地回复您如下。尽管这位使节在处理高利贷的问题上没有得到我们的特别授权,然而,由于在你们国家高利贷的祸害已经发展到异乎寻常的地步,吞噬了教会和骑士的潜力,和其他许多人一样,除非找到一种有效的药物来治疗这种疾病,否则就没有足够的钱补贴圣地,这是我们送他来的特殊目的。因此,他就像一位治疗灵魂的医生,在听取了各种会议中一些有见识的人的建议后,找到了这种可以对付致命害虫的有益的药物,以拯救灵魂。因此,在基督教世界的世俗王

---

① 罗伯特(Robert de Curzon),直到 1216 年才为人知晓。

子中享有盛名的殿下为了身体上的利益而阻碍精神上的利益是不合适的。我们很遗憾地发现你们已经通过寄一些信件给不同的社区来行这些错误的事。为了让您能回想起这些信件,我们在此随函奉劝陛下不要妨碍,或对在您的领土内实行宗教管辖造成妨碍。我们同样命令上述大使,使他能在上帝的名义下,在这些问题上行使所有必要的节制,以免他在任何方面超过适当的习惯限制,同时能在保持总理事会的每一个意图时采取合理的行为。因此,我们希望并命令他在此期间谨慎地推进这件事,因为我们已经得到了圣会的同意,已经颁布了关于这些和其他事情的法令,我们希望这些事在精神上和物质上都可以迅速开展。

No.31 （犹太人需要有着装区别,但不可因此迫害他们）

1215—1216

……致法国的大主教和主教……①

他们得到的命令是让犹太人穿可以区别于基督徒的衣服,但不是强迫他们穿会让他们面临生命危险的衣服。②

No.32 （禁止所有的基督徒,尤其是十字军,伤害犹太人或他们的家人）

1215—1216

……致法国的大主教和主教……③

他们被命令禁止所有的基督徒,尤其是十字军,伤害犹太人或他们的家人。

---

① 只有标题,信件本身丢失了。
② 表明犹太人的衣着区别确实会引人注目,进而造成危险。
③ 只有标题,信件本身丢失了。

附录二① 第四次拉特兰大会关于犹太人的法案

1215.11.11②

No.67 犹太人和高利贷相关规定

基督徒的宗教越是不受高利贷行为的约束,犹太人在这些问题上的背信弃义就越严重,以至于他们在很短的时间内就耗尽了基督徒的资源。因此,为了避免基督徒在这方面受到犹太人的野蛮压迫,我们通过本宗教会议法令规定,如果犹太人今后以任何借口向基督徒勒索压迫性的过高利息,那么他们就不得与基督徒接触,直到他们对过重的负担做出适当补偿为止。必要时,基督徒也应受到教会的谴责,不得上诉,不得与他们进行商业往来。我们嘱咐王子们不要因此而敌视基督徒,而是要热心制止犹太人如此严重的压迫行为。我们下令,在同样的惩罚下,犹太人应被迫向教会清偿应得的什一税和奉献,教会习惯于从基督徒那里收取这些什一税和奉献作为房屋和其他财产的补偿,然后再以任何名义转交给犹太人,这样教会就可以免受损失。

No.68 犹太人出现在公共场合的规定

而在教会的某些省份,衣着的差异将犹太人和撒拉逊人与基督徒区分开

---

① 该附录内容译自梵蒂冈发布教廷文件的官方网站:https://www.papalencyclicals.net/councils/ecum12-2.htm#50.考虑到宗教用语的特殊性,译文整体上以直译为主,以了解信件大体内容为主要目的,不免会有不符合天主教用语习惯以及不准确的地方,还请见谅。拉特兰大会的67-70号法案是明确关于犹太人的,No.22与No.50在本研究正文的第二章有所提到,以供参考。

② 这是第一次公开会议的日期。另外在11月20日和30日还有两次这样的会议。

来,在其他某些地方,却因为穿着没有明显的差异而造成了混乱。因此,有时会发生基督徒错误地与犹太或撒拉逊妇女发生性行为,或犹太或撒拉逊男子与基督教妇女发生性行为的情况。因此,为了避免这些人在错误的掩盖下,为这种严重的罪行找到借口,我们规定这些人(犹太人和撒拉逊人)无论性别,在所有基督教的国度里,在任何时候,他们衣服的质地都需要很容易与其他的人区别开来,这律法也是梅瑟强加给他们的。在忏悔日或复活节,他们根本不得公开露面,因为正如我们所听到的那样,他们中的一些人在这些日子里毫不羞愧地穿着非常华丽的服饰游行,而且不怕嘲笑正在纪念最神圣的故事并表现出悲伤的基督徒。然而,我们最严禁的是,他们胆敢以任何方式嘲笑救世主。我们命令世俗君主以严厉的惩罚约束那些妄想这样做的人,以免他们胆敢以任何方式亵渎为我们被钉死在十字架上的救世主,因为我们不应该无视对抹去我们过错的救世主的侮辱。

No.69　犹太人不得担任公职

既然亵渎基督的人竟有权力管理基督徒,这是相当荒谬的,我们,鉴于违法者的大胆,就更新托莱多议会①已经就此立法的内容。我们禁止犹太人在公职中获得优先地位,因为这为他们提供了向基督徒发泄愤怒的借口。若有人委托他们担任这类职务,省政府将禁止他这样做。在给予他应有的警告后,他须由立法会认为适当的方法加以限制。此外,这些官员本人也应被禁止与基督徒进行一切商业或其他往来,直到他们按照教区主教的安排转而使用贫穷的基督徒为止,这都是因为他们拿走了基督徒应受的职任。耻辱,他们将失去他们如此不敬地担任的职位。这也适用于异教徒。

No.70　受洗后的犹太人不可保有和实践旧仪式

我们听说,有些人自愿来到洗礼池前,但并没有为了更完美地引入新自我而完全驱逐旧自我。因为他们保留了他们以前信仰的残余,他们的这种混合玷污了基督教的美。因为经上记着说,"在地上擅作两道的必受咒诅,"②连衣服也不可把细麻和羊毛搀杂。所以我们命令,教会的神职人员要千方百计地

---

① III Council of Toledo, 589.
② 《便西拉智训》,III,28。

约束这样的人,禁止他们遵守旧的仪式,因此,那些因他们的自由意志而皈依基督教的人,必须以强迫的方式遵守基督教教规,①这样他们就可以得救。因为不认识主的道路的邪恶,比认识后背道还小。

No.22　医生需首先向病人建议治疗灵魂上的疾病

身体的疾病有时可能是罪的结果,正如主对他所治愈的病人说:"去吧,不要再犯罪了,免得更坏的事临到你身上。"因此,我们在本法令中命令并严格要求负责身体检查的医生,当他们被召去看病时,首先要警告并劝说他们去请灵魂的医生,以便在他们的精神健康得到照顾后,他们可以更好地接受身体的药物治疗,因为当原因消失时,结果也会随之消失。除其他事项外,这也是颁布本法令的原因,即有些人在病床上,当医生建议他们为自己的灵魂健康着想时,他们会陷入绝望,从而更容易招致死亡的危险。如果任何医生违反了我们的这一规定,在地方主教公布了这一规定之后,他将被禁止进入教堂,直到他对这种违法行为做出适当的补偿为止。此外,由于灵魂比肉体珍贵得多,我们禁止任何医生为病人的身体健康开具任何可能危及其灵魂的处方,违者处以极刑。

No.50　禁婚只限于四代以内

如果人类的法令有时会根据不断变化的情况而改变,特别是在迫切需要或明显有利的情况下,这不应受到指责,因为上帝在新约中亲自改变了他在旧约中吩咐的一些事情。由于禁止第二和第三姻亲缔结婚约,以及禁止第二段婚姻的后代与第一任丈夫的亲属结合,往往会导致困难,有时还会危及灵魂,因此,为了使禁令停止后,其影响也能停止,我们经本神圣会议批准,废除了就此问题公布的章程,并通过本章程下令,从今以后,以这些方式缔结婚约的双方可以自由结合。此外,禁止结婚的规定今后不得超过四代血亲和四代姻亲,因为现在一般来说,如果不遵守禁止结婚的规定,就会造成严重的伤害。宗徒说:"丈夫不能主宰自己的身体,妻子才能主宰;妻子不能主宰自己的身体,丈夫才能主宰。"虽然现在的婚姻禁令仅限于四代,但我们希望这一禁令永久有效,尽管之前其他人或我们都发布过相关法令。如果有人胆敢违背这一禁令结婚,他们将不会受到岁月长短的保护,因为时间的流逝不会减少罪恶,反而会增加罪恶。

---

①　可参见附录一 No.12。

附录三^①　亚历山大三世的《犹太人庇护训谕》

　　正如犹太人不可在会堂里擅自作律法以外的事,他们也不应该在已经给予的特权上受到削减。正因如此,虽然他们宁愿顽固不化,也不承认先知的话和他们圣经中永恒的奥秘,这样他们就能理解基督教和救赎,然而,鉴于他们恳求我们的保护和帮助,并且按照基督教虔诚所赋予的仁慈,教宗加利斯多和欧吉尼曾留下美好的记忆,我们追随他们的足迹,同意了他们的请求,并把我们的庇护给予他们。

　　我们命令任何基督徒都不得强迫他们受洗,只要他们不愿意或拒绝,但如果他们中的任何一个人,出于真道而在基督徒中寻求庇护,一旦他的意愿已经十分明确,他可以成为基督徒,而不会使自己遭受任何诽谤。因为毫无疑问,如果基督教徒不是自愿的,甚至是违背他的意愿的,没有人会相信他是一个拥有真正信仰的基督徒。

　　此外,没有国家当局的判决,任何基督徒不得擅自伤害他们的人身,杀害他们或掠夺他们的钱财,或改变他们在他们居住的地方迄今为止所享有的良好风俗习惯。此外,在他们庆祝节日时,任何人不得用棍棒或石头以任何方式打扰他们,也不得强迫他们做任何事,除非是他们自古就习惯做的事。为阻止邪恶与贪婪的人这样做,我们命令任何人不得擅自亵渎和毁坏犹太人的墓地,不可侵占被焚烧的尸体的财物。

　　然而,如有人在知道其内容后仍擅自挑战该训谕,除非他已为他的放肆作出适当的补偿,否则他将遭受名誉和职务的损失,或他将受到逐出教会的惩罚。

---

　　① 该中译文译自诺斯(W. L. North)英译的亚历山大三世的《犹太庇护训谕》https://thehaskinssociety. wildapricot. org/resources/Documents/Translated％20Sources/Primary％20Sources/Bulls％20of％20Alexander％20III％20on％20the％20Jews. pdf。

参考文献

一、 原始资料

拉丁文

1. Aemilius Friedberg. *Corpus Iuris Canonic* 1. *Decretum magistri Gratiani*, Akademische Druck-U. Verlaganstalt, 1955.

2. Grayzel, Solomon. *1198 - 1259* Vol. I of *The Church and the Jews in the XIIIth Century*. Philadelphia: The Dropsie College for Hebrew and Cognate Learning, 1933.

3. ——. *1254 - 1314* Vol. II of *The Church and the Jews in the XIIIth Century*. New York: Wayne State University Press, 1989.

4. Simonsohn, Shlomo. *The Apostolic See and the Jews*, Vol. 1, Documents: 492 - 1404/Vol. 2, Documents: 1394 - 1464/Vol. 3, Documents: 1464 - 1521/Vol. 4, Documents: 1522 - 1538/Vol. 5, Documents: 1539 - 1545/Vol. 6, Documents: 1546 - 1555/Vol. 7, History/Vol. 8, Addenda, Corrigenda, Bibliography and Indexes. Toronto: Pontifical Institute of Mediaeval Studies, 1988 - 91.

英文

1. Bernard of Clairvaux. *The Letters of St. Bernard of Clairvaux*. Translated by Bruno Scott James. Kalamazoo: Cistercian Publications, 1998.

2. Bird, Jessalynn, Peters, Edward, Powell, James M., eds. *Crusade and Christendom: Annotated Documents in Translation from Innocent III to the Fall of Acre, 1187 - 1291*. Philadelphia: University of Pennsylvania Press, 2013.

3. *The Deeds of POPE INNOCENT III*. Translated with an Introduction and Notes by James M. Powell. Washington, D.C.: The Catholic University of America Press, 2004.

4. Eidelberg, Shlomo, ed., & trans. *The Jews and the Crusaders: The Hebrew Chronicles of the First and Second Crusades*. Madison: The University of Wisconsin Press, 1977.

5. Gwynn, David M. *Christianity in the Later Roman Empire: A Sourcebook*.

London· New York: Bloomsbury Academic, 2015.

6. Hacohen, Joseph and The Anonymous Corrector. *The Vale of Tears*. Translated and commentary by Harry S. May. Hague: Martinus Nijhoff, 1971.

7. Marcus, Jacob. *The Jew in the Medieval World: A Source Book, 315 -1791*. New York: Atheneum, 1974.

8. Tanner, Norman, ed. *Decrees of The Ecumenical Councils*. Georgetown: Georgetown University Press, 1990. (https://www.papalencyclicals.net/councils.)

9. Thomas of Monmouth. *The Life and Passion of William of Norwich*. Edited and translated by Miri Rubin. London: Penguin Books, 2014.

二、 外文论著

1. Aberth, John. *The Black Death the Great Mortality of 1348 - 1350: A Brief History with Documents*. New York: Palgrave Macmillan, 2005.

2. Abrahams, Israel. *Jewish Life in the Middle Ages*. Philadelphia &· Jerusalem: The Jewish Publication Society, 1993.

3. Abulafia, Anna Sapir, ed. *Religious Violence Between Christians and Jews Medieval Roots, Modern Perspectives*. New York: Palgrave Publishers Ltd, 2002.

4. ——. *Christian-Jewish Relations 1000 - 1300: Jews in the Service of Medieval Christendom*, London and New York: Routledge, 2011.

5. Abulafia, David. "Ethnic Variety and Its Implications: Frederick II's Relations with Jews and Muslims." *Studies in the History of Art*, Vol. 44 (Symposium Papers XXIV: Intellectual Life at the Court of Frederick II Hohenstaufen 1994):213 - 224.

6. Adler, E. N. "Lea 571. on the Inquisition of Spain and Herein of Spanish and Portuguese Jews and Marranos." *The Jewish Quarterly Review*, Vol. 20, No. 3 (Apr., 1908):509 - 571.

7. Adler, Marcus Nathan. *The Itinerary of Benjamin of Tudela: Critical Text, Translation and Commentary*. London: Oxford University Press, Inc., 1907.

8. Arkin, Marcus. *Aspects of Jewish Economic History*. Skokie: Varda Books, 2002.

9. Atlante del Christianesimo. "The Church and the Jews: St Paul to Pius IX", in *Pope, Church and Jews in the Middle Ages: Confrontation and Response*, Kenneth Stow (Burlington, VT: Ashgate Publishing Company, 2007):1 - 70.

10. Bachrach, Bernard S. *Early Medieval Jewish Policy in Western Europe*. Minneapolis: University of Minnesota Press, 1977.

11. Baer, Yitzhak. *A History of the Jews in Christian Spain*. Vol. I, trans. Louis Schoffman, Skokie, Illinois: Varda Books, 2001.

12. Beckum, Linda Ray. "The Fourth Lateran Council of 1215 Church Reform, Exclusivity, and the Jews". Doctoral Dissertation, The Graduate School University of Kentucky, 2005.

13. Berend, Nora. *At the gate of Christendom: Jews, Muslims and 'Pagans' in*

Medieval Hungary, *c. 1000 ~ c. 1300*. Cambridge: Cambridge University Press, 2010.

14. Biale, David. *Power and Powerlessness in Jewish History*. New York: Schocken Books, 1987.

15. Blumenkranz, B. "The Roman Church and the Jews", *Essential Papers on Judaism and Christianity in Conflict: from Late Antiquity to the Reformation*. Jeremy Cohen, ed. (New York: New York University Press, 1991):193 – 230.

16. Brustein, William I. *Roots of Hate: Anti-Semitism in Europe Before the Holocaust*. Cambridge: Cambridge University Press, 2003.

17. Botticini, Maristella, and Zvi Eckstein. "Jewish Occupational Selection: Education, Restrictions, or Minorities?" *The Journal of Economic History*, Vol. 65, No. 4 (December 2005):922 – 48.

18. Brand, Paul. "Jews and the Law in England, 1275 – 90". *The English Historical Review*, Vol. 115, No. 464 (Nov., 2000):1138 – 1158.

19. Broadie, Alexander. "Medieval Jewry through the Eyes of Aquinas," in *Aquinas and the Problems of His Time*, Mag. G. Verbeke and D. Verhelst, eds. (Louvain: Leuven University Press, 1976):57 – 69.

20. Booth, Ted. "The Massacres of the Jews under Richard I (A. D. 1189 – 1190)". *Religions* 2021, 12(10):821.

21. Carson, Thomas, Cerrito, Joann. *The New Catholic Encyclopedia*. 2nd Edition, Washington D. C. : Catholic University of America, 2003.

22. Chazan, Robert. *Church, state, and Jew in the Middle Age*. Springfield: Behrman House, INC., 1980.

23. ——. "Pope Innocent III and the Jews", *Pope Innocent III and His World*. edited by John C. Moore (New York: Routledge, 2016):186 – 203.

24. ——. *The Cambridge History of Judaism*. Volume 6 of The Middle Ages: The Christian World. Cambridge: Cambridge University Press, 2018.

25. ——. *Medieval Jewry in Northern France: A Political and Social History*. Baltimore and London: Johns Hopkins University Press, 2019.

26. Chadwick, Owen, *The Popes and European Revolution*, *Oxford History of the Christian Church*, Oxford: Clarendon Press, 1980.

27. Champagne, Marie Therese. "The Relationship Between the papacy and the Jews in Twelfth-century Rome: Papal Attitudes toward Biblical Judaism and Contemporary European Jewry", PhD diss., Louisiana State University, 2005.

28. Cohn, Norman. *The Pursuit of the Millennium: Revolutionary Millenarians and Mystical Anarchists of the Middle Ages, Revised and Expanded Edition*. New York: Oxford University Press, 1970.

29. Cohen, Rodrigo Laham, "Theological Anti-Judaism in Gregory the Great", *Sefarad*, vol. 75:2 (julio-diciembre 2015):225 – 52.

30. Cohen, Jeremy, *The Friars and the Jews: Evolution of Medieval Anti-Judaism*, Ithaca: Cornell University Press, 1984.

31. ——. *Essential Papers on Judaism and Christianity in Conflict: From Late Antiquity to the Reformation*. New York: New York University Press, 1991.

32. ——. "Pope Innocent III, Christian Wet Nurses, and Jews: A Misunderstanding and. its Impact", *Jewish Quarterly Review*, Volume 107, Number 1, (Winter 2017):113 - 128.

33. Duffy, Eamon, *Saints and Sinners: A History of the Popes*, Third Edition, New Haven: Yale University Press, 2006.

34. Dundes, Alan. *The Blood Libel Legend A Casebook in Anti-Semitic Folklore*. Madison: The University of Wisconsin Press, 1991.

35. Eichbauer, Melodie H., "From the First to the Second Recension: The Progressive Evolution of the *Decretum*", BMCL 29(2011 - 2012):119 - 167.

36. Elbogen, Ismar. *History of the Jews: After the Fall of the Jewish State*. Cincinnati: Union of American Hebrew Congregation, 1962.

37. Elukin, Jonathan. *Living Together, Living Apart: Rethinking Jewish-Christian Relations in the Middle Ages*. Princeton: Princeton University Press, 2007.

38. Emery, Richard W., "The Black Death of 1348 in Perpigna", *Speculum* (October 1967, No.4, Vol.XLII):611 - 23.

39. Finley, Theresa, and Mark Koyama. "Plague, Politics, and Pogroms: The Black Death, the Rule of Law, and the Persecution of Jews in the Holy Roman Empire". *Journal of Law and Economics*, vol.61 (May 2018):253 - 77.

40. Finkelstein, Louis, *Jewish Self-government in the Middle Ages*, New York: The Jewish Theological Seminary of America, 1924.

41. Frassetto, Michael, ed. *Christian Attitudes Toward the Jews in the Middle Ages: A Casebook*. New York: Routledge, 2007.

42. Gager, John G. *The Origins of Anti-Semitism: Attitudes toward Judaism in Pagan and Christian Antiquity*. Oxford: Oxford University Press, 1983.

43. Grayzel, Solomon. "Changes in Papal Policy Toward the Jews in the Middle Ages". *Proceedings of the World Congress of Jewish Studies* (Vol.1969):43 - 54.

44. ——. "The Papal Bull Sicut Judeis". *Essential Papers on Judaism and Christianity in Conflict: from Late Antiquity to the Reformation*. Edited by Jeremy Cohen, 231 - 259. Burlington: Ashgate, 2007.

45. Glare, P.G.W., ed. *Oxford Latin Dictionary*. Oxford: Oxford University Press, 2012.

46. Gottfried, Robert S., *The Black Death: Natural and Human Disaster in Medieval Europe*, New York: The Free Press, 1983.

47. Harris, Oliver D. "Jews, Jurats and the Jewry Wall: A Name in Context". *Transactions of the Leicestershire Archaeological and Historical Society*. (2008):

113 – 133.

48. Hessayon, Ariel. "The Persecution of the Jews and Muslims of Portugal. King Manuel I and the End of Religious Tolerance (1496 – 7)". *Reviews in History,* September 2009 (https://reviews. history. ac. uk/review/797).

49. Hillaby, Joe. "The Ritual-child-murder Accusation: Its Dissemination and Harold of Gloucester." *Jewish Historical Studies*, Vol. 34(1994 – 1996):69 – 74.

50. Horrox, Rosemary, trans&ed, *The Black Death*, Manchester and New York: Manchester University Press, 1994.

51. Hsia, R. Po·chia, *Trent 1475: Stories of a Ritual Murder Trial*, New Haven: Yale University Press in cooperation with Yeshiva University Library, 1992.

52. Hyamson, Albert M. *A History of the Jews in England*. London: Macmillan, 1907.

53. Jacobs, Joseph, *The Jews of Angevin England, Documents and Records*, London: G. P. Putnam's Sons, 1893.

54. Johnson, Hannah R. "Stories People Tell: The Blood Libel and the History of Antisemitism". *Law & Literature*, Vol. 28, Issue 1, (2016):11 – 26.

55. Jordan, William Chester, "Jews, Regalian Rights and the Constitution in Medieval France", *AJS Review*, Vol. 23, No. 1(1998):1 – 16.

56. Kessler, Edward. *An Introduction to Jewish Christian Relations*. Cambridge: Cambridge University Press, 2010.

57. Kessler, Edward, and Neil Wenborn. *Dictionary of Jewish-Christian Relations*. Cambridge: Cambridge University Press, 2008.

58. Kirschenbaum, Aaron. "Jewish and Christian Theories of Usury in the Middle Ages." *The Jewish Quarterly Review*, New Series, Vol. 75, No. 3 (Jan. , 1985):270 – 289.

59. Lazare, Bernard, *Antisemitism: Its History and Causes*, New York: International Library, 1903.

60. Lester Little. "The Jews in Christian Europe." *Essential Papers on Judaism and Christianity in Conflict*, edited by Jeremy Cohen, 18 – 32. New York: New York University Press, 1991.

61. Linder, Amnon. *The Jews in the Legal Sources of the Early Middle Ages*. Detroit: Wayne State University Press, 1997.

62. Lopez, Fernando Bravo. "Continuity and Change in Anti-Jewish Prejudice: The Transmission of the Anti-talmudic Texts of Sixtus of Siena." *Patterns of Prejudice*, Vol. 45, No. 3, (2011):225 – 40.

63. Levy, Richard S. , ed. *Antisemitism: A Historical Encyclopedia of Prejudice and Persecution*. Santa Barbara: ABC-CLIO, Inc. , 2005.

64. Langmuir, Gavin I. *Toward a Definition of Antisemitism*. Berkeley: University of California Press, 1996.

65. ——. "Thomas of Monmouth: Detector of Ritual Murder", in *Speculum*, Vol. 59, No. 4, (Oct. , 1984):820 – 846.

66. Maccoby, Hyam, ed. and trans. *Judaism on Trial: Jewish-Christian Disputations. in the Middle Ages*. Rutherford, London: Fairleigh Dickinson University Press, 1982.

67. Malley, John W.O, *A History of the Popes: from Peter to the Present*, Maryland: A Sheed & Ward Book, 2010.

68. Markus, Robert Austin, *Gregory the Great and His World*, Cambridge: Cambridge University Press, 1997.

69. Michel, Robert. *Holy Hatred: Christianity Antisemitism and the Holocaust*. New York: Palgrave Macmillan, 2006.

70. Mundill, Robin R., *England's Jewish Solution: Experiment and Expulsion, 1262 – 1290*, Cambridge: Cambridge University Press, 1998.

71. ——. *The King's Jews-Money, Massacre and Exodus in Medieval England*, New York: Continuum, 2010.

72. Moore, John C. ed., *Pope Innocent III and His World*, New York: Rout-ledge, 2016.

73. Moore, Robert. *Jews and Christians in the Life and Thought of Hugh of St Victor*. Atlanta: Scholars Press, 1998.

74. Moore, R.I. *The Formation of a Persecuting Society: Authority and Deviance in Western Europe 950 – 1250*. Victoria: Blackwell Publishing, 2007.

75. Pakter, Walter, *Medieval Canon Law and the Jews*, Ebelsbach: Rolf Gremer, 1988.

76. Parkes, James, *The Jews in the Medieval Community: A Study of His Political and Economic Situation*, New York: Hermon Press, 1976.

77. Peters, F.E., *The Monotheists: Jews, Christians, and Muslims in Conflict and Competition*, Vol I, The Peoples of God, Princeton: Princeton University Press, 2005.

78. Perry, Marvin, and Frederick Schweitzer. *Antisemitism: Myth and Hate from Antiquity to the Present*. London: Palgrave Macmillan, 2002.

79. Pennington, Kenneth, "Gratian and the Jews", *Bulletin of Medieval Canon Law*, Volume 31(2014):111 – 124.

80. Powell, James M., ed., *Innocent III: Vicar of Christ or Lord of the World?*, Washington D.C.: The Catholic University of America Press, 1994.

81. Poliakov, Léon. *From the Time of Christ to the Court Jews* Vol.1 of *The History of Anti-Semitism*. Translated by. Richard Howard. London: Elek Books, 1966.

82. ——. *From Mohammed to the Maranos* Vol.2 of *The History of Anti-Semitism*. Translated by Natalie Gerardi. London: Routledge & Kegan Paul, 1974.

83. Pollock, Frederick and Maitland, Frederic William, *The History of English Law before the Time of Edward I*, Vol.1, Cambridge: The University Press, 1903.

84. Resnick, Irven M. *Marks of Distinction: Christian Perceptions of Jews in the High Middle Ages*. Washington, D.C.: The Catholic University of America Press, 2012.

85. Richards, Jeffrey. *Sex, Dissidence and Damnation: Minority Groups in the Middle Ages*. London: Routledge, 1992.

86. Rist, Rebecca. *Popes and Jews, 1095 – 1291*. Oxford: Oxford University Press, 2016.

87. ——. *The Papacy and Crusading in Europe, 1198 – 1245*. London: Bloomsbury Academic, 2009.

88. Roth, Cecil. "The Qualification of Jewish Physicians in the Middle Ages." *Speculum: A Journal of Medieval Studies*, 28/4, (1953):834 – 43.

89. ——. *A Short History of the Jewish People*. London: The Horovitz Publishing Co. LTD, 1948.

90. ——. *The Ritual Murder Libel and the Jew: The Report by Cardinal Lorenzo Ganganelli [Pope Clement XIV.]*, London: Woburn Press, 1953.

91. ——. *The History of the Marranos*. Skokie: Varda Books, 2001.

92. Roth, Norman. "Bishops and Jews in the Middle Ages", *The Catholic Historical Review*, Vol.80, No.1, (Jan., 1994):1 – 17.

93. ——. *Conversos, Inquisition, and the Expulsion of the Jews from Spain*. Madison: The University of Wisconsin Press, 2002.

94. Rosenthal, Judah M. "The Talmud on Trial: The Disputation at Paris in the Year 1240." *The Jewish Quarterly Review*, New Series, Vol.47, No.1 (Jul., 1956): 58 – 76; No.2 (Oct., 1956):145 – 169.

95. Rubin, Miri. "Desecration of the Host: The Birth of an Accusation." *Studies in Church History*, Vol.29, (1992):169 – 185.

96. ——. *Gentile Tales: The Narrative Assault on Late Medieval Jews*. Philadelphia: University of Pennsylvania Press, 2004.

97. Saperstein, Marc. "Christians and Jews-Some Positive Images." *Harvard Theological Review*, 79(1 – 3), (1986):236 – 246.

98. Saraiva, Antonio Jose. *The Marrano Factory: The Portuguese Inquisition and Its New Christians, 1536 – 1765*. Translated by H.P. Salomon and I. S.D. Sassoon. Leiden: Brill, 2001.

99. Sayers, Jane, *Innocent III: Leader of Europe 1198 – 1216*, London and New York: Longman, 1994.

100. Schäfer, Peter, "Jews and Christians in the High Middle Ages: The Book of the Pious", in *The Jews of Europe in the Middle Ages (Tenth to Fifteenth Centuries). Proceedings of the International Symposium held at Speyer, 20 – 25 October 2002*, ed. C. Cluse, (Turnhout: Brepols, 2004):29 – 42.

101. Scheindlin, Raymond P., *A Short History of the Jewish People: From Legendary Times to Modern Statehood*, New York: Macmillan, 1998.

102. Schildgen, Brenda Deen, *Pagans, Tartars, Moslems, and Jews in Chaucer's Canterbury Tales*, Florida: University Press of Florida, 2001.

103. Schweitzer, Frederich, "Medieval Perceptions of Jews and Judaism," *Jewish-Christian Encounters over the Centuries*, Marvin Perry and Frederich Schweitzer, eds., (New York: Peter Lang Publishing, 1994):131 – 168.

104. Skolnik, Fred, Berenbaum, Michael (ed), *Encyclopedia Judaica*, Second Edition, New York: Macmilan Rreference USA, 2007.

105. Stow, Kenneth. *Popes, Church, and Jews in the Middle Ages: Confrontation and Response*. Burlington, VT: Ashgate, 2007.

106. ——. "Simonsohn, 'The Apostolic See and the Jews'." *The Jewish Quarterly Review*, New Series, Vol. 82, No. 3/4 (Jan. – Apr., 1992):571 – 572.

107. ——. "The Burning of the Talmud in 1553, in the Light of Sixteenth Century Catholic Attitudes Toward the Talmud." *Bibliothe`que d'Humanisme et Renaissance*, vol. 34, No. 3, (1972):435 – 59.

108. ——. "The '1007 Anonymous' and Papal Sovereignty: Jewish Perceptions of the Papacy and Papal Policies in the High Middle Ages", in *Pope, Church and Jews in the Middle Ages: Confrontation and Response*, Kenneth Stow (Burlington, VT: Ashgate Publishing Company, 2007): IV, 1 – 81.

109. Shatzmiller, Joseph. *Jews, Medicine, and Medieval Society*. Berkeley: University of California Press, 1994.

110. Stacey, Robert C. "From Ritual Crucifixion to Host Desecration: Jews and the Body of Christ." *Jewish History*, Vol. 12, No. 1 (Spring, 1998):11 – 28.

111. Stern, Moritz, *Urkundliche Beiträge über die Stellung der Päpste zu den Juden: mit Benutzung des päpstlichen Geheimarchivs zu Rom*, Kiel: H. Fiencke, 1893.

112. Smith, Jonathan Riley. "The First Crusade and the Persecution of the Jews." *Studies in Church History*, Vol. 21, (1984):51 – 72.

113. ——. *The First Crusade and the Idea of Crusading*, London · New York: Continuum, 2003.

114. Tillmann, Helene, *Pope Innocent III*, Amsterdam; New York; Oxford: North-Holland Publishing Company, 1980.

115. Tolan, John, "Of Milk and Blood: Innocent III and the Jews, Revisited", 2012, https://shs.hal.science/hal-00726485/.

116. Tovey, D'Blossiers, *Anglia Judaica, or, A history of the Jews in England*, Elizabeth Pearl, ed., London: Weidenfeld and Nicolson in association with M. Green, 1990.

117. Trachtenberg, Joshua. *The Devil and the Jews: The Medieval Conception of the Jew and its Relation to Modern Anti-Semitism*. Skokie: Varda Books, 2001.

118. Ullmann, Walter, *Short History of the Papacy in the Middle Ages*, London and New York: Routledge, 2003.

119. Widner, Michael, "Samson's Touch and a Thin Red Line", in *Journal of English and Germanic Philology*, Vol. 111, No. 3 (July 2012):339 – 359.

120. Wistrich, Robert S. *Antisemitism: The Longest Hatred*. New York: Pantheon Books, 1991.

121. Winroth, Anders, *The Making of Gratian's Decretum*, Cambridge: Cambridge University Press, 2004.

三、 中文译著

1. ［德］毕尔麦尔著：《古代教会史》，雷立柏译，北京：宗教文化出版社，2009 年。

2. ［德］毕尔麦尔著：《中世纪教会史》，雷立柏译，北京：宗教文化出版社，2010 年。

3. ［德］毕尔麦尔著：《近代教会史》，雷立柏译，北京：宗教文化出版社，2011 年。

4. ［德］克劳斯·费舍尔著：《德国反犹史》，钱坤译，南京：江苏人民出版社，2007 年 6 月第 1 版。

5. ［法］保罗·波帕尔著：《教皇》，肖梅译，北京：商务印书馆，2000 年。

6. ［古罗马］奥古斯丁著：《上帝之城》，王晓朝译，北京：人民出版社，2006 年 12 月。

7. ［美］戴维·M·克罗著：《大屠杀：根源、历史与余波》，张旭译，上海：上海人民出版社，2018 年。

8. ［英］海姆·马克比编著：《犹太教审判：中世纪犹太-基督两教大论争》，黄福武译，傅有德校，济南：山东大学出版社，1996 年。

9. ［英］罗伯特·诺布尔·斯旺森著：《欧洲的宗教与虔诚，1215—1515》，龙秀清，张日元译，上海三联书店，2012 年 5 月。

10. ［英］埃蒙·达菲著：《圣徒与罪人：一部教宗史》，龙秀清译，商务印书馆，2018 年 7 月。

11. ［英］爱德华·伯曼著：《宗教裁判所-异端之锤》，何开松译，辽宁教育出版社，2001 年 7 月。

12. ［以］埃利·巴尔纳维著：《世界犹太人历史：从创世纪到二十一世纪》，刘精忠译，黄民兴校注，北京：中国人民出版社，2007 年。

13. ［意］托马斯·阿奎那著：《神学大全》，第七册：论信德与望德，胡安德，周克勤等译，中华道明会/碧岳学社，2008 年。

四、 中文论著

1. 陈宇：《中世纪教宗英诺森三世的权术管窥》，《社科纵横》，2010 年 2 月，总第 25 卷，第 213－214 页。

2. 陈建军：《英国社会是如何对待犹太人的（1066—1656 年）?》，《经济社会史评论》，2015 年第 4 期，第 84－95 页。

3. 刘剑：《英诺森三世与十字军运动》，河北师范大学，硕士学位论文，2012 年 11 月 28 日。

4. 刘明翰：《罗马教宗列传》，北京：东方出版社，1995 年。

5. 苗玉龙：《论教宗权在十字军东征中的兴衰》，《濮阳职业技术学院学报》，2013 年 8 月，第 34－36 页。

6. 马修松：《第四次十字军东征中英诺森三世的影响》，《华北水利水电大学学报（社会科学版)》,2014 年 8 月,第 139 - 141 页。

7. 马楠:《神圣的庇护:罗马教皇与〈犹太人庇护法〉》,《基督宗教研究》,2021 年 10 月,总第 29 辑,第 195 - 213 页。

8. 马楠:《神圣的庇护:格里高利一世的犹太政策研究》,《中国基督教研究》,2021 年 6 月,第 16 期,第 220 - 235 页。

9. 彭小瑜:《格兰西〈教会法汇要〉对非基督徒法律地位的解释》,《北大史学》,2001 年,第 166 - 199 页。

10. 彭小瑜:《教会法研究》,北京:商务印书馆,2003 年。

11. 王首贞:《神圣光环:1209—1229 年阿尔比十字军考察》,《历史教学》,2011 年第 14 期,第 46 - 51 页。

12. 徐新:《反犹主义解析》,上海:上海三联书店,1996 年。

13. 谢胜男:《浅谈西欧中世纪宗教裁判所的建立》,《人民论坛》,2011 年 34 期,第 144 - 145 页。

14. 张勤:《12、13 世纪的教宗国及其管理》,天津师范大学,硕士生学位论文,2013 年 4 月 25 日。

15. 赵博阳:《英诺森三世教会与国家二元思想研究——以〈大宪章〉宣告无效事件切入》,《外国法制史研究》,2015 年,第 189 - 196 页。

16. 赵辉兵:《试论中古西欧"双剑论"的流播与诠释》,《政治思想史》,2016 年第 1 期,第 74 - 86 页。

17. 赵立行:《试析中世纪西欧对犹太人的多重态度》,《求是学刊》,2006 年第 1 期,第 139 - 144 页。

18. 王军:《英诺森三世与中世纪"世界教会王国"的形成》,《北方论丛》,1999 年第 2 期（总第 154 期）,第 108 - 111 页。

19. 邹保禄著:《历代教宗简史》,台湾:碧岳学社文化事业有限公司,2015 年。

20. 左瑞玲,《中世纪西欧基督教会对犹太人的政策研究》,陕西师范大学硕士学位论文,2015 年。

图书在版编目(CIP)数据

中世纪教宗的犹太庇护政策研究/马楠著.—上海:上海三联
书店,2025.6
(犹太学博士文库)
ISBN 978-7-5426-8487-5

Ⅰ.①中…　Ⅱ.①马…　Ⅲ.①宗教史-欧洲-中世纪
Ⅳ.①B929.5

中国国家版本馆 CIP 数据核字(2024)第 082893 号

教育部人文社会科学重点研究基地重大项目"犹太教与基督教关系的历史
与现实研究"赞助(项目批准号:16JJD730002)

中世纪教宗的犹太庇护政策研究

著　者/马　楠

责任编辑/徐建新
装帧设计/徐　徐
监　制/姚　军
责任校对/王凌霄　董瑞雪　张　瑞

出版发行/上海三联书店
　　　　　(200041)中国上海市静安区威海路 755 号 30 楼
邮　箱/sdxsanlian@sina.com
联系电话/编辑部:021-22895517
　　　　　发行部:021-22895559
印　刷/上海惠敦印务科技有限公司

版　次/2025 年 6 月第 1 版
印　次/2025 年 6 月第 1 次印刷
开　本/710mm×1000mm　1/16
字　数/240 千字
印　张/14.75
书　号/ISBN 978-7-5426-8487-5/B·898
定　价/72.00 元

敬启读者,如发现本书有印装质量问题,请与印刷厂联系 13917066329